novas buscas em psicoterapia

VOL. 63

Dados Internacionais de Catalogação na Publicação (CIP)
(Câmara Brasileira do Livro, SP, Brasil)

Percursos em arteterapia : ateliê terapêutico, arteterapia no trabalho comunitário, trabalho plástico e linguagem expressiva, arteterapia e história da arte / Selma Ciornai (org.). - São Paulo : Summus, 2004.
(Coleção novas buscas em psicoterapia; v. 63)
Vários autores.
Bibliografia.
ISBN 978-85-323-0849-8

1. Arte - História 2. Arte - Psicologia 3. Arteterapia 4. Gestalt-terapia 5. Psicoterapia
I. Ciornai, Selma. II. Série.

04-5165 CDD-615.85156

Índices para catálogo sistemático:
1. Arteterapia : Aspectos psicológicos : Ciências médicas 615.85156

www.summus.com.br

EDITORA AFILIADA

Selma Ciornai (org.)

Percursos em Arteterapia

Ateliê Terapêutico • Arteterapia no Trabalho Comunitário •
Trabalho Plástico e Linguagem Expressiva •
Arteterapia e História da Arte

summus
editorial

PERCURSOS EM ARTETERAPIA
Atêlie terapêutico, arteterapia no trabalho comunitário, trabalho plástico e linguagem expressiva, arteterapia e história da arte

Capa: **Camila Mesquita**
Editoração eletrônica: **ABBĀ Produção Editorial Ltda.**
Fotolitos: **Join Bureau**

Summus Editorial
Departamento editorial:
Rua Itapicuru, 613 – 7º andar
05006-000 – São Paulo – SP
Fone: (11) 3872-3322
Fax: (11) 3872-7476
http://www.summus.com.br
e-mail: summus@summus.com.br

Atendimento ao consumidor:
Summus Editorial
Fone: (11) 3865-9890

Vendas por atacado:
Fone: (11) 3873-8638
Fax: (11) 3873-7085
e-mail: vendas@summus.com.br

Impresso no Brasil

Sumário

Parte III – Integrando Trabalhos Plásticos e Linguagens Expressivas

Parte IV – Arteterapia e História da Arte

Apresentação

Este livro faz parte da série *Percursos em arteterapia*, composta por três obras que celebram os quinze anos de existência do curso de especialização em Arteterapia do Instituto Sedes Sapientiae.

Na Apresentação do primeiro livro desta série – composto por três partes: Arteterapia Gestáltica, Arte em Psicoterapia e Supervisão em Arteterapia –, procurei definir o que é arteterapia, o que implica uma formação nesta área e os diferentes contextos em que pode ser utilizada. Escrevi também sobre a história desse curso – o primeiro de formação em arteterapia a se realizar em uma instituição em São Paulo (Instituto Sedes Sapientiae) e o único curso sul-americano a ser incluso na listagem educacional da AATA (Associação Americana de Arteterapia) –, revendo as matrizes e as raízes da construção que constituem sua abordagem e que continuam presentes, dando-lhe identidade.

Usando como metáfora a imagem de um plantio, considerei essa construção uma planta que foi crescendo ao longo dos anos, incorporando ao corpo docente profissionais formados nas primeiras turmas (a maioria já com um percurso bem delineado em outras áreas) e colegas formados em Gestalt-terapia (a fim de fortalecer as matérias de psicologia do curso), vindo a transformar-se em uma árvore frondosa cujo tronco tem se ramificado em diversas direções com novas folhagens e preciosos frutos.

Ao revê-los, e constatando a diversidade e a riqueza de projetos de alunos e colegas profissionais que hoje compartilham comigo essa construção, não posso negar o sentimento de realização e satisfação que sinto por ter contribuído semeando as origens, dando as bases e ajudando a manter a seiva em seu desenvolvimento. É portanto com agradecimento aos mestres que tive nesse percurso – com os quais aprendi os elementos que, integrados em uma nova "gestalt", formaram estas sementes – que apresento ao leitor algumas dessas novas e interessantes ramificações.

* * *

PERCURSOS EM ARTETERAPIA: ATELIÊ TERAPÊUTICO, ARTETERAPIA NO TRABALHO COMUNITÁRIO, TRABALHO PLÁSTICO E LINGUAGEM EXPRESSIVA, ARTETERAPIA E HISTÓRIA DA ARTE

A arteterapia é um campo de interfaces, interdisciplinar por natureza. Dentro dos três livros que compõem a série *Percursos em arteterapia*, este tem como foco algumas das possíveis interseções entre arteterapia, arte e arte-educação; entre arteterapia e diferentes linguagens expressivas e entre arteterapia, psicologia social e/ou trabalhos comunitários, delineando campos de atuação especialmente indicados para arteterapeutas com formação prévia mais sólida em artes em geral, artes plásticas e arte-educação, assim como para aqueles mais envolvidos em trabalhos de cunho profilático e comunitário em centros e instituições sociais.

Contém textos de professores que são ou foram de nossa equipe sobre o trabalho que desenvolvem em suas áreas de interesse em arteterapia, assim como projetos que criaram em conjunto com alunos no curso de Arteterapia do Sedes.

Traz também trabalhos de vários ex-alunos, hoje arteterapeutas já formados, originados nos estágios supervisionados que realizaram e/ou nos trabalhos de conclusão que desenvolveram durante o curso. Alguns são mais teóricos, incluindo até pequenos projetos de pesquisa; outros são relatos de experiências com grupos ou clientes individuais.

Todos, porém, revelam a originalidade de cada um em integrar conhecimentos e experiências de outras áreas e contextos – prévios ou adquiridos durante os três anos de curso – a ensinamentos e experiências que tiveram ao longo desse curso, adaptando-os e aplicando-os criativamente.

Permeando todos os trabalhos e dando-lhes uma fundamentação filosófica, teórica e epistemológica comum (às vezes silenciosamente, às vezes de forma mais explícita), estão a crença no poder curativo e de geração de saúde e crescimento da arte e dos processos criativos, a base fenomenológico-existencial, o *Continuum* das Terapias Expressivas (o ETC), a abordagem gestáltica em arteterapia e alguns paradigmas do pensamento pós-moderno advindos dos novos paradigmas da física quântica – eixos básicos da escola de arteterapia que construímos e desenvolvemos, e que estão apresentados de forma mais extensa e detalhada na primeira parte do primeiro volume desta série. Segundo essa abordagem, arteterapeutas funcionam como guias, facilitadores e companheiros de busca, sugerindo experimentos que possam ajudar e revelar realidades interiores e descobrir novos caminhos e direções, acreditando que as pessoas podem ser agentes da própria saúde e de seus processos de crescimento, encontrando sentidos que lhes sejam pessoalmente relevantes e significativos em seus trabalhos e criações.

A primeira parte deste livro traz quatro textos sobre **Ateliê Terapêutico**, um tipo de trabalho em arteterapia que pode ser desenvolvido tanto em vários contextos terapêuticos, sociais e de saúde, integrando abordagens e equipes e interdisciplinares de tratamento, quanto como atividade promotora de lazer, autoconhecimento e crescimento pessoal, como terapêutica e oásis à vida estressada e aos problemas sociais com os quais convivemos diariamente.

Em "Lições de casa", Ana Alice Francisquetti coordena um trabalho escrito em colaboração com alunos do primeiro ano do curso de especialização em Arteterapia do Sedes (hoje arteterapeutas já formados). Inspirando-se com criatividade e desenvoltura no conhecimento das mais variadas vertentes de arte contemporânea, descreve vários experimentos e propostas que desenvolveu no curso.

Em "Ateliê terapêutico – Encontrarte: viver arte, criar e recriar a vida", Iraci Saviani descreve e exemplifica o trabalho que vem desenvolvendo nesta área e, também, com empresas. Professora de ateliê de nossos cursos, os vários alunos que participaram de suas aulas são testemunhas do verdadeiro "dom" que ela tem de conseguir ajudar as pessoas mais travadas a desabrochar seu potencial criativo e a perder o medo de criar e "pôr a mão na massa".

Em "Do terapêutico na arte", Ana Beatriz Toledo, Regina Chiesa e Walter Müller escrevem, já depois de formados, sobre as reflexões e experiências que desdobraram com base em seus trabalhos de conclusão de curso e em sua prática como arteterapeutas. Regina trata da relação entre as cores e os chacras no trabalho em ateliê terapêutico; Walter fala sobre o trabalho que desenvolveu com um adolescente drogadito; e Beatriz sobre um trabalho de ateliê terapêutico em atendimento psicoterápico. Cada um com seu estilo, são textos extremamente cuidadosos, permeados de amorosidade e de uma consistência nas pontes traçadas entre teoria e prática na escolha das intervenções de "tirar o chapéu".

E em "Ateliê terapêutico na formação de arteterapeutas", Cristina Dias Allessandrini coordena um texto escrito em conjunto por ela e por alunos do curso de ateliê terapêutico no período em que foi professora do curso de especialização em Arteterapia do Sedes. Na primeira parte escreve sobre o que considera "aprendizado real", descrevendo o método das oficinas criativas. Na segunda parte os alunos (hoje arteterapeutas já formados) relatam os experimentos que coordenaram, analisando-os à luz do *Continuum* das Terapias Expressivas (ETC).

A segunda parte, **Arteterapia no Trabalho Comunitário**, é composta de dois capítulos. O primeiro, "O resgate do universo feminino", traz uma coletânea de relatos de trabalhos inovadores e delicadamente construídos com mulheres em vários contextos: grupo de artepsicoterapia para mulheres na faixa dos 45 aos 60 anos (desenvolvido na clínica do Sedes por Regina Santos e Márcia Murinelly Gomes); ateliê terapêutico (desenvolvido na Clínica do Sedes e em ateliê particular por Maria Alice do Val Barcellos); grupo de arteterapia para mulheres de várias idades (na Casa de Cultura do Butantã, na cidade de São Paulo, com a coordenação de Ines Novoa Jezler e Regina Chiesa); e grupo de arteterapia para mulheres de terceira idade (desenvolvido por Deolinda Fabietti no centro Beth Kemmel, também na cidade de São Paulo). Contém ainda um trabalho muito interessante de Silvana Lacreta Ravena sobre "O belo", de cunho mais teórico e que compreendeu também uma pesquisa de campo com seis mulheres sobre sua percepção da beleza.

O segundo, "A arteterapia na preparação psicológica de atletas", traz o relato do trabalho de estágio desenvolvido no curso de especialização em Arteterapia por Fabiola Matarazzo, profissional com um sólido percurso construído na área da Psicologia do Esporte, com atletas adolescentes em condições absolutamente precárias (o vestiário de uma academia). É um trabalho primoroso que tive o privilégio de supervisionar e que sensibilizou a todos pelas coexistência das polaridades presentes: fragilidade–força, competição–cooperação, medo–desejo, insegurança–determinação.

A terceira parte, **Integrando Trabalhos Plásticos e Linguagens Expressivas**, é composta de três trabalhos de professoras de nossa equipe que focalizam possibilidades de integração da arteterapia com outras linguagens expressivas além das artes plásticas.

"Transitando por diferentes 'mundos'... dançando com diferentes linguagens: oficina educacional e terapêutica integrando arteterapia, musicoterapia, psicodrama, corpo e literatura", de Eloisa Quadros Fagali, traz contribuições da teoria junguiana e da psicologia transpessoal (DEP), com reflexões importantes sobre o que cada linguagem expressiva pode trazer para o processo terapêutico, delineando diferentes instâncias de oficinas integrativas (para desbloqueios de aprendizagem, orientação vocacional, de formação de educadores e outros profissionais), transitando e dançando com a maestria, a competência e o entusiasmo que lhe são característicos pelas fronteiras entre o psicopedagógico, o terapêutico e o aprender como movimento perene de desenvolvimento de vida.

Em "A criação literária na arteterapia (nas páginas das histórias e da poesia)", Mônica Guttmann inicia o texto abordando a importância da expressão e da leitura poética para o ser humano, apresentando a seguir, de forma sensível e criativa, várias possibilidades de utilização e exploração de exercícios de escrita criativa em contextos educacionais e terapêuticos. Sugere também várias possibilidades de integração desses recursos com a expressão plástica, presenteando-nos com uma rica variedade de exemplos que visam facilitar a desinibição e a expressão pessoal de indivíduos de todas as idades.

Em "Contar histórias como possibilidade de tecer o invisível: as emoções", Alessandra Giordano nos conduz como uma fada pelos meandros encantados das histórias e da arte de contar histórias que conhece tão bem. Com exemplos e sugestões sobre a relevância terapêutica do uso de metáforas e narrativas em projetos socioeducacionais e comunitários, traz uma rica experiência de trabalho com crianças e adolescentes de rua e em situação de risco social, abordando a importância de poder, por vezes, contemplar a própria história pessoal como uma história encantada.

A quarta parte, **Arteterapia e História da Arte**, traz o texto "História da arte vivenciada e arteterapia: um olhar poético para a história pessoal", de Silvana Lacreta Ravena e Iraci Saviani. Neste, as autoras relatam a experiência que têm desenvolvido, em aulas e *workshops*, sobre as possibilidades de utilização da história da arte em contextos terapêuticos, educacionais e de desenvolvimento pessoal, abordando inclusive a importância da compreensão dos movimentos de arte para que indivíduos possam entender melhor o mundo em que vivem sem dele sentir-se excluídos.

* * *

Concluo esta apresentação, assim como nos outros dois livros desta série, com dois agradecimentos especiais.

À Regina Aparecida dos Santos, que me auxiliou na escolha da ordem dos capítulos, além de, com sua costumeira serenidade, ter ajudado a rever e organizar os textos, fotos e autorizações – sua ajuda foi de fato preciosa.

E a todos os alunos e colegas que, durante esses quinze anos, fizeram parte desta construção com sua presença, sensibilidade e entusiasmo.

SELMA CIORNAI
Mestre em Arteterapia, doutora em Psicologia
Clínica e fundadora do Departamento de
Arteterapia do Instituto Sedes Sapientiae

Parte I

Ateliê Terapêutico

Lições de casa

*Ana Alice Francisquetti (coord.)**

PARA CAMINHAR É PRECISO FIXAR METAS E ETAPAS; NO FINAL O QUE INTERESSA É O PRÓPRIO CAMINHO, E OS DESVIOS QUE NELE SE ENCONTRAM. PESQUISAR COMO SE SOUBESSE O QUE SE BUSCA; LEVANTAR UNIVERSALMENTE HIPÓTESES; ADOTAR CIENTIFICAMENTE MÉTODOS, EFETUAR DILIGENTEMENTE O TRABALHO. MAS SABER QUE A HIPÓTESE É UMA MIRAGEM, O MÉTODO UMA BENGALA QUE A CERTO PONTO SE PODE JOGAR FORA, E QUE TODO TRABALHO QUE VALE A PENA SE NUTRE DO DESEJO E POR ELE SE JUSTIFICA.

Leyla Perrone-Moisés

O processo criativo e outros temas compuseram o programa de aulas sobre ateliê terapêutico do Curso de Arteterapia do Instituto Sedes Sapientiae, durante o ano de 1998, que teve como principal característica a construção da interface que se estabelece entre o universo da arte e o da terapia.

Se remontarmos à história, veremos que vivemos numa época de globalização e mudanças na área da saúde mental. Mais do que nunca se faz necessário projetar o futuro lembrando o passado. E como meio de estar simultaneamente na atualidade e na história, mergulhamos no hino homérico a Hermes, figura relacionada com a arte no seu sentido mais profundo de transformação, de força metafórica.

* Participaram deste trabalho os seguintes alunos do primeiro ano do curso de Arteterapia em 1998: Anne Isabelle Obadic, Alessandra Giordano, Carmem P. Oliveira, Dilaine Paula dos Santos, Fabiola Matarazzo, Kátia H. Sant'Anna, Maria Carmem Bahia, Maria Luiza Silva, Maria Silvia Farina, Miriam P. S. Stahl, Odete Thiago, Patricia Brochado Ramacciotti, Sandra Maria Arbex, Sandra Meire R. Arantes, Sylvia Chamis, Terezinha Pinheiro.

HERMES, DEUS DA *TECHNE*

Os gregos não tinham um termo correspondente para "arte". Na Grécia, a origem da palavra era *techne* e estaria relacionada à idéia de construir, de produzir com habilidade, astúcia, artimanha e artifício. Hermes é o deus da *techne*.

Dino Formaggio ressalta a importância de compreendermos esta palavra e comenta o encontro casual, quando Hermes tropeça numa tartaruga: "Ele olha-a, traspassa-a de visão ativa, a vê como tartaruga e já, ao mesmo tempo, como lira: da sua morte nascem, por metamorfose, o canto e a música" (1987, p. 23).

Hermes é o mediador de sandálias aladas entre os deuses e o mundo; guia das almas, é o inventor de expedientes e também da linguagem. Mas é ligando-se ao pai, Eros, que Hermes entra na mediação real e criadora da técnica artística e metamórfica do mundo. Eros procura Pénia, a mendiga dos banquetes, a penúria, a pobreza, a necessidade. O novo deus Hermes, que nasce dessa união, oscila entre a indigência da mãe, a necessidade em busca de sustento, e a astuta agressividade criadora do pai, viajante aventureiro. Assim nasce a arte, rica de necessidade e de aventura.

Hermes faz a mediação da vida na morte, contra a morte do sentido das coisas. Da transformação de uma matéria amorfa em pele, do papel em linhas gráficas variadas, da transformação de tintas em obras de pintura, da argila que se transforma em formas, do mármore que se torna figura entre as transformações do dia e da noite. Hermes é também o inventor da linguagem. Arte é linguagem; é um meio de expressão e comunicação.

Assim gera-se a arte como *techne* e como comunicação. Por meio da magia, dos ritos, da religião e da ciência, a arte tem deixado um traço ao longo da história humana.

Na estátua de Praxíteles de Olímpia, Hermes tem nos braços o pequeno Dioniso. A música e as revelações da essência dionisíaca da arte estão nos braços de Hermes; assim a arte é revelada às novas gerações.

A história está sempre presente, e por ela somos levados ao dia de hoje, procuramos novos paradigmas para integrar o presente. A arte, além de sua função social, entre outras, poderá também ter uma função terapêutica.

O campo da saúde mental, como as terapias em geral, passa por um momento de transição, por uma revisão de suas bases epistemológicas. Essa mudança está ligada às transformações e às construções na área das ciências humanas e sociais que caracterizam a época pós-moderna. O século XX caracterizou-se por ser uma época de grandes transformações, ocasionando questionamentos de visão do mundo e permitindo um caminhar mais enriquecido nessa relação. Temos hoje acesso a todas as informações. A imagem torna-se cada vez mais presente em nossa vida.

Para a formação de um arteterapeuta pós-moderno, faz-se necessária, no ensino da arte em ateliê terapêutico, a construção de expressões e narrativas alternativas, mais funcionais, que possibilitem conhecimentos mais gratificantes e menos estereotipados. A arte é, portanto, a essência da arteterapia; a única razão para se constituir como uma terapia diferenciada.

Três definições de arte podem estar sempre presentes na atuação do aprendizado terapêutico. A arte como *fazer*, como *conhecer* ou como *exprimir*. Essas diversas concepções ora se contrapõem, se excluem, ora se combinam de várias maneiras.

Para Pareyson, "o discurso do pensamento ocidental é também a visão, contemplação em que o aspecto executivo e exteriorizador é secundário de uma realidade espiritual mais intensa e profunda" (1989, p. 31). Qualidades, como vemos, essenciais à arteterapia; princípios fundamentais também de reflexão, abrangendo uma gama diversificada de posicionamentos terapêuticos em arte.

A pesquisa em arteterapia é uma atividade que se traduz na procura permanente de novas compreensões sobre a expressão e a comunicação dos seres humanos, sobretudo daqueles acometidos pela doença e envolvidos na busca da saúde.

Acredito que a arteterapia cuida da pessoa humana em sua totalidade e em sua essência mais profunda, integrando as áreas básicas do homem (neurológica, cognitiva, afetiva e emocional) e promovendo o aprimoramento das funções egóicas (percepção, atenção, memória, pensamento, capacidade de previsão, exploração, execução, controle da ação).

Indago qual o papel do arteterapeuta nessa encruzilhada movimentada da história: pode ele contribuir, pela prática e pela reflexão, para o aperfeiçoamento da vida do paciente?

O arteterapeuta deve ancorar-se na prática e no referencial teórico. Seu papel artístico-terapêutico e também pedagógico é buscar fundamentos e pressupostos para cada coisa que faz.

O ATELIÊ TERAPÊUTICO

A prática da preparação profissional dos alunos assumiu múltiplas formas para a realização do objetivo de ampliar a consciência do ser humano sem adjetivos, aprofundando o significado do homem como indivíduo e ser social, no sentido de compreender o conhecimento e o ensino como processos de construção.

Foi nessa interação entre criatividade e experiência artístico-terapêutica que o equilíbrio pôde ser compreendido como fator que regulou as características do curso, determinando as diversas possibilidades de interação entre o aluno e o mundo artístico-terapêutico na atualização contemporânea. A verdade não se encontra em um único ser, mas está no processo de interação dialógica. É importante compreender que *o caminho se faz ao caminhar*, como nas palavras de Guimarães Rosa.

Com esses propósitos, alicerçados no firme compromisso de buscar uma arteterapia exercida com dignidade e conhecimento, iniciamos o ateliê terapêutico no curso de Arteterapia, trabalhando com as alunas do primeiro ano. Orientei-as no caráter experimental do desenvolvimento de atividades de artes que envolviam vários meios de expressão (pintura, desenho, colagem, construção, fotocópia, computação gráfica), e procurei colocá-las em contato com sensações, paixões, emoções, símbolos, signos, sinais, cores, formas, texturas, sons e movimentos que pudessem ajudá-las a descobrir aspectos importantes de si mesmas, dinamizando condições internas da vida psíquica em imagens. Condições essas únicas e pessoais.

O trabalho se desenvolveu em dois níveis: primeiro, informar ao grupo de alunas – no qual a proposta básica era vivenciar a atividade artística – os rituais de iniciação dos materiais e, concomitantemente, realizar a reflexão teórica sobre a relação dos materiais com as diferentes aplicações terapêuticas. O segundo referia-se à arteterapia a serviço dos pacientes. Trabalhamos simultaneamente o criativo e algumas patologias.

Essa vivência revela-se fundamental para o processo de interações sociais do grupo e para o autoconhecimento. Transformar só é possível com base nessa reflexão.

O curso estava voltado para o desenvolvimento da saúde física e mental, da prevenção, do tratamento, da reabilitação e da manutenção da saúde por meio da arte. Utilizamos conceitos da Psicologia da Gestalt, teoria da percepção que inclui as inter-relações entre a forma do objeto e os processos de quem o percebe, o conceito de figura-fundo, a fluidez dos processos perceptuais.

As vivências de arte basearam-se no trabalho de Janie Rhyne e Selma Ciornai, que desenvolveram uma metodologia em arteterapia que promove a descoberta e a exploração de sentimentos e qualidades pessoais. A Gestalt preocupa-se com o diálogo e está atenta à criatividade. Seus métodos são aplicados em psicoterapia e em educação artística, enfatizando a aquisição e o aumento de percepção (*awareness*) como fator positivo de desenvolvimento.

São pressupostos básicos da Gestalt-terapia viver e estar consciente do presente; estar plenamente atento ao fazer; saber o que se quer fazer e poder fazê-lo; e, ainda, confiar nos dados da própria percepção. A vivência de Arteterapia Gestáltica propõe-se a lidar com esses processos, construindo imagens de diversas maneiras para permitir a descoberta desses objetivos na vida, integrando passado e presente, desejo e realidade com um projeto futuro.

O curso considerou que a arteterapia não poderia ficar longe de outras áreas do saber contemporâneo; provoquei, assim, um diálogo com questões éticas, morais, sociais, culturais e humanitárias, mediante sugestão de temas de trabalho.

Todavia, retomando a questão de um outro ponto de vista, abordamos artisticamente os temas de auto-imagem, família, corpo, metamorfoses do corpo, comunicação, relacionamento, injustiças, amor e doença, loucura, vida e morte.

Dewey conta-nos que "a Arte é sempre mais que a Arte" (*apud* Pareyson, 1989, p. 45); pela multiplicidade dos atos, desígnios e fins do homem ela é sempre profissão de pensamento, ato prático, oferta de utilidade, seja espiritual ou material.

Essa interseção resultou numa perspectiva diferente de outros cursos dados no ateliê sob minha direção. Em vez de investigar os temas por meio do fazer, que em geral atrai os freqüentadores de um ateliê, e dado o pouco tempo de permanência das alunas na instituição, optei por processos mais informais, que criaram uma consciência artística de fazer a "lição de casa", o que foi um fator caracterizador do novo curso. Aliás, expressão que usei para nomear o presente texto – "lição de casa" –, título que acho sedutor por excelência.

"Lição" que para nós, estudantes primeiros, possui a conotação nostálgica das primeiras lições aprendidas, dos primeiros trabalhos apresentados ao professor. A "lição de casa" estimulou nas alunas a capacidade de estarem "sós", na intimidade da casa, de escutarem sua voz interior, de estarem em contato com estímulos mentais básicos; de sonharem acordadas, estimulando o processo criativo.

As alunas desenvolveram um trabalho que intencionalmente chamo de "pro voc-ação", no qual, a partir do debate sobre a arte, considerando vários autores escolhidos para descrever o processo de pensamento criativo, pudemos constatar as transformações resultantes.

O objetivo deste trabalho foi buscar elementos que contribuíssem para uma reflexão do fazer expressivo, recorrendo a um histórico dos trabalhos teóricos para serem ampliados, posteriormente, no atendimento terapêutico dos futuros pacientes das alunas em processo de formação.

A importância deste relato é mostrar o processo de transformação do aluno em futuro terapeuta. Uma nova identidade profissional vai surgindo no ir e vir de dúvidas, passagens e retornos. Como em todo ritual de iniciação, o novo assusta porque é desconhecido. As necessidades dos alunos emergiram e aos poucos se manifestaram na mudança de comportamento e sentimentos na forma de expressão verbal e plástica.

Outro objetivo foi deslocar o olhar para possibilidades artísticas contemporâneas que pudessem ser trazidas e trabalhadas no ateliê terapêutico. Levei para as aulas materiais mais originais e autênticos, na tentativa de promover a integração de afinidade, cognição e criatividade por meio de processos que estimulam e facilitam o desenvolvimento criativo.

Para a metodologia da disciplina elaborei um currículo de arte com abordagens que pensei equilibradas e com base nas quais as alunas deveriam ter um tipo de produção específico voltado às questões individuais terapêuticas, no qual o processo mental se encontrasse engajado no do fazer. Certas atividades artísticas se prestam mais a um processo mental do que a outro.

Perguntava a mim mesma, ao selecionar uma ou outra dessas abordagens para o curso: "Que informações as alunas precisariam ter sobre arte como terapia, sobre os materiais usados para o tratamento dos pacientes? Quais as técnicas que devo enfatizar?". As técnicas podem ser ensinadas cognitivamente, mas é apenas no fazer, colocando "a mão na massa", que a técnica pode ser amplamente entendida na produção de um objeto.

E surgiram ainda mais perguntas. Nessa investigação, resolvi solucionar o problema aceitando os desvios que pudessem surgir ao longo do semestre; decidi que o currículo, com base num eixo central, intransferível, estaria sempre aberto a novas transformações. A prática artística e terapêutica me ensinou que o sentido de fazer arte e terapia é um contínuo e eterno refazer de idéias e conceitos. Cada paciente é único no universo. O processo artístico é caracterizado pela invenção, surpresa, execução e incerteza dos resultados, quer se trate de arte ou de expressão dos alunos ou dos pacientes.

As atuais transformações nas áreas do saber humano social e institucional continuam a submeter tanto o aluno quanto o paciente ao mais rigoroso controle, e, como estes não rompem com os velhos sistemas, não trazem inovações nem para a vida do sujeito nem para a sociedade.

As atividades artísticas foram selecionadas a partir de nossas experiências anteriores, focalizando processos mentais específicos, como análise, abstração, coerência de organização, originalidade e síntese. Foram sugestões baseadas em "critérios de criatividade" identificados por Lowenfeld e Guilford. Paradigmas usados também na terapia que podem ajudar o paciente a organizar a continuidade de sua pessoa no tempo.

Além dos dados citados, também se trabalhou a qualidade de consciência, persistência ao enfrentar obstáculos, ser capaz de explorar idéias pelo prazer de explorá-las. Quem é criativo naturalmente brinca. O inconformismo traz idéias originais e é aberto à experiência, promovendo autoconfiança no valor da obra. São, portanto, as qualidades que o estudante criativo deve possuir para desenvolver um programa em ateliê terapêutico.

Para despertar a criatividade, é necessário desafiar os alunos com idéias provocantes. Este encontro nos possibilitou trabalhar assuntos referentes à percepção de arte, forma e imagem, paralelamente a outros temas.

A vivência em ateliê terapêutico possibilitou aos alunos entrar em contato com imagens que representam conteúdos do inconsciente e com fases dos ciclos criadores mediante os limites e o contorno da forma. As unidades pictóricas adquirem significado à medida que estão presas à experiência sensível do homem. Primeiro, há um impulso de criar; segue-se um período demorado em que o criador recolhe o material e investiga diferentes modos de trabalhar. Vem a seguir um tempo de incubação durante o qual a obra criadora procede inconscientemente. Então surge o momento da iluminação. Por último, tem-se um processo de revisão em que os erros são alterados e corrigidos.

Mas é a partir da forma que surge a percepção. "A percepção, segundo mostram cada vez mais claramente os estudos psicológicos e fenomenológicos, não é um ponto, um átomo associacionista, mas um campo" (Formaggio, 1987, p. 80). Perceber é adquirir conhecimento por meio dos sentidos.

A percepção é constituída de dimensões interpretativas, comunicativas, motivacionais do tipo intersubjetivo, social e cultural, contando com o vivido, com toda a experiência anterior às condições de expectativa pré-perceptiva.

Formaggio ainda lembra que "perceber é sempre mais do que perceber, ver é sempre mais do que ver" (1987, p. 80). Percepção e memória vivem em simbiose.

Ele ainda escreve: "Quando Cézanne instala o seu cavalete dezenas e dezenas de vezes em frente à montanha St. Victorie, além de realizar o estudo da essência geológica da montanha, realiza ainda um trabalho na estratificação geoantropológica da percepção" (1987, p. 82). Acontece o que Merleau-Ponty chama a "visão devoradora" da essência das coisas. Nossa percepção chega a objetos e o objeto, uma vez constituído, aparece como a razão de todas as experiências que dele tivermos (1994, p. 103).

É necessário não perdermos de vista a intuição em suas três formas básicas: intuição preceptiva, intuição memorativa e intuição imaginativa.

Além da intuição, memória e imaginação, a percepção transforma-se e modifica-se.

A imagem não pode dar conta do objeto em sua totalidade. Ela constitui o signo desse objeto ao qual ela faz alusão. A percepção é contemporânea da sensação, enquanto a imagem, em busca de uma sensação impossível, indica a falta do objeto que ela visa. Para ter noção do objeto é preciso que as diferentes percepções que se podem ter dele sejam coordenadas em uma totalidade coerente, ordenada em um espaço. Então, os objetos correspondem aos esquemas nos quais os dois aspectos da experiência – o sensorial e o motor – permitem, graças aos mecanismos de assimilação e acomodação, o reconhecimento de objetos semelhantes.

A imagem é uma construção mental que se faz a partir de esquemas sensório-motores. Com efeito, é impossível perceber uma imagem de uma só vez e representá-la em um só gesto plástico. O pensamento procede à análise dos objetos, constituindo uma cópia na qual cada parte encontra seu lugar na matéria. Cada imagem mental apresenta ao sujeito uma série de problemas que variam tanto na concepção quanto na realização. A imaginação não é somente a capacidade de conceber imagens do homem nos ofícios e nas técnicas; as mãos tecem e estão sempre em ação.

Seja como for, o problema da formação de uma obra expressiva nasce no momento em que surge a forma depois de um processo de gestação, incubação, nascimento, crescimento, maturação.

Para Croce, o processo artístico consiste no copiar uma imagem interna; primeiro, há a ideação de uma imagem interior e, depois, a realização dessa figura numa matéria física. Para outros autores ela é encontrada no decurso da execução. Muitas são as dificuldades das duas posições.

Segundo Pareyson (1989, p. 74), se a forma já está completa na reprodução não acrescenta nada à experiência artística. Os artistas encontram a forma enquanto delineiam a imagem. Esse processo ocorre também no espaço do ateliê terapêutico onde alunos ou pacientes projetam a imagem na qual possam se reconhecer ou produzem imagens pelas quais esperam ser aceitos.

A propósito do processo artístico, é importante decidir quando uma obra está acabada; a conclusão e definição da forma como tal é uma questão importante. O lugar da assinatura na obra traz uma mensagem; ela é uma marca egóica. Muitos recusam-se a assinar. É interessante analisar essa recusa. Ao configurar a matéria, o homem se configura, seus conflitos se projetam no papel criando formas.

Fazia parte da proposta do curso o estudo da forma, que foi acontecendo ao longo do percurso.

A palavra alemã *Gestalt* significa forma. A imagem percebida não é a soma de seus elementos perceptivos. Em vez disso, os elementos são seletivamente organizados pelo nosso cérebro, de modo a criar uma forma do que é mais que a soma de duas partes. "Forma é a configuração visível do conteúdo", escreveu o pintor Ben Shahn (Arnheim, 1988, p. 90).

O sistema visual organiza essas tarefas perceptivas seguindo certas leis inatas que governam o padrão, a forma, a cor, a distância e o movimento dos objetos no campo visual (Kandel, Schwartz e Jessell, 1997, p. 312).

Quanto ao próprio processo de criação, o artista passa da imaginação para a ação. A realização da obra sempre será diferente do idealizado. Trabalhar a matéria que impõe a forma traz uma empatia com a matéria, uma continuidade fundamental.

Todas as formas de organizar, trabalhar, arranjar, descobrir permitem ao aluno tirar do trabalho artístico prazer e exercer um tipo de apropriação das imagens por sua configuração. Arte é espelho no qual o aluno pode se olhar.

Pela análise de sua criação, relatar a experiência artística por meio de representação gráfica foi um fenômeno que ocupou um bom tempo das aulas. Em cada um desses encontros, a proposta era viver a atividade, descobrindo sua relação com os materiais.

As alunas relataram como foi a experiência em casa. Desde a compra do material, reconstruíam todo o percurso do fazer, do gestual. Na arte reviviam, na sala do ateliê, todo o recriar do objeto. A arte é vida e acompanha toda a experiência do homem, vivência universal e única, conhece e se deixa invadir por imagens: figuras, formas, textura, cores e cheiros de um encontro deslumbrante consigo mesmo mediante os materiais artísticos.

"A lição de casa" conduziu a busca por uma nova identidade. A memória propicia-nos uma experiência própria da imagem no tempo. Novas histórias no rio das recordações foram redescobertas. Fui procurando levar as alunas a ampliar seu repertório pela linguagem em harmonia e interação criativa. De certa maneira, era importante que cada aluna tivesse um olhar interior a fim de se reconhecer como sujeito da criação.

Trabalho numa instituição com pacientes com problemas neurológicos. Durante a exposição dos trabalhos expressivos, achei importante para as alunas, durante o curso, entrar em contato com os pacientes de uma instituição. Propus, então, um *workshop* com as crianças e os pais no espaço da exposição, estimulando as alunas para o atendimento a essa população. Inicialmente todas estavam receosas, com medo de proceder de forma inadequada com o paciente e a família. Na realidade, o encontro foi um sucesso, e as alunas aprenderam muito mais sobre elas próprias do que sobre a deficiência.

O curso abriu espaço para os acontecimentos culturais fora do espaço da instituição. As alunas foram buscar estímulos em museus e galerias. Aproveitaram a chegada de exposições na cidade, criaram cruzamentos com o "eu" e outros espelhos da história da arte, formando uma trama expressiva de trabalhos. Teceram fios entre xerox, desenho, pintura, fotografia e artes decorativas.

A visitação de espaços culturais pelos arteterapeutas deve ser atualizada a fim de estar sempre em contato com a informação artística – ainda que o gosto pessoal do terapeuta em matéria de arte, as críticas ou a fascinação estética que ele pode cultivar nas exposições devam permanecer à parte. Nem sempre a obra de arte interessa ao terapeuta.

Examinar a vida de outros artistas, ouvir a experiência de cada elemento do grupo, conduziu cada aluna a uma revisão de seus próprios conflitos e frustrações, paixões, afetos e desejos, produzindo um movimento de reconstrução, tornando-o um tecido de surpresas em que trocavam informações.

Não estávamos tratando apenas das atividades de arte. Novas revelações emergiram, inquietações entre os indivíduos e o coletivo, entre a arte e a terapia. As alunas foram percebendo a necessidade de questionar o terapêutico. Entraram em contato com seu futuro profissional. Aceitei o desafio: as transformações sempre geram conflitos. Elas foram percebendo quanto se modificavam a cada nova proposta; fui surpreendida com as invenções do processo de trabalho. Aprendi muito com a experiência delas.

Era necessário que as alunas entendessem *todas essas coisas* sobre arte e terapia como aprendizagem de uma possibilidade. A cada nova descoberta, teciam novos conceitos e encontravam seus limites na rede de relações experimentais e teóricas. Elas traziam para a discussão experiências aplicadas em seus pacientes. Novos bordados foram tecidos na trama da arteterapia.

Coragem! O caminho estava aberto para os possíveis desvios e interrogações para construir uma nova compreensão da arte como terapia. As alunas sentavam-se ao acaso nos lugares disponíveis, seus corpos ocupavam a sala, a pequena sala posterior ao ateliê no corredor; seus pertences misturados aos trabalhos fotocopiados, panos, contas, tintas e pincéis. Outras passeavam livremente pela sala.

Eu propunha, mediante o universo da arte, um debate com vários autores escolhidos para descrever o processo de pensamento criativo e as transformações resultantes.

O processo da prática artística pretendeu modificar atitudes na vida, ajudando a desenvolver a fluência que diz respeito a processos perceptocognitivos individuais, que podem sofrer transformações nas quais cada novo pode gerar outros, visando transformar possibilidades de usar novos recursos e lidar com os conflitos. O ateliê terapêutico deixa de ser o espaço de arte para se tornar o espaço ideal de transformações.

Luigi Pareyson constata que "arte é um tal fazer, que enquanto faz, inventa o por fazer e o modo de fazer" (1989, p. 32).

Num ateliê terapêutico é necessário cautela ao instituirmos relações entre arte e expressão. Dizer que a arte é "expressão de sentimentos" pode ter importância no plano terapêutico, mas não no plano da estética.

A seguir apresentamos a utilização da arte conjugada a processos de terapia. As "lições de casa" estão divididas em tópicos que contêm uma síntese bem resumida *do texto*. Acrescento como pano de fundo algumas observações analíticas que têm a finalidade de conceituar as áreas.

JUSTIFICATIVA

Os resultados encontrados em um dos itens analisados serão apresentados em colaboração com duplas de alunas. Cada uma fez seu trabalho separadamente, usando suas próprias fontes. A união se fez mais pela economia de espaço no capítulo do que pela semelhança das respostas. Havia alunas com formação na área de psicologia; outras, em arte-educação. Para algumas, a arte era novidade; para outras, profissão. Em busca de um objetivo maior – promover a saúde –, tornaram-se arteterapeutas.

O trabalho de montagem do texto foi feito com base no plano de aulas e inserido numa nova montagem. Nessa transposição, as aulas perderam sua significação original e adquiriram outra que lhes era atribuída pelo olhar imagético das alunas. Um olhar aberto para figuras da linguagem da arte; um olhar atento ao conhecimento terapêutico.

O material escrito pelas alunas aparece no texto em itálico. Os pareceres das alunas surgem de forma global, já que o processo foi vivido por todas elas.

Nesse fazer e pensar mutuamente entrelaçados, o arteterapeuta cria formas. Um dos componentes necessários aos futuros terapeutas é seu conhecimento sobre elementos de psicopatologia e sua própria terapia, que lhe dará a capacidade de perceber a presença de dinâmicas patológicas nos pacientes.

Defendemos a necessidade de os futuros terapeutas se submeterem a um processo de terapia individual como parte de sua formação.

Ressalta-se, atualmente, o papel da atividade do aluno, pois, como observou Piaget, precisamos diferenciar os processos auto-organizadores e automáticos dos ativos. Os primeiros não acarretam tomada de consciência, ao passo que as regulações ativas a provocam constituindo a origem de uma conceituação das ações" (Pereira, 1996, p. 51).

Esta autora aponta que, na prática, as metodologias devem gerar desequilíbrios cognitivos em relação ao objeto de conhecimento: conflitos e dúvidas cuja resolução seja percebida pelo sujeito como essencial e nele produza interações ativas.

Cada momento em si foi percebido pelas alunas nas várias perspectivas pelas quais se manifesta a arte. Cada uma a seu modo evocou símbolos, memória, percepção e intuição. Formas, traços, espaços, tensões, extremos, as separações, as polaridades, os sonhos, a técnica, a liberdade, o corpo, a pele, a dor, a cicatriz, o sangue, o nojo, a baba, todos os extremos líquidos da vida.

Foi um trabalho de releitura – termo tão usado em nosso trabalho de artista-educador ou artista-terapeuta –, dando novo significado ao potencial significativo inicial.

LIÇÕES APRENDIDAS

O corpo

A Bienal de Veneza consagrou a exposição comemorativa de seu centenário à reformulação da estética moderna, a partir da representação do corpo humano. Seu modelo postural é o primeiro objeto das artes plásticas e da pintura.

Jean Clair, pesquisador francês, procurou contextualizar a representação da figura humana. Essa ligação exprime a necessidade de encontrar raízes para as linguagens artísticas destes anos complexos e privados de certezas do ponto de vista social, político, econômico; "colocar o problema do corpo e do rosto, nessa época obcecada pelo sexo, pela doença e pela morte, era um dos possíveis fios condutores dessa reflexão" (Zannier, 1995, p. 10).

A mostra histórica fundamentou-se sobre os modos de representar a figura humana como reflexo das complexas tentativas e esforços do homem moderno para atingir sua própria identidade e o auto-entendimento. Para o curador, a abstração que o interessa é aquela que é pura busca por um retrato humano para além de um rosto, citando Malevitch, Kandinsky, Fontana, Giacometti e a última fase de Pollock como pintores que seguem esse tipo de pensamento.

Os diversos estudos no campo da medicina e da psicoterapia trazem à tona, na alternância de rostos e membros, as formas de história das doenças psíquicas.

Arte e corpo

Em nosso primeiro encontro, a representação da figura humana foi associada ao esquema corporal de seu autor. A linguagem artística surge como ferramenta capaz de revelações.

Todos nós estruturamos imagens semelhantes ao nosso organismo, isto é, há uma identificação entre nossa atitude e as formas por nós criadas. "Meu corpo é ao mesmo tempo vidente e visível. Ele que olha todas as coisas pode olhar a si e reconhecer no que está vendo, então, o outro lado do seu poder vidente", relata Merleau-Ponty em *O olho e o espírito* (1989, p. 41).

Nessa perspectiva foi que decidi instalar uma rede mais elaborada trabalhando o corpo como confirmação do eu e do outro, do dentro e do fora. A essência concentra-se no que não é visto. Material e mental.

"O corpo nasce nu, ávido, suplicante, exigente, é uma estrutura de carência e de necessidade" (Formaggio, 1987, p. 77). Continuando, o autor afirma: "[...] mas o corpo é ulterioridade porque basicamente é uma estrutura de carência, é pobreza, é necessidade. Sozinho o corpo está nu e necessitado. Todavia, ele é também a árvore ereta e frondosa de todas as florescências dos sentidos e de signos que preenchem e iluminam o mundo".

> *A imagem corporal é a imagem tridimensional que todos têm de si mesmos; é o esquema do corpo. O córtex sensorial é um órgão de atenção local, e, por meio de perpétuas alterações de posição, estamos sempre construindo um modelo postural. A destruição desses esquemas por uma lesão torna impossível qualquer reconhecimento de postura ou da localização de um ponto estimulado em partes afetadas do corpo. Com relação à base fisiológica do conhecimento do nosso corpo, é possível que*

> *exista, em nossa imagem corporal, mais do que aquilo que sabemos sobre o corpo. E sobre o que sabemos com relação ao interior de nosso corpo, é importante, no estudo da imagem corporal, abordar o problema psicológico central da relação entre as impressões de nossos sentidos, nossos movimentos e a mobilidade em geral. Existe sempre uma personalidade que experimenta a percepção* (Schilder, 1980, p. 93).

Em toda ação, agimos não apenas como personalidade, mas também com nosso corpo. A cada instante, vivemos a personalização de nosso corpo, a nossa imagem corporal. Todas as nossas atitudes e comportamentos são o desejo do que queremos modificar, da relação entre espaço e modelo postural, ou seja, o esquema corporal. No instante em que vemos algo, iniciam-se ações musculares com uma constante alteração da percepção destes. Toda pulsão ou desejo modifica a substância do corpo, nossa gravidade, nossa massa e nossa forma. A imagem corporal é, assim, lábil e mutável.

> Como mudar de corpo? Manipulando os seus órgãos, a pele, os membros. Como modificar o corpo da maneira mais pessoal e, ao mesmo tempo, mais prática e econômica? Não por cirurgia plástica, certamente, que desloca sobretudo a imagem exterior do corpo (Gil, 1993, p. 267).

Tanto o body-piercing *como a tatuagem visam modificar não apenas a imagem individual do corpo, mas também o corpo real. Os locais onde estas marcas são colocadas no corpo muitas vezes são considerados pouco sensíveis; assim essas marcas passam a despertar para a sensibilidade, a libertar ondas afetivas que manterão sempre a mesma intensidade. Essas marcas visíveis no corpo também são consideradas como um mapa simbólico da vida do indivíduo.*

O body-piercing *pode surgir como uma violenta forma de contestação, protesto ou revolta contra as regras comuns existentes. Para compreender as razões estéticas, psicológicas e sociais que fazem do* body-piercing *um fenômeno urbano, é necessário saber que corpo se fabrica assim. O corpo torna-se, com o* piercing, *um mapa em que as agulhas ou argolas de metal marcam a reapropriação de um corpo considerado perdido ou vazio.*

Os corpos perfurados ou lacerados são diferentes dos corpos tatuados. A tatuagem surge como uma linguagem que expressa os efeitos visuais, e, assim, o corpo passa a ser considerado um mapa cultural, que expressa paisagens individuais ou de grupos. Deste modo, a tatuagem é utilizada como uma forma de expressão: "És um dos nossos e não te esquecerás disso." (Diógenes, 1993, p. 353).

O novo corpo que surge é resultado de uma modificação das energias corporais e psíquicas.

Com base nesse referencial, foi desenvolvida dinâmica de grupo cuja atividade central, realizada por duplas de alunas, se iniciou com a confecção de uma boneca de tecido, sem cabelos mas com uma marca – uma tatuagem – em alguma parte do corpo, assim como deveria exalar o cheiro de alguma essência ou erva colocada dentro dela.

Feita a boneca, foi solicitado a cada dupla que, com pedaços de arame, fizesse um ou mais piercings *nela. Em seguida, foi proposta dramatização individual com a boneca, quando se brincou com ela e se recordou o passado, evocando-se, assim, a memória e, portanto, utilizando percepções visuais, auditivas e olfativas. Em seguida, deveria se encontrar uma dupla com a qual brincar e, nas histórias criadas, verificar o que houve de comum ou de incomum entre as duplas. Por fim, todas as bonecas foram colocadas no centro da sala, formando uma grande instalação na qual todas as alunas poderiam realizar modificações até que se encontrassem algo comum a todas elas.*

A dinâmica visou, com base na criação de uma história, trabalhar e desenvolver a imaginação, despertando o lado simbólico. Em alguns casos também ocorreu, possivelmente, o resgate de algo que ficou por ser vivido.

Houve uma tentativa pessoal das alunas de representar, plasticamente, a noção que tinham do próprio corpo, da própria pele, de suas posições e ocupações no espaço, da imagem desse corpo e da relação com o outro a partir da representação diante do outro. Para cada uma das alunas houve uma imagem corporal própria, intimamente ligada à sua história pessoal, da qual nem sempre se tem consciência e a qual nem sempre se deseja reconhecer. De acordo com sua personalidade e situações vivenciadas, as alunas decidiram se queriam ou não usar a imagem corporal como instrumento social, simbólico, ou seja, usar a essência lábil e mutável de seu corpo.

Todos os acessórios, como roupas, jóias, piercings, *tatuagens, maquiagem etc. fizeram parte das possibilidades, conscientes ou inconscientes, de construção ou de modificação da imagem corporal.*

Com este trabalho, resgataram-se respostas sobre o processo de transformação e expansão da nossa imagem corporal e, portanto, reconhecendo e tornando consciente um dos componentes da personalidade. Afinal, o corpo e sua imagem são uma referência permanente da relação homem–mundo.

Caravaggio (1573-1610)

"Pela primeira vez Caravaggio é exposto no Brasil. Foi o grande nome da pintura naturalista do começo do século XVII, distante do maneirismo, mas próximo dos grandes mestres da Alta Renascença. A dramaticidade conseguida pelo tratamento da luz e sombra, o claro-escuro, foi uma das grandes marcas do artista", relata o curador da exposição no Museu de Arte de São Paulo (Masp), Luiz Marques.

Narciso, obra de 1569. Para representar a transparência de um objeto é preciso justapor três superfícies: a parte superior (transparente), a parte inferior (opaca) e uma área em que as duas se sobrepõem. A luz da parte sobreposta deve ser uma combinação das outras duas. Desse modo, a transparência cria volume, revelando coisas ocultas. A água, embora translúcida, normalmente funciona como um espelho nas paisagens. Objetos espelhados aparecem em numerosas obras-primas; *As Meninas*, de Velasquez; *Um Bar no Folies-Bergère*, de Manet; *O Casal Arnolfini*, de Van Eyck.

"Os espelhos estabelecem conexões essenciais entre figuras, dissociando os diversos planos do quadro e definindo o volume de um quadro" (Arnheim, 1988, p. 242).

> *No mundo do espelho, o autor de* Alice no país das maravilhas *é levado a imaginar um mundo do contrário por detrás do espelho, um mundo do sonho e da liberdade imaginativa no qual só se pode entrar e caminhar na base da regra do espelho; só se segue no bom sentido se se der uma volta de 180 graus. Um país onde esquerda é di-*

> *reita, e vice-versa; onde se come a torta antes de a cortar. Este é o país não só da imaginação e do sonho, mas do nascimento da arte* (Formaggio, 1987, p. 141).

É a duplicidade do homem: a verdade não é o que está diante de nós, mas o que está por detrás no limite virtual do espelho. E isso assim posto, voltamos a Narciso.

Narciso, filho da ninfa Liríope e de Celiso, rio da Fócida, desposou a ninfa Eco e foi punido pela deusa Nêmesis. O adivinho de Tirésias predissera a seus pais que ele viveria enquanto não se visse. Um dia em que Narciso passeava nos bosques, parou à margem de uma fonte, em cujas águas percebeu a sua imagem. Apaixonou-se pela semelhança e, não se cansando de contemplar seu rosto na água límpida, consumiu-se de amor à beira da fonte. Insensivelmente, arraigou-se na relva banhada pela nascente, e toda a sua pessoa se transformou na flor que tem o seu nome. Contam outros que ele se deixou morrer, recusando comida e bebida, e, depois de morto, o seu louco amor o acompanhou até os Infernos, onde ainda se contempla nas águas do Estige (Mitologia, v. II, 1973, p. 433).

Na prática terapêutica, o termo narcisismo foi escolhido para a descrição clínica que Paul Nâcke fez em 1899, denotando a atitude de uma pessoa que trata seu próprio corpo da mesma forma pela qual o corpo de um objeto sexual é comumente tratado – vale dizer que o contempla, o afaga, o acaricia até obter satisfação completa por meio dessas atividades. Segundo Freud,

> *afigurou-se provável que uma localização da libido que merecesse ser descrita como narcisismo talvez estivesse presente em muito maior extensão, podendo mesmo reivindicar um lugar no curso regular do desenvolvimento sexual humano. Dificuldades do trabalho psicanalítico em neuróticos conduziram à mesma suposição, pois parecia que, neles, esta espécie de atitude narcisista constituía um dos limites à sua susceptibilidade à influência. O narcisismo, neste sentido, não seria uma perversão, mas o complemento libidinal do egoísmo, do instinto de autopreservação que, em certa medida, pode justificavelmente ser atribuído a toda criatura viva.*

Quando a criança exprime seu interior mediante diferentes linguagens artísticas, mais do que refletir a sua própria história, reflete o seu existir. A arte como espelho tem um poder enigmático porque, por meio dele, a criança pode fazer o seu próprio reconhecimento.

A criança maquiada, ao se olhar no espelho, reconhece seu rosto. Aos poucos, porém, vai verificando as transformações progressivas de seu rosto antes de constatar, ao retirar a maquiagem, que torna a se encontrar com ela mesma.

Essa confrontação com o espelho é, por vezes, vivenciada como angustiante. Nesse momento, afastando-se do espelho, como que emprestando o rosto do adulto, pede que a mesma maquiagem seja reproduzida em seu rosto. Utilizar o outro como seu próprio reflexo – autotransferência – possibilita a aceitação do próprio reflexo. Frente a frente, o olhar do adulto como testemunha para a sua maquiagem serve de suporte para a construção de sua imagem.

Por outro lado, o espelho também pode ser usado como intermediário, ou seja, na situação de *retrovisor*, quando o adulto é colocado atrás da criança e ela olha não mais a própria imagem, mas o reflexo do adulto, ou na situação de *ricochetear* quando o adulto e a criança, colocados lado a lado, cruzam os seus olhares no espelho, e a criança ajusta, então, o seu reflexo em vista do reflexo do adulto. Essa aceitação e confirmação que ocorrem por meio do espelho proporcionam à criança uma imagem mais autêntica do seu próprio ser (Lorentz *et al.*, 1981, p. 252).

Arte e cirurgia plástica

Na realidade virtual podemos projetar as imagens em qualquer tamanho, forma, cor, superando todas as restrições biológicas e culturais; podemos reinventar ao infinito.

A artista plástica Orlan se separa literalmente de seu corpo original, submetendo-se a constantes cirurgias plásticas. Ela aproveita o ambiente cirúrgico das operações para criar ambientes completos a fim de registrar cada operação plástica de seu rosto, convidando músicos e poetas para interferirem durante o processo. Os produtos finais, incluindo vídeos e fotos, são vendidos para financiar as operações seguintes.

Segundo alguns diagnósticos, a cirurgia plástica constante repete um sintoma de comportamento compulsivo. A mudança provoca uma extrema confusão de identidade.

Nesse sentido, utilizando como material xerox de obras famosas e de fotografias das próprias alunas, propusemos exercício lúdico no qual partes de seus corpos substituíam partes dos corpos dos quadros, e vice-versa, num jogo de transformação de imagem. A imagem interiorizada que temos de nosso próprio corpo não é fixa; muda de acordo com vários fatores, como faixa etária, imitação e/ou comparação com outras pessoas, emoções, prazer que se encontra em superar limites, narcisismo, sensação etc. Fica a pergunta: "Até que ponto pode-se mudar a própria imagem e continuar a se identificar com ela?"

A arte e a doença: a Caixa de Pandora

"Pandora, a primeira, a que trouxe aos mortais todas as desventuras. No entanto, não é uma Caixa de Pandora o que temos em mãos. Na caixa arquetípica, conta o mito, restou apenas a Esperança, um precioso bem" (Frayze-Pereira, 1991).

A arte pode se manifestar como algo que brota do negativo, da angústia e da dor, mas que desenha, no fundo da Caixa de Pandora, grandes transfigurações de esperança.

Irritado com o audacioso roubo do fogo, feito por Prometeu, Júpiter ordenou a Vulcano que forjasse uma mulher dotada de todas as perfeições e a apresentasse à assembléia dos deuses. Minerva revestiu-a com uma túnica de ofuscante brancura e lhe cobriu a cabeça com um véu e com grinaldas de flores sobre as quais colocou uma coroa de ouro. Quando estava pronta, Vulcano levou-a ao Olimpo com as próprias mãos.

Todos os deuses admiraram essa criatura, e cada um quis lhe dar o seu presente. Minerva ensinou a ela artes, como a de fiar, e as artes que convinham a seu sexo. Vênus espalhou em torno dela o encanto como desejos inquietos e cuidados fatigantes. As Graças e a deusa da persuasão ornaram sua garganta com colares de ouro. Mercúrio deu-lhe a palavra com a arte de persuadir os corações com discursos insinuantes. Tendo, enfim, os deuses cada qual lhe dado o seu presente, deram-lhe o nome de Pandora – do grego Pan (tudo) e Doron (Dom).

Quanto a Júpiter, deu-lhe uma caixa hermeticamente fechada, dizendo que a levasse a Prometeu. Mas Prometeu, desconfiado de alguma armadilha, não quis receber nem Pandora nem a caixa e recomendou a seu irmão, Epimeteu, que nada recebesse da parte de Júpiter. Mas Epimeteu, cujo nome em grego significa "o que reflete demasiadamente tarde", só julgava as coisas depois dos acontecimentos. Ao ver Pandora, esqueceu-se de todas as recomendações fraternas e tomou-a como esposa.

Epimeteu fora avisado pelo irmão para não abrir a caixa, e ele mesmo preveniu Pandora para que também não o fizesse. Mas a curiosidade de Pandora foi maior, e, ao abrir a caixa fatal, escaparam de dentro dela todos os males e todos os crimes que desde essa época estão espalhados pelo universo. Epimeteu quis logo fechar a caixa; porém, era tarde demais, e só conseguiu reter a esperança, que estava quase a desaparecer. Foi a única que permaneceu no cofre escrupulosamente fechado.

Arte e Aids

O mundo da arte raras vezes foi tão solidário com a doença como no caso da Síndrome da Imunodeficiência Adquirida – Aids. Artistas e críticos usaram o termo como ferramenta educativa e de reflexão. Exposições internacionais elevaram os níveis de informação e consciência para modificar as concepções. Os signos, símbolos e imagens podem alterar nossas realidades. O artista Leonilson, com suas pinturas altamente biográficas, é o melhor exemplo desse tipo de arte. Daniel Senise faz parte da lista de artistas que convertem a simbologia fragmentada em espaços sonhadores. Barbara Kruger, Masami Teraoka, John Priola, Ron Blekner, Jim Iserman são exemplos de artistas que convertem as alegorias do corpo.

O mito de Pandora serviu-nos de ponto de partida para, metaforicamente, realizarmos trabalho sobre o universo da Aids, como uma das doenças que escaparam da Caixa de Pandora. O trabalho pretendeu explorar a arte como veículo de comunicação e aproveitar o tema Aids para enfocá-la como veículo privilegiado no tocante à sua utilização como forma de ex-

pressão, forma de prevenção e, sobretudo, veículo de educação, especialmente no caso de informações sobre a doença, já que, nas últimas décadas, poucas coisas, no mundo todo, têm sido tão perturbadoras! É tão perturbador que, para além da morte, tem deixado uma grande devastação emocional.

Na confecção do trabalho plástico, optamos por materiais como tecidos, em referência ao Santo Sudário, linhas, contas, panos, alfinetes e sementes naturais, como urucum. Este composé *foi sendo montado em forma de bordado, cuja trama, em forma de teia, pôde remeter à necessária prevenção da Aids em favor da vida.*

Arte e loucura

"Com efeito, crer numa loucura localizada no indivíduo e emprestar ao louco uma vestimenta que o transfigura em monstro não só tende a retirar-lhe o estatuto de humanidade, como também a nos fazer esquecer que algo se diz através da loucura" (Frayze-Pereira, 1992, p. 11).

Ao longo desse processo, a doença mental vai perdendo suas bases, e a fascinação pelas imagens dos loucos toma a forma de informação.

Hoje a ciência concebe a loucura como análoga às demais doenças orgânicas; uma doença que se manifesta por sintomas. Essa visão pressupõe normas objetivas de avaliação e trata a loucura como um fato em si ou isolado, mas não como um fato relacional. O conceito de anormalidade, porém, existe em razão de um conceito de normalidade, e, dessa forma, doença e saúde só poderão ser definidos em um contexto cultural e social.

Essa visão médica está inserta na história. Nos últimos séculos medievais, e no Renascimento, a loucura fascinava pelo furor e desordem e por ser um saber inacessível ao homem de razão. Vemos isso em Jeronimus Bosch, na representação das figuras de animais nas quais a animalidade escapa à domesticação. A partir do Renascimento moderno, no século XVII, a sabedoria e a loucura se separaram. A loucura acabou sendo confiscada pela razão dominadora, aos olhos da qual era apontada como defeito ou doença. Essa visão se estruturou no interior da sociedade burguesa nascente. Van Gogh e Antonin Artaud apresentaram, ainda, o fascínio anunciado no mundo medieval.

Arte e deficiência física

Propus algumas reflexões sobre pensar "o diferente"; desejei viver e compartilhar minha experiência de vida num centro de reabilitação que atende portadores de deficiência física e onde, nas sessões de arteterapia, sou a facilitadora do acontecimento artístico. A abordagem foi feita estabelecendo a correlação entre doença–deficiência e o perigo de seus desdobramentos psico-socioculturais. A rede de relações possibilitou uma análise pictórica do corpo da artista plástica mexicana Frida Kahlo e o caos apocalíptico de seus desenhos e pintura. "Jamais pintei sonhos. Pintei minha própria realidade" (Kahlo, 1996).

Artista mexicana que passou boa parte da vida em cadeira de rodas ou na cama devido a um acidente de carro. Não obstante todo o sofrimento, celebrou a vida e viveu de forma intensa e apaixonada. Passou por quatro abortos e cirurgias graves. Dor, sofrimento, cirurgias, amor e traição são retratados por meio da arte com muita simbologia, tensão e realismo. Dor e sofrimento são expressos de maneira tensa, chocante, mas com algumas doses de humor e engajamento político e social.

O trabalho proposto, para este cenário, envolveu o uso de tecido de algodão (1 m²) para impressão de imagens por xerox. Os trabalhos assim realizados refletiram o impacto causado pela vida e obra de Frida, e enfatizaram:

– *a dor do aborto que, transcendendo o fato concreto, simboliza também potencialidades não realizadas, não desenvolvidas;*
– *a morte representada por esqueletos que aparecem com freqüência. Artistas mexicanos têm, muitas vezes, a morte como temática. No México, a morte é entendida não como um fim, mas como a passagem para uma outra etapa, o que explica a leveza e o humor que acompanham algumas representações da morte. Nos trabalhos apresentados pelas alunas aparecem esqueletos usando aparelhos e objetos ortopédicos; e*
– *pássaros que são considerados símbolo de união entre o céu e a terra, a união entre a matéria e o espírito. Os pássaros são uma te-*

mática de Frida, aparecendo em seus auto-retratos sob a forma de sobrancelhas fartas que se unem parecendo as asas de um pássaro. No nosso trabalho apareceram pássaros voando entre esqueletos.

A cor do som

Há uma relação entre as artes plásticas e o som. Os salões e as bienais vêm apresentando obras audiovisuais, buscando efeitos de imagem-ritmo. Estamos em pleno domínio do audiovisual, haja vista as fotos que nos transmitem as naves espaciais através de sons. O veículo comunicável de nossos dias é o som.

> Essa relação física encontra paralelo nas observações feitas por Kandinsky sobre a aparência das cores. "O amarelo revelou um movimento de expansão a partir do centro que se aproxima quase que sensivelmente do expectador"; "um círculo azul desenvolve um movimento concêntrico (como um caracol escondendo-se em sua concha) e se afasta do observador" (Arnheim, 1973, p. 358).

"A cor do som" iniciou-se como uma proposta de trabalho com sons e cores, estabelecida, a princípio, para as crianças da AACD por Ana Alice Francisquetti (artista plástica e arteterapeuta) e Marilena Fernandes do Nascimento (musicoterapeuta) (Francisquetti e Nascimento, 1997).

Essa proposta foi trazida, depois, para o curso de arteterapia do Instituto Sedes Sapientiae, sendo introduzida na forma de vivência criativa, utilizando duas linguagens distintas: a visual e a sonora.

Segundo as autoras, a estruturação dessa atividade partiu das seguintes hipóteses:

- *o ritmo induz ao gesto gráfico em progressão sucessiva;*
- *a melodia induz a determinadas cores, podendo a escolha estar conectada a estados emocionais; e*
- *a música determina a forma das projeções e dá estímulo ao impulso motor.*

Sobre a mesa, foram espalhados os papéis para pintura e cinco recipientes com as cores básicas mais o branco e o preto. Ao lado de cada re-

cipiente havia um pincel. As músicas escolhidas para a atividade constituíam-se em expressões musicais bem marcantes, cada uma trazendo uma forma de dialogar com as cores. Foi utilizado o seguinte repertório: percussão com tambores, feitos de síncopes e paradas; canto gregoriano; música clássica – Beethoven; música popular brasileira.

Conforme pudemos experimentar, "a cor do som" desenvolveu-se nesta seqüência: primeiro, escutou-se a música; em seguida, escolheram-se as cores; por último, deu-se o preenchimento do espaço do papel pelas cores correspondentes aos estímulos sonoros.

Neste experimentar a junção de cor e som, fomos levadas para um momento intenso de concentração no presente. A vibração da cor, sustentada pela vibração do som, fazia-nos acompanhar o diálogo íntimo entre música e cores, entre o espaço visual e o tempo sonoro. Assim também, por meio do som – pulsação, ritmo, melodia –, fomos movidas a participar com todo o corpo, especialmente com o gesto, do ato de pintar. A expansão ou a contração do gesto vinham por meio de cada estímulo sonoro oferecido.

Como sugere Merleau-Ponty, "[...] é emprestando seu corpo ao mundo que o pintor transforma o mundo em pintura" (1989, p. 51). Alguns pintores, como Pollock, Klee, Kandinsky, Mondrian e Michaux, induzem seu gesto criador por meio de ritmos musicais.

Winnicott destaca a importância fundamental do "agir" no fortalecimento do indivíduo. Nesse sentido, é preciso deixar que as pulsões criativas, motoras e sensoriais se manifestem. Aí está a trama da brincadeira sobre a qual se edifica toda a existência experimental do homem.

De acordo com a música – clássica, canto gregoriano, percussão com tambores e música popular –, pudemos notar as diferenças afetivas, cognitivas e expressivas estimuladas pelo som na escolha e no uso das cores. Assim como a criança escolhe as cores e empresta o corpo na escuta da música, também nós, adultos, o fazemos, vivendo dinamicamente nossos sentidos, afetos, percepções.

Gravura e outros temas

> Ao perder a cor a maioria das deduções sensíveis, o gravador conserva uma possibilidade: pode encontrar, deve encontrar o movimento. [...] A forma não bastaria (Bachelard, 1986, p. 55).

Toda gravura dá testemunho de uma força contínua. Toda gravura é um devaneio da vontade, uma impaciência da vontade construtiva. Sendo eu gravadora, a gravura desperta em mim toda uma profundidade de idéias. Desejei, assim, compartilhar com as alunas a intimidade de materiais como a madeira e o cobre.

Em um determinado momento, as alunas começaram a vislumbrar outro aspecto dos materiais; passaram a ver que não existe técnica específica no atendimento terapêutico da arteterapia. Já estavam com maior domínio de outras possibilidades de tratamento com os materiais e começaram a perceber que era possível trazer para o ateliê terapêutico suas próprias vontades expressivas.

> A xilogravura *é a técnica de gravar em madeira. Utiliza-se a técnica do relevo para se fazer, com o uso de ferramentas, a imagem na madeira. Depois passa-se a tinta e coloca-se o papel, passando o barem sobre ele. A imagem sai invertida.* A linoleogravura *é executada em material fabricado com borra de linho, muito plástico e uniforme, fácil de ser trabalhado.* A gravura em metal *é realizada em chapa de cobre ou zinco, sendo que o processo mais comum é o chamado buril, embora existam outras técnicas a serem utilizadas* (Menten, 1979, p. 12).

Foi realizada dinâmica de grupo envolvendo gravuras em madeira e em metal. Na realização de gravura em madeira, foi observado o sentido da madeira, que foi seguido para o desenvolvimento do desenho – que, por sua vez, foi esculpido com formões e goivas, facilitando a realização do desenho desejado. A tinta tipográfica passada sobre a madeira penetrou nas partes em relevo, deixando as partes esculpidas vazias, o que, posteriormente, surgiu como desenho no sentido invertido daquele originalmente realizado na madeira. Colocou-se sobre a madeira pintada uma folha de papel de arroz, sobre o qual se passou lentamente um lápis deitado, de modo a auxiliar na reprodução do desenho no papel. Em cada nova folha, o desenho ficava mais fraco, até tornar-se tênue. Cada cópia feita foi numerada na ordem de sua reprodução.

Na realização da gravura em metal, passou-se palha de aço fina na placa de aço até que esta ficasse totalmente lisa. Em seguida, utilizou-se aguarraz para tirar a sujeira e o excesso. Esperou-se secar. Foram dadas duas demãos de betume e também se esperou secar. Os desenhos foram realizados com ferramentas de metal com a ponta fina (como ferramentas de dentista) com diferentes espessuras. O desenho foi feito ao contrário de sua imagem real, pois, ao ser impresso, é reproduzido no sentido inverso (espelho). A placa foi colocada sobre uma chapa quente para a fixação do desenho. Essas placas foram para o ateliê, onde foram realizadas as reproduções.

Trabalhou-se, assim, o conteúdo do inesperado; o desenvolvimento da percepção e da ação criativa. Utilizando o raciocínio invertido para visualização da imagem final, exercitou-se a imaginação. Como todo o processo é uma transformação, desde o desenho até sua reprodução, também foi desenvolvido o elemento surpresa.

Arte-xerox

A palavra xerox e seus derivados percorreram as aulas do ateliê terapêutico do começo ao fim do curso, formando uma trama na rede estabelecida dos temas. O uso de xerox como meio de expressão se justifica como técnica que permite contornar a idéia preconcebida: "Eu não sei desenhar" tanto na terapia quanto na sala de aula. Essa afirmação nos levou a pesquisar óticas de trabalho como meios de comunicação rápidos e eficazes, a computação gráfica ou o xerox, com os quais as alunas puderam perceber os limites impostos pela máquina. A partir das possibilidades de reprodução apresentadas pelo xerox, passamos a utilizar pequenos objetos que fazem parte do ambiente (flores, folhas e objetos pessoais). O ato de coletar materiais tem efeito revitalizador.

Acrescentamos nos diversos temas abordados imagens bidimensionais, nas quais descobrimos as possibilidades estéticas de reprodução, ampliação e redução. Partes do corpo, fotografias, gravuras de obras de arte foram xerocadas, fragmentadas; novas alternativas de construção de imagens foram testadas infinitamente. Jogo de formas: as imagens foram pintadas e recortadas, e novas maneiras de usar a máquina foram experimentadas.

A maquiagem

Com base nas considerações de que o homem se situa numa relação difícil com a própria imagem, a relação que o leva a retocar seu corpo com cirurgias plásticas, tatuagens etc., faz de sua pele uma superfície a pintar. A pele é o primeiro órgão sensorial envolvido na maquiagem.

A livre maquiagem, investigação sobre a face, foi aplicada às alunas tendo em vista uma construção e uma reparação da imagem. Essa técnica possui uma dimensão lúdica, de máscara, de reversibilidade, e permite restaurar a confiança no corpo que, maquiado, pode suportar o olhar do outro e o seu próprio.

A maquiagem é considerada uma atividade educativa, um jogo, um meio terapêutico que pode ser utilizado na construção e na reparação da auto-imagem. Essa técnica pode ser usada com pessoas de diferentes idades e dificuldades, sendo necessários cuidado e atenção do profissional que está orientando o trabalho.

Segundo Lorentz et al. (1981, p. 252), *a maquiagem realizada com crianças epilépticas vem obtendo resultados favoráveis para a restauração da imagem e a busca de identidade. Sendo crianças que apresentam numerosas manifestações decorrentes da doença, uma imagem pessoal descontínua, fragmentada e negativa vai se formando, não permitindo uma vivência prazerosa com o corpo. Constatou-se que a utilização dessa técnica diminui o número de convulsões e restaura a imagem de si.*

A conversa com o espelho se dá a partir do olhar e do tato, que é o primeiro órgão sensorial envolvido na maquiagem. Esse diálogo ocorre na percepção e na descoberta do nariz, da boca, do olhar. O espelho permite se ver de frente, controlar e reconhecer seu rosto.

A brincadeira de criar um personagem em seu rosto e saber que, depois, esse rosto pode voltar a ser como era antes, permite a reversibilidade do pensamento, a transformação e a possibilidade de a estrutura ser mantida, para que o indivíduo se sinta seguro, podendo ousar sem se arriscar.

Desenvolvi com as alunas uma vivência com a maquiagem, trabalho iniciado com a percepção do próprio rosto, massageando e sentindo cada parte, com os olhos fechados. Em seguida, cada participante começou sua pintura em frente ao espelho, utilizando, do jeito que desejasse, o material disponível.

No decorrer da atividade, foram sendo percebidas as formas, simetrias e assimetrias, experimentando-se e, aos poucos, criando-se um personagem.

Terminada a maquiagem, cada participante, olhando-se no espelho, fez um reconhecimento desse novo personagem e de personagens entre outros rostos. Para finalizar, a maquiagem foi retirada com delicadeza.

Esse trabalho facilitou a socialização entre as pessoas, a busca de uma identidade, a possibilidade de transformação pessoal, de reconhecimento, e a confirmação de existência.

A MODIFICAÇÃO DA IMAGEM CORPORAL PELA INDUMENTÁRIA E A ARTE

Complementando o estudo da imagem corporal, refletimos sobre o uso da roupa, que faz parte do corpo e é revestida de libido narcisista.

Como as roupas fazem parte do esquema corporal, ganham o mesmo sentido das partes do corpo e podem ter o mesmo significado simbólico destas. O símbolo mais conhecido é o chapéu, que geralmente tem o significado masculino. Por vezes, o sapato é o símbolo feminino. Alguns trajes ritualísticos podem simbolizar o universo.

A partir da convicção de que as roupas que vestimos e despimos continuam a fazer parte de nosso corpo e inspirados nas pernas de manequins de Von Hüne – artista plástico que participou da Bienal de Veneza, cujas obras, de inegável caráter lúdico, trazem a relação de uma suave projetabilidade –, escolhemos roupas que foram engomadas, endurecidas, trazendo vestígios do corpo, ficando da mesma forma que o corpo de seu dono.

As roupas são apenas um método de transformação da imagem corporal. As roupas podem ser encolhidas ou expandidas; esculturas gomadas adquirem novos significados. Formas com resquícios de pele e ossos, conteúdo do corpo que falta. Vestimentas que adquirem vidas movidas pelo vento. O significado de todas essas modificações da aparência nem sempre é consciente, há também um significado simbólico. "As roupas têm várias funções. Há uma função de proteção, mas também a decorativa" (Schilder, 1981, p. 175).

CONCLUSÃO

As alunas foram entrando em contato com seus mecanismos pessoais, com as novas revelações artísticas e com a utilização da arte como instrumento de trabalho em arteterapia.

Usando a arte na prevenção, na manutenção da saúde, na reabilitação, no tratamento da Aids, de deficiência físicas, de doenças mentais e da loucura, perceberam quanto os aspectos da história de vida e da personalidade dos artistas doentes são representativos da forma de encarar a doença.

O desafio de formar profissionais artística e teoricamente competentes e capazes de atender às necessidades concretas dos pacientes colocados a seus serviços dentro dos valores éticos e estéticos estava apenas começando.

Reconhecendo as novas funções da arte, facilitei a inserção de alunas em práticas mais amplas de arte: visual, táctil-visual-sonora, olfativa. As percepções foram vividas e apreendidas pela consciência. As alunas interrogaram, questionaram.

O ateliê foi vivido como local de exigências e desafios. Estar com o outro e o grupo impôs limites de espaço, tempo e saber. Exigiu atenção à fala do outro. O eu e o outro estavam na relação; conflitos, medos, possibilidade de o outro se tornar uma projeção do eu exigiram reflexão. A consciência individual é uma consciência social. As alunas comunicaram suas experiências; compreenderam o mundo da arte.

O ateliê como espaço teve sua própria especificidade. É a atividade que se passou em seu interior que o torna espaço especial. Erros e acertos. Integramos as alunas à instituição, à sociedade, em exercícios de compreensão do mundo, favorecendo a articulação da teoria e da prática, conhecimento formal e do dia-a-dia e o valor da interdisciplinaridade.

Nenhuma lição é efetiva, estática, mas a afirmação de uma possibilidade. Para terminar, citarei Clarice Lispector: "Antes de mais nada, pinto pintura. E antes de mais nada, te escrevo dura escritura".

Referências bibliográficas

ARNHEIM, R. *Arte e percepção visual.* São Paulo: Enio Matheus Guazzelli, 1988.

BACHELARD, G. *O direito de sonhar.* São Paulo: Difel, 1986.

DIÓGENES, G. Inscrições sobre o corpo: violência e mitologia. In: *Cadernos de Subjetividade.* Núcleo de Estudos e Pesquisas da Subjetividade do

Programa de Pós-graduados em Psicologia Clínica da PUC/SP, v. I, n. 1. São Paulo: Educ, 1993.

FRANCISQUETTI, A. A.; NASCIMENTO, M. A cor do som. In: *Cadernos de Atualização Científica*. São Paulo: Frôntis, 1997.

FRAYZE-PEREIRA, J. *Catálogo. Crítica do albúm de gravuras Atar e Desatar – Ana Alice Francisquetti*. Curitiba: Museu da Gravura, 1991.

_____. *O que é loucura*. São Paulo: Brasiliense, 1983.

FORMAGGIO, D. *Arte*. Lisboa: Presença, 1987.

GIL, J. "No pain, no gain: o corpo mutante do body-piercing". In: *Cadernos de Subjetividade*. Núcleo de Estudos e Pesquisas da Subjetividade do Programa de Pós-graduados em Psicologia Clínica da PUC/SP, v. I, n. 1. São Paulo, Educ, 1993.

KANDEL, E.; SCHWARTZ, J.; JESSEL, T. *Fundamentos da neurociência e do comportamento*. Rio de Janeiro: Prentice Hall do Brasil, 1997.

KAHLO, F. *O diário de Frida Kahlo: um auto-retrato íntimo*. Rio de Janeiro: José Olympio, 1996.

LORENTZ, E.; MOTTE, P.; BUFFET, Y. "A maquiagem na restauração da imagem de si próprio nas crianças epilépticas". In: HERMANT, G. *O corpo e sua memória*. São Paulo: Manole, 1981.

MENTEN, P. Gravura, xilogravura, linogravura, litogravura. São Caetano do Sul: *Cadernos da Fundação de Artes de São Caetano do Sul*, 1979.

MERLEAU-PONTY, M. *Fenomenologia da percepção*. São Paulo: Martins Fontes, 1994.

_____. *O olho e o espírito*. São Paulo: Nova Cultural, 1989 (Coleção *Os Pensadores*).

PAREYSON, L. *Os problemas da estética*. São Paulo: Martins Fontes, 1989.

PEREIRA, M. L. Notas sobre a educação na transcrição para um novo paradigma. *Interface – Comunicação, Saúde, Educação*, n. 6, ano 1. Botucatu, Fundação UNI, 1996.

REVISTA DA MITOLOGIA. São Paulo: Abril Cultural, v. 2, 1973.

SCHILDER, P. *A imagem do corpo, as energias construtivas da psique*. São Paulo: Martins Fontes, 1980.

XEROGRAFIA: ARTE E USO. São Paulo, Centro Xerográfico/Pinacoteca do Estado de São Paulo, 1981.

ZANNIER, S. Um século de arte em Veneza. *Revista Guia das Artes*, n. 38, São Paulo, Casa Editora Paulista, 1995.

Ateliê terapêutico – Encontrarte: viver arte, criar e recriar a vida

Iraci Saviani

Desde 1975 venho trabalhando profissionalmente como artista plástica e arte-educadora. Em 1990, fiz parte da primeira turma de arteterapia do Instituto Sedes Sapientiae e desde que me formei tenho desenvolvido o que passamos a chamar de ateliê terapêutico. Nesse contexto, atuo como arteterapeuta em atendimento individual e grupal para crianças, adolescentes, adultos, idosos, famílias e profissionais, em escolas, clínicas, empresas e ateliê.

Ao lidar com arte, percebo a existência de uma constante, apesar de enfoques diversos surgirem em momentos distintos: estudar e fazer arte estimula o indivíduo a perceber e a desenvolver uma relação mais aberta consigo mesmo, com os outros, com a natureza e com as situações diversas que a vida lhe apresenta. Ao vivenciar a arte, o indivíduo estabelece contato com seu mundo interior, conscientiza-se de sua essência como ser criador, elabora o autoconhecimento e a linguagem artística, obtendo maior presença do seu processo em relação à vida, à sociedade e ao universo.

Neste texto, abordo o encadeamento do Encontrarte, trabalho de arte que desenvolvo em ateliê terapêutico e em empresas, num enfoque preventivo. Primeiro, direciono-me para o olhar filosófico e o embasamento teórico norteador de meu trabalho com arteterapia e processo criativo. Posteriormente, focalizo os caminhos da prática que levam ao processo e à produção artística, possibilitando o contato com o Viver Arte... Criar e Recriar a Vida.

VIVER ARTE... CRIAR E RECRIAR A VIDA

EU centro de mim mesmo,
essência do meu ser,

VIVO integrado à natureza
participante da magia universal.

ARTE, expressão dos encontros,
consciência do processo pessoal.

CRIO relações e soluções possíveis,
transformações e mutações...

VIDA EM MOVIMENTO

O olhar filosófico: transformações

TUDO QUE É VERDADEIRO DEVE SE TRANSFORMAR, E SOMENTE O QUE SE TRANSFORMA PERMANECE VERDADEIRO.

C. G. Jung

Os seres humanos necessitam perceber profundamente o que a natureza é para nós e em nós, o que a natureza é em si e o que somos com ela – multiplicidade de sons, cores, movimentos, formas, gestos, expressões, tamanhos, atitudes, intensidade, estados. Diferentes árvores, a magia do vôo dos pássaros, os peixes e o mar em seu movimento eterno, a terra, os alimentos, a madeira, os minerais, enfim, tudo que é matéria-prima e pode ser transformado, que sensibiliza o homem e integra-se materialmente ao seu dia-a-dia. Movimento do inspirar e expirar da vida, ritmo pulsante da natureza, do outono passando pelo inverno, verão, voltando à primavera de maneiras diferentes, continuamente! O Sol que sempre nasce e sempre se põe, proporcionando espetáculos diferentes, é uma das certezas de mudança a cada novo dia.

É a mudança rítmica, cíclica, igual a tantas outras que são vivenciadas e não percebidas. Fritjof Capra afirma que o tempo todo estamos diante de mudanças e transformações, seja no campo biológico, social ou cultural. Heráclito de Éfeso considerava absoluto o processo e a mudança, essência. O processo é sempre contínuo e permanece sempre em mutação; nesse sentido, ele é absoluto. Mesmo quando temos um produto, ele ainda é processo, porque tudo está sujeito à lei do mutável, do movimento contínuo, cíclico e infinito. Sentido filosófico do viver... morrer... reviver.

O indivíduo, ser integrante da natureza, troca com ela energias e as modifica, transforma, e nesse momento expressa a si mesmo e as suas relações com o mundo, com o seu jeito de ser e na sua produção artística. O estilo pessoal na vida e na arte expressa a consciência em vários níveis, desde mortes até transformações e crescimento no reviver. Segundo Alan Oken, estamos num ponto de mutação na evolução da humanidade em que a autoconsciência é prioridade. Quanto maior a percepção do ser, tanto maior a consciência do potencial de energias disponíveis e tanto maior a possibilidade de avanço e evolução. Onde há evolução não há estagnação nem acomodação passiva.

Quando o indivíduo se expressa em arte, tem a possibilidade de estar mais consigo mesmo, voltando-se para sua profundidade interior e, assim, caminhar para maior e mais profunda consciência de si e de sua ligação com um todo mais amplo. Por isso, a arte deve ser trabalhada de forma abrangente, abrindo caminhos para o experimento que leva a múltiplas possibilidades e à diversidade de materiais, transformando elementos internos e externos em atitudes que facilitam o contato com a natureza criativa e divina de cada ser.

À medida que o ser humano entra em contato com essa natureza criativa e divina, estuda e faz arte, a percepção se abre e os sentimentos mais profundos vêm à tona. Sensações, emoções e imagens pessoais se configuram em símbolos e um novo olhar, um novo escutar, um novo sentir se desvenda a partir desse diálogo e, assim, o processo transcorre mais aberto e mais fluido. O pensamento atua criativamente, desconstruindo e construindo, do caos ao mais organizado, trazendo o intuitivo e o subjetivo em busca da autenticidade.

Nesse movimento há fazer, desfazer, mudar, colocar, tirar, transformar, "caotizar", harmonizar, recriar com possibilidades de percepções mais plenas, do interno para o externo, e vice-versa. O fazer surge concretizando tudo que for possível – o ilimitado mundo das idéias, dos sonhos, das fantasias, do virtual, se expressa no limite possível pela linguagem artística com a qual se está lidando. Para isso fazem-se necessários o conhecimento e a pesquisa do material empregado – embate que pede uma solução no fazer. O ilimitado e o limitado se combinam, dialogam entre si para trazer à tona a expressão de matéria, gestos, sons, movimentos, palavras, cores e formas.

Nesse sentido, a ação criativa pede pausa. Há necessidade de afastamento para dialogar com a obra em execução, observando-a com um olhar sensível, como quem olha de fora, contemplando-a para que ela possa transmitir toda a energia nela depositada até então. Faz-se necessário o olhar de análise, percebendo, nesse contato produtor–obra, se há necessidade de completar ou se a composição já é a desejada. Se o indivíduo realmente se integrou ao seu processo nasce uma produção artística consciente e harmoniosa que carrega consigo muita percepção, sensibilidade, criatividade, avaliação, trabalho e concretude na linguagem artística.

O processo continua em outras produções e na vida, porque desse trabalho surgem novas idéias e da vida surgem novos estímulos. Desse contato com o fazer artístico muita coisa dentro e fora do indivíduo também se transformou e se concretizou. Ao expressar-se concretamente na arte, a pessoa relaciona-se consigo mesma, entra em contato com processos internos, com sentimentos, sensações, emoções, imagens, concretizando-os em símbolos, formando, assim, seu estilo pessoal e próprio de expressão artística. À medida que trabalha, que se relaciona consigo mesma e com sua obra, ela descobre potenciais não somente artísticos, mas também de sua vida interior. Nesse processo surgem conflitos e embates. Se nesse momento a pessoa não recuar, e enfrentar, seguindo adiante, há também muito crescimento, mais consciência de si e maior confiança em sua ação na vida.

O indivíduo se desvenda por sua expressão artística, mostra-se, desnuda-se, comunica-se – expõe o seu ser e sua maneira de ver o mundo, expressa afeto, agressão, forças, sutilezas, e inevitavelmente surgem as semelhanças e as diferenças com o outro e a troca se efetua. Quando se sabe mais de si, sabe-se mais do outro. E à medida que trabalha seus potenciais e fragilidades, que se conscientiza, não acrescenta só a si, mas também ao outro, à família, à comunidade, à sociedade. Fazer arte é expressar relações, é perceber o que elas são e como podem se transformar tanto no campo artístico quanto na vida.

A relação com o outro se amplia, gerando transformação e crescimento na sociedade também. O indivíduo atuante no processo social, político e cultural sente-se parte dessa troca, recebendo influências ambientais, culturais e históricas que se manifestam na produção artística, formando movimentos cíclicos de transformações e de criações. A sociedade atual carece de indivíduos mais abertos a mudanças. Indivíduos criativos tornam a sociedade mais criativa, e vice-e-versa, em busca da construção de valores mais significativos para a humanidade.

Quanto mais se sabe da relação consigo mesmo, mais se sabe da relação com o todo, com a natureza, com o universo, com o divino. Fazer arte, atento a um todo maior a que ela nos transporta, é chegar a ter contato direto com a alma cósmica. Essa sintonia se concretiza em formas, símbolos, em soluções que nos são inesperadas, na intuição e na inspiração, na sincronicidade, na transmutação do ser para o "vir a ser". É sentir a presença do divino e da natureza, que se manifesta pela arte. Elementos da natureza se colocam à disposição para essas experiências e suas energias em contato com as energias humanas mobilizam um todo energético que vai além da matéria, para outras dimensões, outros estados de consciência. Um ser humano que tem esses diferentes níveis de consciência desenvolvidos, e os coloca a serviço de si, da humanidade e do universo, se sentirá muito mais produtivo, criando e recriando diante das transformações da vida. Ele dará um valor, uma direção, uma essencialidade à sua existência.

FLEXIBILIDADE

> Na incerteza temos a liberdade para criar, o desconhecido abre-se para todas as possibilidades.
>
> *Deepak Chopra*

Se é da natureza do ser humano mudar, por que tantas vezes ele permanece acomodado passivamente, com os olhos fechados para as novas soluções, com medo do diferente e com inseguranças diante do novo? Por que é mais fácil permanecer e não ousar?

Surgem muitas perguntas sobre a impermanência, o aceitar ou não a mudança independentemente do poder ou da vontade. No meio dessas indagações, a maior certeza é que as incertezas e as mudanças chegam. O apego às situações, às emoções e aos problemas parece trazer dificuldades para a busca de novas soluções e para a mobilidade na ação. A natureza universal pede flexibilidade. À medida que o homem se afastou dela, da sua natureza íntima, afastou-se dessa verdade absoluta do mutável cíclico e contínuo.

A arte pode nos fazer sensíveis à vivência de mudanças infinitas. Quando se faz arte com consciência, percebem-se muitas alternativas, percebem-se a cada momento alterações concretas no trabalho que se está elaborando. Dialoga-se então com as possibilidades se transformando, se alterando, se interligando para formar um todo harmonioso. Exercita-se o diálogo com a transformação, percebendo que existe atuação sobre o processo e, ao mesmo tempo, que o processo tem atuação sobre o indivíduo, numa combinação de potencialidades, de diálogo, de fazer junto, de construir em uníssono.

Portanto, o contato com a arte exercita-nos na expressão das emoções e liberta-nos para novos sentimentos e sensações, mobilizando maior circulação de energias que nos possibilita conforto e bem-estar interno.

Importa que o indivíduo consiga entrar em contato com essa energia maior, com esse outro nível de consciência, com esse outro olhar, outro escutar, em que ele atua com seu ser total e onde o mutável cíclico é constante na formação do todo, da unidade. Na verdade, fazer arte pode auxiliar esses níveis de consciência, desde o sentir mais profundo das sensações ou das emoções até o pensar criativo, intuitivo, e o fazer concreto. Ao caminhar, na busca do conhecimento, passa-se por lugares desconhecidos e criam-se expectativas do mais adiante, do que está por ser descoberto. Entra-se por uma porta e logo aparece outra por abrir.

Outra constatação de ordem fluida se dá na relação com o tempo: o passado já foi, o futuro ainda virá, mas o presente é agora, é o próprio momento em que se está, em que se é. Mas o estar aqui-e-agora, tão enfatizado na Gestalt-terapia, estar presente na ação do momento, nem sempre acontece por preocupações futuras ou apegos a fatos ou emoções do passado. Em arte podemos vivenciar bem esse movimento: exercitar-se no presente, transitar na lembrança da memória do passado, desapegar-se do que foi e retornar para o presente. Busca-se novas formas, reconstruindo o que era, para poder formar o novo, sem aprisionamentos, deixando fluir o novo. Viver cada momento, caminhando no processo contínuo em direção à criação, na busca por harmonia e plenitude do momento presente. Sem ansiedades pelo que virá, sem apegos pelo que foi, deixar-se seguir apenas pelo fluir do momento, conectando com a intenção e o desejo profundos. Este caminho colocaria em foco os nossos temas pessoais e existenciais que emergem na materialidade da arte que se constrói.

POLARIDADES

> Modela-se a argila para fazer a vasilha, mas do vazio depende o uso da vasilha. Abrem-se portas e janelas nos muros de uma casa e é o vazio que permite habitá-la. No ser centramos nosso interesse, mas do não ser depende a utilidade.
>
> *Lao-tsé*

Polaridades sentidas e percebidas que se confrontam, colocando o ser humano em busca do equilíbrio, como quem modula o som: volume mais forte, de um lado e, do outro, mais fraco, graduado, para que possa ser percebido harmoniosamente. Contato com as potencialidades, que mesclam qualidades e fragilidades, e impulsionam o ser humano em busca de harmonia... entre desequilíbrios e equilíbrios... caminhando entre amor e dor, entre igualdades e diferenças. É como transitar em limites que instigam a pessoa, a todo instante, a relativizar e escolher, sabendo que algo será conquistado, mas muito será deixado nesse ato.

O ser humano é formado dessas energias que atuam em polaridades complementares e paradoxais ao mesmo tempo. É formado de ar e fogo, terra e água, claros e escuros, esquerdo e direito, em cima e embaixo, objetivo e subjetivo, leve e denso, estático e móvel, *yang* e *yin*, feminino e masculino. Esse movimento entre pólos leva o homem à dimensão de inferno e céu, profano e divino, denunciando pontos frágeis e fortes, e o coloca diante de embates internos, conflitos, dúvidas e buscas. Conectar-se com essas energias, sintonizá-las e equilibrá-las por meio da arte faz que o indivíduo caminhe numa relação mais harmônica em busca do crescimento pessoal. Essa relação ocorre internamente, se exterioriza e traz para a inter-relação pessoal um crescimento maior.

Esses embates surgem sobretudo nas relações interpessoais e é pela relação que o ser humano se espelha, se identifica e se percebe em polaridades. Com a arte pode-se mesclar esses extremos, de qualidades e fragilidades, adequando-os, experimentando a convivência harmoniosa ao se expressar em imagens e trazendo para a vida essa aprendizagem. Aprende-se nas relações do dia-a-dia, possibilitando troca, descobertas, desencontros e encontros, desafiando e sendo desafiado. Expressando-se em arte o homem torna-se mais revelador e claro, facilitando o modular e transformar.

A arte ajuda nessas percepções e manifestações e no processo de transformação. Nesse sentido, a arte toca o ponto criativo, o potencial divino, fazendo trabalhar a essência criativa de modo a conectá-la com o mundo subjetivo, relacionando-o com o material. A arte expressa pela materialidade a alma humana, ajuda a materializar o mundo interno e as inter-relações.

É necessário (con)sentir essas (con)vivências para se poder alcançar maior (cons)ciência da condição humana. Permitir uma inter-relação consigo próprio, com os outros, buscando o lado criativo e divino, tendo a arte como canal e fazendo agir perante o mundo com mais coragem de ser verdadeiro, inteiro, com todas as energias, graduando-as conforme o movimento da vida – este parece ser o nosso desafio como seres criativos.

IGUALDADES E DIFERENÇAS

> TODOS OS HOMENS TÊM A NOÇÃO DO BELO, E ATRAVÉS DELA, A DO FEIO. TODOS OS HOMENS TÊM A NOÇÃO DO BEM E, ATRAVÉS DELA, A DO MAL. ASSIM, SER E NADA, DIFÍCIL E FÁCIL, LONGO E CURTO, ALTO E BAIXO, SOM E TOM, ANTES E DEPOIS, SÃO NOÇÕES CORRELATIVAS, UMA SENDO CONHECIDA REVELA A OUTRA.
>
> *Anton Kielce*

Ao olharmos para a mata vemos muitas árvores: umas baixas, outras altas, troncos grossos ou finos, copas verdes mais azuladas ou amareladas, folhas pequenas e grandes. Percebe-se na igualdade que todas fazem parte de uma mesma natureza, como árvores, mas que são diferentes entre si, nas partes ou no todo. Acrescenta-se a isso que "Jamais se faz algo exatamente da mesma maneira, se bem que o ciclo seja imutável e inevitável", como diz um paradoxo chinês. Isso pode ser ilustrado dizendo-se que as árvores florescem a cada primavera, com apenas alguns dias de diferença na mesma época, mas nunca são as mesmas flores que são vistas.

Somos todos iguais e diferentes ao mesmo tempo. É isso que valoriza a relação e a expressão de cada um. À medida que um grupo de pessoas se expressa sobre uma mesma temática, e a arte é um canal para isso, percebe-se e sente-se as diferenças e ao mesmo tempo a unidade. Esse canal de ligação entre as particularidades e o todo é manifestado na arte. A inter-relação também é valorizada no momento em que cada um se identifica com o outro pela igualdade, unidade que os une, porque faz parte de um mesmo todo. Ao mesmo tempo que se sente diferente porque tem a própria unidade em si com a sua singularidade.

Valorizar as igualdades faz o indivíduo perceber-se dentro de alguns limites, conceitos, categorias. Valorizar o ser diferente confirma suas aptidões, sua trajetória única na vida. A credibilidade no potencial de cada pessoa, a confirmação do estilo pessoal diferente em cada um reafirma a qualidade de único e exclusivo de cada ser, confirmando também no outro essa possibilidade.

Na história da arte percebem-se estilos diferentes em épocas distintas, pela influência cultural, histórica e pelas características de cada artista. Assim, ao se trabalhar com uma mesma proposta, percebe-se em ateliê essa tônica. Cada um desenvolve, à sua maneira, incríveis manifestações do criativo, confirmando que a expressividade de cada pessoa é única e deve ser estimulada para que esse olhar traga autoconfiança maior no jeito de ser.

UNIDADE

> O ser é um, o primeiro; o segundo é o vir-a-ser, o princípio fundamental: vejo o vir a ser. Tudo flui, nada persiste, nem permanece o mesmo – o devir. Natureza como infinita, eterno movimento – energia. A origem de vir-a-ser é a polaridade – conceito de unidade existente na oposição.
>
> *Heráclito de Éfeso*

Segundo Nietzche, o desdobramento de uma força em duas atividades quantitativamente diferentes, opostas, que lutam pela unificação, faz a luta dos opostos e desta nasce todo o devir. A diferença faz parte da harmonia, da divisão para a unidade, e da unidade para a divisão, em que o viver e o morrer estão unidos, o Um unido ao Tudo.

Para que o indivíduo viva bem, para que se sinta pleno, não basta que se alimente fisicamente, é importante também que nutra seu ser sensível e sua inteligência, num equilíbrio físico, mental, espiritual e emocional, conquistando a capacidade de interagir por inteiro, de atuar como ser total. Numa concepção sistêmica de saúde, acredita-se que as partes são interdependentes. Assim, à medida que temos as energias espirituais, emocionais e intelectuais interconectadas, teremos menos problemas de ordem física ou psíquica. É nesse sentido que a arte mostra sua força como nutriente importante para a saúde em geral, trabalhando cada nível diferente de energia e articulando-o em prol do todo, do ser único.

Uma forte polaridade unificada encontra-se no cérebro humano, com o lado esquerdo, mais racional, e o lado direito, mais subjetivo, intuitivo. O hemisfério direito do cérebro, responsável pelos pensamentos divergentes, em equilíbrio com os movimentos convergentes, próprios do hemisfério esquerdo, levam à síntese criativa. A arte atua nessa ligação, favorecendo o equilíbrio. No processo educativo e social as exigências recaem sobre o hemisfério esquerdo; porém, com a atual evolução cósmica, social, uma nova exigência se faz presente – a abertura para a mudança, a criatividade, a inventividade, a busca de novos valores, novas respostas, exigindo uso maior do hemisfério direito, integrando-o ao esquerdo. Com o fazer artístico, o indivíduo pode entrar mais em contato com o seu ser criativo e intuitivo, criando, assim, uma dinâmica entre os dois hemisférios do cérebro, sem deixar que nenhum dos dois se atrofie, trabalhando a totalidade, a unidade dessas polaridades.

Nesses tempos em que se faz necessário sair do científico-racional para uma visão mais holística, em que os homens pedem algo mais do que respostas racionais, a saída está nessa união entre a arte e a ciência: integrar as funções do lado direito com o esquerdo do cérebro, desenvolvendo o pensamento intuitivo e criador. Também no campo das artes é importante a visão transdisciplinar: de onde se estiver olhando, pesquisando, é importante ter o referencial do todo em que a análise e a síntese são complementares. O indivíduo atua com a visão artística, poética, em equilíbrio com pesquisa, história, materialidade, racionalidade – que também estão na arte. O homem deve conscientemente lidar com o inusitado, com o inesperado, com o não conhecido, com o que está por vir, submerso no pensamento não-operante.

A transdisciplinaridade, como explica Roberto Crema, transcende o enfoque disciplinar e reata a ligação entre os ramos da ciência com os caminhos vivos da espiritualidade, na busca da interação hemisférica e da arte, num trabalhar consciente dessas funções.

Uma visão abrangente da arte e uma postura prática didática se faz necessária na situação dos arte-educadores, arteterapeutas e de todo aquele que fizer uso da arte em seus trabalhos. Reportando-nos à visão holística da arte, passamos por tempos em que ora era dominada pela técnica, ora pela emoção, ora por pesquisas. A arte tem em si todos esses componentes que não devem ser negados nem ressaltados, pois todos podem conviver juntos num fazer artístico.

PRODUTIVIDADE CRIATIVA

> O OBJETIVO POR TRÁS DE TODA VERDADEIRA OBRA DE ARTE É ATINGIR UM DETERMINADO ESTADO DE EXISTÊNCIA, UM ESTADO DE ALTO FUNCIONAMENTO, UM MOMENTO DE EXISTÊNCIA QUE VAI ALÉM DO COMUM [...]. FAZEMOS NOSSAS DESCOBERTAS QUANDO ESTAMOS NESSE ESTADO, PORQUE NELE PODEMOS VER CLARAMENTE.
>
> *Robert Henri*

O sentido de criar para o homem é vital, seu potencial de produtividade está no ato de criar. Tornar suas idéias, sonhos, fantasias, imaginação em produção, em algo que se materialize em criação. Criar é para a humanidade o cerne da vida. A vida que se manifesta como um contínuo fazer criativo. Quando digo produção, não me refiro apenas a produtos de ordem material, mas também do mundo subjetivo das relações humanas, com seu próprio ser e na relação com os outros. Concretizar em matéria as idéias, resolver problemas, questões que surgem tanto na realização de um produto físico quanto numa relação afetiva ou profissional: tudo implica acionar o alinhamento criativo.

Citando G. Kneller, "aquele que gera, transforma não só produtos, produções, mas também atitudes, estilo de vida (hábitos, valores), percepção, comunicação (expressão), pensamento" (1977, p. 15). Qualquer tipo de criatividade para se materializar necessita de ação, de produção, tornando-se criação; a produtividade precisa da criatividade para ter sempre movimento e gerar novas produções. Produzir criativamente e criar produtivamente estão interligados pelo mundo das idéias e da ação. Um sem o outro se fragiliza. O criativo sem se materializar em produto, seja este da ordem que for, não se efetiva. O produto sem se transformar criativamente ficará estagnado, e poderá sucumbir ao tempo, pois este pede mudanças.

A criatividade é um todo que vai do caos à harmonia, do instintivo sensorial ao intuitivo, do afetivo emocional ao pensamento, passa pela percepção até a realização. Toda capacidade de ser é acionada no ato de criar. O poder criador está além de nós mesmos, está em torno, em tudo, na natureza, na magia da vida. E, assim, pode-se mostrar na produção criativa como ser integrado nesse sistema e trocar energia com ele.

Não se tem todo o poder, mas como seres humanos integrantes dessa natureza, existe a possibilidade de criar e recriar, mesmo dentro de limites e adequações. O processo é ilimitado, infinito, dentro de movimentos cíclicos, lidando com o morrer de cada momento e com o nascer e renascer das possibilidades que o potencial criativo traz. Segundo Carl Rogers, quando o indivíduo está aberto à toda sua experiência, seu comportamento será criador e pode ter-se confiança na sua criatividade como essencialmente construtora. Esse comportamento criador tanto pode aparecer em situações a serem resolvidas, em relacionamentos humanos, quanto na criação de algum produto ou na construção artística.

O criar em arte possibilita um exercício dessas capacidades, que também podem ser usadas em outras circunstâncias. A vantagem do fazer artístico é que podemos exercitar a soltura, pois em outras situações na vida nos prendemos, com medo das conseqüências. À medida que se testa, experimenta, cria-se mais abertamente em arte, entra-se mais em contato com o que vem de mais verdadeiro, e então se conhece melhor e trabalha-se mais profundamente, e confia-se mais para criar em outras situações na vida.

A arte nos dá o instrumento, o material concreto dá a possibilidade do fazer, do concretizar, de pôr em ação o que estamos gerando de forma criativa. Enfocando o desenvolvimento da criatividade não somente como solução de problemas, do produto, mas também como desenvolvimento do processo mental e emocional.

Observando-se não somente o produto, mas também o processo, nota-se a criatividade em movimento, surgindo, brotando, se renovando, tanto em novas associações, relações, quanto em mutações de idéias, em novas atitudes. Nesse processo, pode-se observar tanto as influências ambientais e culturais quanto todo o processo mental e emocional, indo mais profundamente, até se perceber o indivíduo total, como o "criador", ao se relacionar consigo mesmo, com os outros, nas mais variadas situações.

A ação criativa em arte se dá no trabalho, no fazer, no elaborar e reelaborar. Segundo V. Lowenfeld, o princípio de tudo é a sensibilidade, porta de entrada das sensações que, quando elaboradas mentalmente, chegam à percepção de forma organizada. O processo da criação ocorre do mais solto, do mais amplo, para o mais estruturado. Associa-se livremente às idéias, trabalhando com um todo, para então classificá-las, relacioná-las, estruturando-as aos poucos numa composição. Nesse trajeto, o indivíduo necessitará trabalhar sua fluência e flexibilidade – multiplicidade de idéias, direções diferentes e novas reestruturações. Chegando a uma determinada composição, o indivíduo deverá perceber por sua capacidade de análise e síntese, se deverá redefinir, rearranjar, modificar, transformar, para então chegar a uma coerência de organização – a ordem estética segundo seu olhar. Guilford apresenta essa mesma seqüência no desenvolvimento do pensamento convergente e divergente. Neste último, as respostas são relativas e o certo e o errado não operam tão incisivamente e trazem a grande força da transformação, de um pensamento que abre portas ao criativo. Confirmam-se as próprias abordagens sobre o lado esquerdo e direito do cérebro. Traz ao pensar, sentir e agir uma atuação em busca do equilíbrio dessas polaridades. É a busca do homem total, lidando com suas potencialidades, de forma mais íntegra e caminhando criativamente para a frente, ativando a coragem de ser, de estar.

A criatividade permite um estado de conexão intuitiva que nos dias atuais é muito sufocado pelo racional. A arte pode ser trabalhada de forma que essa consciência intuitiva seja desenvolvida e, ao mesmo tempo, dialogue com o racional. Nenhuma delas deverá ser sufocada no processo, mas usadas em momentos adequados.

Quanto à produtividade criativa de um grupo, deve-se valorizar a criatividade de cada ser integrante, pois assim o grupo será mais criativo como um todo. Uma relação familiar, um grupo em uma empresa, uma comunidade, necessitam de pessoas com abertura para criar. Assim a relação nesses núcleos poderá ser mais renovadora e os conflitos gerarão a busca de soluções para a mudança.

CRESCER NO VIVER E REVIVER FASES

CADA UM DE NÓS PODE E DEVE MODELAR, DO MATERIAL VIVO DE SUA PERSONALIDADE, SEJA PRATA, MÁRMORE OU

OURO, UM OBJETO DE BELEZA QUE POSSA ADEQUADAMENTE MANIFESTAR SEU EU TRANSPESSOAL.

Assagioli

O crescimento pessoal nem sempre se dá num todo harmonioso, e esse crescer se manifesta na expressão de cada pessoa. Paralelamente a esse crescer, continua-se com a capacidade de desenvolvimento, de ampliar a visão e aprofundar as relações com as coisas e as pessoas. Vemos muitos adultos com o desenvolvimento racional coerente com sua idade, porém com a manifestação expressiva relativa a 9 ou 10 anos de idade e achando-se incapazes de qualquer mudança ou crescimento. Por quê? Simplesmente porque não viveram, porque não trabalharam adequadamente esse segmento de forma a liberar sua espontaneidade, sem castrações, sem críticas. Essas pessoas se "amarraram" e "travaram", o que significa que, além de se travarem para um desenvolvimento possível, também ficou faltando em sua educação algo para ajudar a sentirem-se mais capazes, mais totais, mais livres e plenas.

O processo universal de desenvolvimento inicia-se na fase infantil. Ao trabalhar com uma criança, deve-se garantir que ela estará, dentro do processo, solta, espontânea, livre das preocupações dos adultos, do social, das exigências, para além do que ela poderá responder ou expressar naquele momento. Sabe-se que se ela tiver a possibilidade de trabalhar em campo relaxado, virá o que tiver de vir, possibilitando a espontaneidade e não a ansiedade diante de exigências e cobranças.

O mesmo processo deverá ocorrer se estivermos trabalhando com o adulto – livrá-lo de apegos a exigências, finalidades, culpas, "dever", preconceitos, é o primeiro passo para sua reeducação expressiva. É o momento do livre, do explorar, do experimentar, do sentir prazer exploratório – viver o processo livremente e não se ater ao produto. É o momento de rever o processo, de viver o não vivido ou o malvivido, para então maturar naturalmente, como acontece no processo infantil. Há pessoas que, ao contrário desse movimento, mostram a falta de limites. Para estas é necessário, aos poucos, estabelecer limitações, buscando mais assertividade.

Depois de se explorar sem intencionalidade, de se explorar em movimentos amplos, de explorar suas garatujas, começam a surgir formas que são descobertas. Então, a intencionalidade começa a ser expressa no uso de símbolos que se estruturam progressivamente. Nesse momento, a criança evolui da expressão centrada (egocentrada) para a expressão descentrada (socializada). A fantasia é a propulsora e a expressão dá forma às emoções e aos sentimentos, trazendo maior consciência destes e estabelecendo relação entre a representação e a coisa representada. Na reeducação do adulto isso também acontece, porque à medida que ele está mais solto, já pode enfrentar, olhar-se por dentro, relacionar-se com o externo e expressar com formas que vão trazendo à tona seus sonhos, suas fantasias e ideais, por meio dos próprios símbolos.

Voltando ao processo infantil, após essa fase que chamamos de esquematismo, vem a fase do realismo – com a queda da fantasia e da subjetividade, dando lugar à expressão do que ela sabe e do que observa. É nesse momento que tanto na educação do jovem quanto na reeducação do adulto podemos trabalhar com a observação, porém tomando cuidado para que esta seja de forma solta, explorando o lado direito do cérebro. Nesse processo desenvolve-se o olhar e a relação profunda e intensa com o que se está observando, explorando o jeito próprio de olhar e as operações mentais.

Seguindo nas fases de crescimento, o jovem chega à abstração, quando os símbolos e as representações são orientados por possibilidades, hipóteses e códigos abstratos. Surge a necessidade de síntese, da composição realidade-fantasia, da seletividade, da estruturação das prioridades, da busca da identidade e de um estilo próprio.

Isso também se dá com o adulto, que deve chegar a essa fase tendo vivenciado todas as anteriores, e assim se sentir pleno, podendo relacionar-se com sua expressão de forma plena. Percebendo e sabendo o que quer no fazer, que pode ser mais solto, menos intencional, que pode viver seus sonhos e fantasias, o indivíduo pode relacionar tudo isso com a realidade, que dependerá do seu olhar e não do que lhe dizem ou mostram. Esse adulto poderá assim ter sua capacidade criativa desenvolvida e concretizada em seus atos, formando um estilo próprio de ser, mais confiante em si, na arte e na vida. Existe, em todo esse processo, um movimento que é universal, porém não devemos deixar de lado o movimento de cada pessoa, de cada grupo.

Esse movimento criativo pode variar no tempo de execução, na escolha de materiais, na percepção de si próprio ou do que ocorre a seu redor, e mesmo no encaminhamento.

Quanto à faixa etária, sem dúvida nenhuma existe a universalidade do processo de desenvolvimento para cada idade, porém acontece de crianças se adiantarem ou se atrasarem, ou de adultos estagnarem em um determinado ponto. É desse ponto, seja no caso da criança, do jovem ou do adulto, que devemos considerá-lo pronto para seguir adiante, ou até retroceder para viver melhor o que porventura possa ter vivenciado anteriormente.

Outra diferença que percebemos é no ritmo da execução dos trabalhos, ou no ritmo de desenvolvimento de um processo como um todo. Também variam os níveis de exigência, quanto ao processo e quanto ao produto, assim como a forma de cada indivíduo se sensibilizar, seja para dentro de si ou para fora, seja dentro de perfis mais concretos ou mais subjetivos, mais político-sociais ou pessoais.

Todas as suas preferências, todo o seu jeito de ser deve ser altamente estimulado para que realmente seu estilo próprio venha à tona, para que nesse processo artístico ele tenha a possibilidade de crescer não só na leitura artística de seu trabalho como também na leitura de si. A idéia é que em todo esse processo o indivíduo se livre de estereótipos, tanto em sua arte quanto em sua vida, e dê mais espaço para a própria criação artística no viver. Para que isso possa acontecer, o trabalho deve, a princípio, estimulá-lo à abertura, à busca, à exploração, transformando, a seguir, o material em idéias inovadoras, elaborando e agindo, avaliando, julgando e examinando a criação. A crítica deve ser usada cuidadosamente para não interromper e aprisionar processos.

Na escolha de materiais, também constatamos muita diferença de preferências. Nesse caso, para que a pessoa possa ter um campo extenso para escolhas, vamos abrindo as mais variadas possibilidades, porém sempre percebendo o que ela está preferindo no momento: se está com medo de ousar, se está rejeitando algo por acomodação, se o momento dela é mais para abrir a outras possibilidades ou para aprofundar-se no que já conhece. Nesse momento, o arteterapeuta precisa ter sua percepção bastante trabalhada, porque dificilmente terá "receitas" prontas. Deverá estar aberto para perceber o outro em suas vivências, para aceitar as diferenças e respeitar o momento de cada um no processo.

RESUMINDO...

No ateliê terapêutico Encontrarte existe a crença no criativo do ser humano, na arte, em suas infinitas relações, na natureza, numa energia maior, na unidade da totalidade, e no que está por vir. A criatividade é infinita, mas a criação se faz presente de forma finita, dentro do realizar no possível. A energia vital criativa é estimulada pelo fazer arte, envolvimento "amoroso" com a matéria seja ela qual for, possibilitando todo o processo de criação, passando por todas as fases: da construção à desconstrução até a reconstrução. Entrega íntegra do ser, em todos os seus potenciais, para a realização de um ato que o torna produtivo, presente, vívido, atuante, transformador, entregando tudo o que tem de mais sagrado ao mundo, seja a si próprio, a outra pessoa, a um grupo de pessoas, a humanidade.

O belo, o harmônico e o estético surgem como algo impresso não só na produção artística, mas também na qualidade do viver. Os valores humanos podem ser trabalhados e retrabalhados, no sentido de igualdade e diferença, da ética e relações sociais. Resumindo o que vimos até aqui:

ENCONTRARTE:

- como espaço poético e transformador transcende o ateliê, numa recuperação do espaço poético da vida, num novo olhar da existência, em que o fluir do criativo revigora a energia vital, sensual e espiritual;
- com o seu interior mais profundo, desde suas emoções, sensações, imagens internas, até sonhos e fantasia;
- com sua percepção mais ampla, com seu olhar voltado para o todo e para as partes;
- com seus pontos vitais de energia e em contato com eles, expressá-los e revitalizá-los;

- com alguém que pode, que tem potenciais únicos a serem desenvolvidos. Um estilo próprio que deve ser trabalhado pelo indivíduo, trabalho esse que pode ser conquistado pouco a pouco, apresentando processo e crescimento contínuos;
- consigo mesmo, conhecendo-se melhor e crescendo à medida que se expressa e mantém um diálogo constante com sua obra e consigo, descobrindo e respeitando seu estilo pessoal;
- com sua inteligência criativa, uma integração cerebral que tem poucas chances de se expressar e traz à tona toda a consciência intuitiva, subjetiva, melhorando seu potencial criativo;
- com seu potencial crítico, pensamento mais objetivo, mais analítico, de forma mais equilibrada. Não tolhendo a espontaneidade, a naturalidade, a criatividade procura desenvolver também momentos de avaliação de um processo, de uma produção, desenvolvendo a inteligência integralmente;
- com as experiências palpáveis, concretas, do fazer e desfazer, do tentar de novo, do processo e do produto;
- com elementos da natureza, trocando com eles energias, percebendo como eles fazem parte do nosso íntimo. Traz o ar, o fogo, a terra e a água nas transformações artísticas;
- com o outro, ativando uma relação de troca, de aprendizagem, de indagações e reafirmações, de diferenças e igualdades, de complementaridade e unidade;
- com o seu senso estético, com a leitura artística, a observação primorosa, ampliando seus sentimentos e conhecimentos, interagindo, refletindo e analisando obras de arte diferentes, enxergando a vida de um jeito mais poético;
- é se relacionar com linhas, cores, movimentos, pausas, sombras, espaços, ritmos, sons, intensidades, contrastes, gestos, texturas, volumes, planos...;
- com seu momento histórico e com outros momentos históricos, mediante o contato com variadas obras de arte, percebendo-se integrante de um todo universal;
- com diferentes estágios de consciência, da mais concreta à mais sutil, intercalando momentos de meditação, de execução e de reflexão;

- com o inesperado, com as surpresas que o universo nos reserva;
- é atingir uma moralidade, uma ética de dentro para fora, percebendo e colocando em ação, de forma coerente: o que se sente, o que se pensa;
- é materializar o tema subjetivo humano, em arte, em produto criativo;
- é o espaço para experimentos que levam a perguntas, respostas, afirmações, negações, buscas, desencontros, e múltiplos encontros em momentos, em movimentos, no processo e no produto, na arte e na vida.

Aproveitando o viver como o maior estímulo para criar, para fazer arte, aproveitando a arte como o maior estímulo para criar na vida, há um diálogo, uma integração entre viver, conviver e fazer arte.

É nesse processo de busca do Encontrarte que o homem reafirma seu sentido maior de existência, do essencial, do pleno, solidificando bases filosóficas para a vida, atenuando sua sede de poder por se perceber ao mesmo tempo atuante e atuado. Interage com energias suas e outras fora do seu alcance, percebendo que tudo tem uma razão de ser ou que nada acontece ao acaso. Percebe que o "ser" conquista-se com energias que estão intimamente ligadas ao universal e pode trabalhá-las, entrar em contato com elas de forma concreta. Dessa forma não focaliza as energias somente no "ter" bens materiais, informações, *status*, conhecimento. Emprega as energias entre as coisas da terra e do céu, entre as montanhas e o mar, entre o fogo e o ar.

Viver totalmente, em plenitude, tendo a sabedoria de explorar todos os potenciais, todos os poderes naturais da alma, do sensível, do sensual, do sexual, de conquistas físicas, materiais às relações consigo mesmo e com os outros. Sempre percebendo que esses poderes são ao mesmo tempo infinitos e finitos, sujeitos a leis maiores do universo, a poderes, energias grandiosas do cosmo. Encontrarte significa perceber-se num todo maior, o ilimitado e o limitado ao mesmo tempo. Viver a totalidade num único objetivo essencial da vida.

Trabalhando com arte, com sua expressão, num trabalho profundo direcionado para a abertura das relações é que o homem pode perceber-se, perceber suas relações com o outro, com a natureza e com o inesperado, absoluto, supremo, e então sentir-se pleno e limitado ao mesmo tempo, sentir-se total, com capacidades e incapacidades, que ele é afirmação e negação ao mesmo tempo, o bem e o mal, a matéria e o espírito, a situação e a oposição simultaneamente. São as contradições, as polaridades, o contraste, ritmos diferentes, movimentos vários, dinamismos, cores em profusão, que dão beleza e força – assim como na arte... na vida. Encontrarte é viver arte... criar e recriar a vida.

OLHAR PRÁTICO

> O CERAMISTA TRANSFORMA-SE NO BARRO QUE AMASSA E DEIXA REVELAR O HOMEM QUE É. DAÍ A NECESSIDADE DE PREPARAÇÃO INTERIOR, DO DESCOBRIMENTO DA PERSONALIDADE, DO BURILAR O CARÁTER. TUDO ISSO TORNA-SE MAIS IMPORTANTE QUE A PRÓPRIA TÉCNICA.
>
> *Toyo Torneshigue*

Este trabalho tem sido desenvolvido com crianças, jovens ou adultos, individualmente ou em grupos pequenos, para que o processo seja percebido integralmente, com possibilidades de trocas mútuas, objetivando o autoconhecimento e o crescimento pessoal e artístico.

O material pedido no início é mínimo: aquele que a pessoa já tenha ou tem vontade de experimentar, além de serem oferecidos, numa variedade ampla, os que estão no ateliê. Assim, aos poucos, a pessoa percebe a qualidade de cada material e a vontade de se expandir para novas aquisições ou se aprofundar em um material específico. A idéia é realmente abrir espaço para o experimento, reforçando quando o uso se faz de maneira nova, ou até redescobrindo técnicas clássicas.

O processo tem de ocorrer de forma aberta e a atuação do arteterapeuta deve transmitir confiança na importância dos descobrimentos da outra pessoa, confiante no potencial que está vindo à tona, seja ele qual for. A arte propicia essa abertura para o experimento, o qual o profissional não deverá permitir que se perca e, ao mesmo tempo, tirar proveito e valorizar cada momento: é um despertar de possibilidades.

O estímulo para iniciar o trabalho pode ser o mais diverso possível, não devendo permanecer fixo em uma só linha. Devem ser abordados desde acontecimentos importantes até uma obra de arte que tenha chamado a atenção, ou um objeto que esteja à mão ou escolhido anteriormente, uma paisagem que lembra ou que esteja presenciando, um sonho, experimentos com sons, gestos, cores, modelo vivo, uma árvore, uma poesia, uma música, uma briga com alguém... Enfim, são desenvolvidos muitos e infinitos temas: assuntos, sentimentos, sensações que tocam, que vêm ou que se vai em busca para elaborar uma expressão em arte... contato com o próprio corpo, uma leitura, uma viagem interna ou externa, a natureza, um material diferente.

O fazer inicia-se nesse contato que a pessoa trava consigo mesma ou com algo ou alguma situação específica. Poderá surgir de uma percepção interna ou externa, vindo da própria pessoa, do que traz como sentimento ou vivência de algum momento vivido. Poderá ser estimulado por diferentes dinâmicas: relaxamento; internalização criativa, reflexiva, dirigida; sensibilização; percepção visual, olfativa, auditiva, cinestésica, gustativa; aquecimento, jogo lúdico, motor ou sensorial. A escolha do estímulo pode ser feita pelo próprio profissional, e à medida que ele percebe o clima, o pedido interno, a direção em que a pessoa ou o grupo está trabalhando, vai deixando aberto para quem quiser trazer propostas individuais ou grupais. É muito importante que se deixe espaço para escolhas, para idéias, ao mesmo tempo que se escolha um caminho, que a própria pessoa pode determinar à medida que vai entrando em contato com seu trabalho. Do tema objetivo, concreto, emerge o tema subjetivo, trazendo da profundidade algo a ser trabalhado mais claramente. Como a pessoa continua a trabalhar e a manter um diálogo com sua produção, observando, verbalizando a respeito do que percebe, terá condições de estabelecer o passo seguinte, às vezes com a ajuda do profissional.

O uso dos materiais também vai se transformando, porque à medida que a pessoa os experimenta, o arteterapeuta a conscientiza de como o está usando e o que mais pode explorar. Cresce o seu uso e o espaço para experimentar outros materiais diferentes. Tenho sentido que, conforme as pessoas ficam mais seguras conhecendo mais a si mesmas e à sua expressão, elas tendem a direcionar seu próprio trabalho, escolhendo os próprios estímulos, mais verdadeiros no momento, e a própria conduta a seguir. Cabe ao arteterapeuta abrir para novas descobertas, novos caminhos, perceber e questionar, caso o cliente esteja fugindo de algum desafio emergente, esmorecendo em suas propostas por não acreditar que será capaz, ou inseguro por excesso de exigência. O terapeuta também tem de intervir se percebe que o cliente está usando mais o lado esquerdo do cérebro com críticas não pertinentes para o momento do processo, ou inseguro perante outras pessoas ou por cobranças sociais, com expectativas que fogem ao processo, ou se está deixando precocemente o trabalho chegar a seu final, sem experimentar mais alternativas.

É importante que, nesse processo individual, o cliente tome contato com outras obras, de colegas de turma e de outros artistas das mais diversas épocas para que haja troca e abertura para outras possibilidades e um reafirmar de "seu estilo". É de posse dessa percepção no processo – trabalha, observa e continua a trabalhar criando, recriando, que o profissional tem condições de desenvolver atitudes não só perante a arte como também perante a vida, trabalhando com os conteúdos da linguagem artística que está sendo desenvolvida e suas relações com o dia-a-dia. Dessa forma, a arte incorpora-se à vida do indivíduo e sua vida incorpora-se à arte, não só pela estimulação, mas também pela relação que começa a ter com atitudes e símbolos que surgem no "fazer artístico".

O trabalho do Encontrarte em ateliê terapêutico estimula e facilita o vivenciar desse processo criativo na arte, fazendo a relação para as demais ações na vida. O profissional deve trabalhar em todos os níveis e propiciar tanto o exercitar consciente do processo como o liberar energias que possam estar "amarrando" a energia criativa. O processo apresenta variações de acordo com a pessoa que trabalha, o motivo que a trouxe, a idade, o sexo e trabalho individual ou grupal. Já tive oportunidade de trabalhar com crianças, jovens, mulheres e homens de diferentes idades, famílias; todas experiências únicas, pela forma como a relação ocorre. A unidade do trabalho em ateliê terapêutico se estabelece pela base psicológica e filosófica e na relação do indivíduo com os materiais usados. O material humano apresenta variáveis ao trabalho, não só pelo sexo e idade, mas também pelo jeito de ser de cada um. Tendo em mente essas diferenças, seja pela ordem universal, biológica, sociocultural, o profissional tem de estar aberto ao relacionamento e perceber no contato, na relação, quais as expectativas e o jeito de ser de cada pessoa.

LINGUAGEM PLÁSTICA, MATERIAIS, TÉCNICAS, SUPORTES, INSTRUMENTOS

Expressar com materiais requer o processo de ir elaborando internamente as relações com o material, sentindo as facilidades e as dificuldades na relação com o suporte, as ferramentas, os materiais, as técnicas e os elementos da linguagem plástica.

A linguagem, os materiais e os instrumentos em muito vão estimular à produção. É a relação do ser humano com essa matéria que a potencializa e transforma. O homem e a matéria interagem e atuam em sua energia criativa, e ambos se modificam nessa relação. Há um diálogo, às vezes uma "briga", encontros e desencontros, em que o tempo e a dimensão espacial se transformam. Entre embates e buscas, a criação se processa e o indivíduo vai podendo ver na matéria o que vem de seu mundo subjetivo e de seu olhar mais consciente, percebendo sua atuação em outros momentos da vida, sentindo e se conscientizando do que aquelas imagens que se formam ali à sua frente significam.

Há grande variedade de materiais, técnicas, suportes, instrumentos, mas algumas técnicas mais clássicas e de uso mais prático são constantes no ateliê:

Desenho: *lápis grafite, carvão, lápis de cor, giz de cera, lápis aquarela, caneta hidrográfica, pastel seco, pastel oleoso.*

Pintura: *nanquim, aquarela, anilina, têmpera, guache, acrílica, óleo.*

Escultura: *papel, papelão, argila, concreto aerado, pedra-sabão, arame, gesso.*

Gravura: *monotipia, cologravura, xilogravura, linoleogravura.*

Outros: *papel machê, reciclagem de papel, papietagem; tear, colagem e costura com retalhos de tecidos; madeira, pirógrafo; objetos e instalação; construção com sucata; cerâmica, mosaico, confecção de brinquedos, bonecas, fantoches, máscaras; recorte e colagem.*

Faz-se uso de instrumentos os mais rudimentares, primitivos, como a própria mão, até os mais sofisticados. Os materiais e os instrumentos vão facilitar ou dificultar a atuação e, junto com a linguagem, darão forma ao do mundo subjetivo. Elementos como linha, forma, cor, textura, mancha, luz e sombra, figura–fundo, dinâmica, ritmo, espaço, composição, planos, veladuras, ocupação do espaço e movimentos serão pesquisados para que a linguagem seja manifestada e expressa em imagem.

Venho fazendo um levantamento de dados com os alunos do ateliê terapêutico do curso de Arteterapia do Instituto Sedes Sapientiae e de alunos do Ateliê Encontrarte no intuito de registrarmos as sensações e as percepções ao usar os materiais e as técnicas, permitindo ter mais consciência das variáveis que dificultam ou facilitam o processo arteterapêutico.

LEITURA E RELEITURA

Construída a imagem, esta será lida e relida com o olhar de quem se afasta. Em outro momento, o cliente faz uma leitura de si, de sua presença materializada. Essa leitura vai permitir que o indivíduo "se leia" e também processe ou não o retorno ao ato de fazer: será que está pronto? Como saber? Será que a obra traz, em si, um estar completo, acabado? Se não, volta-se a transformá-lo o que implica, muitas vezes, tirar, colocar, visualizar partes ou o todo, até que ao olhar sinta-se que a Gestalt se deu, que a imagem corresponde à harmonia interna. Nesse momento a pessoa poderá sentir que sua energia criativa foi ali depositada. O olhar volta-se então às relações com o processo na vida. Já se fez presente enquanto produzia. Agora, diante da obra, ela tem a chance de estabelecer outras relações. Esse afastamento é importante, e pode até ser feito em outros dias. Quando esse olhar reflexivo e analítico é feito com uma série de obras da mesma pessoa, perceber, interagir e constatar ficam ainda mais fortes, por se visualizar um trajeto já percorrido, em que imagens se mostram construídas em momentos diversos, mas com a identidade constituída. Percebe-se o jeito de ser, o estilo pessoal, ali formado.

Esse distanciamento deve nos colocar diante do desapego dos resultados, apenas intenção e desejo na ação, desapego dos símbolos, porque eles vão e vêm e a transformação é inevitável. Todo esse processo de estimulação, execução, leitura, aciona todos os pontos do criativo e faz que, tanto no processo quanto no produto, o indivíduo exercite o movimento de transformação, de mudança, e se perceba como ser em movimento contínuo de produção e criação... procriação.

Ao trabalhar com arte dessa forma terapêutica, possibilita que analogias sejam feitas entre as vivências em arte e as vivências na vida, iluminando o interior, tornando-nos mais conscientes, o que facilita lidarmos criativamente na vida.

ACRESCENTE CRIATIVIDADE EM EMPRESAS*

O ATO LÚDICO É A ÚNICA ATIVIDADE EM QUE SE REALIZA
A FUSÃO DA VISÃO INTERIOR E DOS FATOS OBJETIVOS
Rollo May

Histórico

Este trabalho, realizado desde 1987, desenvolve a criatividade em empresas, pelo Acrescente Desenvolvimento de Criatividade. A escolha desse nome tem a ver com a filosofia do trabalho, pois este se propõe a fazer a criatividade crescer e acrescentar ao ser humano como um todo, além de melhorar o aspecto profissional. Ele tem como base o referencial teórico do psicodrama e da arteterapia. Relatos sobre o trabalho foram apresentados no VII Congresso Brasileiro de Psicodrama no Rio de Janeiro, em 1990, e no Congresso de Psicopatologia da Expressão em Belo Horizonte, em 1991.

O foco do trabalho é, principalmente, o desenvolvimento da espontaneidade geradora de criatividade e do potencial criativo, sendo que o ambiente de trabalho combina o *setting* psicodramático com o espaço de ateliê terapêutico.

---

* Trecho escrito e trabalho realizado em parceria com Maria Teresa Botton, psicóloga e consultora em recursos humanos.

O objetivo é permitir que os participantes descubram que seu potencial para criar não ficou perdido na infância, mas se encontra disponível para ser usado tanto na vida profissional – para solucionar problemas, buscar novas alternativas de ação, de organização pessoal, de relações interpessoais – como na vida pessoal, familiar e social. É só uma questão de despertá-lo e ter a coragem de usá-lo. Acrescenta-se ainda a criatividade grupal, a inter-relação mais bem administrada, tornando a produtividade mais criativa e mais fluente.

Referencial teórico

Além de todo o embasamento já mencionado para o Encontrarte – Ateliê Terapêutico, privilegiando a teoria da Gestalt e outras teorias de criatividade, este trabalho também se baseia no psicodrama criado por J. L. Moreno, que defende que a doença psíquica liga-se à ausência de espontaneidade e que a função da terapia é fazer a pessoa voltar a ser espontânea.

Este trabalho se relaciona mais com a área preventiva do que com a terapêutica, uma vez que se preocupa com a reeducação da espontaneidade e valoriza o processo criativo, transformando a vida no desafio da procura da própria resposta original e adequada à situação presente.

Moreno afirma que o homem primitivo foi criativo por excelência, sobretudo por necessidade, mas depois prendeu-se mais no que criou do que no processo de criação em si. Em decorrência, gerou-se o que ele chama de "Conserva Cultural", que nada mais é do que os paradigmas aos quais nos referimos tanto hoje em dia nas empresas e que precisamos transformar. Conservar significa preservar, manter em estado seguro. A preocupação com o momento de criação foi desprezada em favor da obtenção de conteúdos, ou seja, da civilização da conserva, dos paradigmas, do certo e do errado, das respostas prontas e padronizadas. O homem deixa de criar para atuar de maneira segura, conhecida, conservada. A Conserva causa prejuízo à evolução quando passa a ser a resposta em si e não um estímulo para a continuação da criatividade e do desenvolvimento.

Outro conceito importante é o da espontaneidade, que, segundo Garrido-Martín, em sua dimensão psicológica, é o que desenvolve no homem um estado de "perpétua originalidade e adequação pessoal vital e existencial à circunstância que lhe compete viver". A espontaneidade é o ativador da força criadora que impulsiona a evolução e a transformação do mundo. É desencadeador, intermediário ou catalisador. Explica o produto acabado, sem, no entanto, se transformar nele. Ela implica adequação, ação do ato voluntário que domina o instinto. Segundo Moreno, pode ser dirigida:

- à ativação de conservas culturais e estereótipos sociais, fazendo que evoluam e se transformem;
- à criação de novos organismos, formas e estruturas ambientais;
- à formação de livres expressões da personalidade; e
- à formação de respostas adequadas a situações novas.

Para G. Martín, o ato espontâneo é o ato criador e a criatividade é o momento da espontaneidade. São características do ato criador:

- a espontaneidade;
- a sensação de surpresa, de inesperado;
- a irrealidade – cuja missão é mudar a realidade que surge;
- a atuação *sui generis* (diferença entre criatura – que é atuada pelo mundo – e criador – que atua no mundo); e
- a consubstanciação mimética do processo que sobe à consciência.

Moreno situa, nesse processo de desbloqueio, o aquecimento como:

- desencadeador de estados afetivos que acompanham a espontaneidade;
- intermediário entre espontaneidade e criatividade;
- manifestação ou sinal externo que nos diz que a espontaneidade começou a atuar, podendo ser produzido por iniciadores físicos, psicoquímicos, mentais e econômicos.

Por que criatividade na empresa

O efeito do trabalho de criatividade na empresa pode ser sentido de diversas formas, algumas quantitativamente e outras qualitativamente mensuráveis. No que diz respeito à produtividade, o efeito pode ser percebido nas propostas de melhoria de processos que podem trazer como resultado melhor produtividade, redução de custo, melhoria de qualidade, redução de tempo e de pessoas.

Quanto aos aspectos qualitativos, que podem ser medidos por pesquisas de satisfação, os efeitos são verificados na possibilidade de o funcionário usar todo seu potencial, toda sua capacidade, por se sentir estimulado a isso e, como conseqüência, ficando mais satisfeito.

Cada pessoa, sendo um potencial criativo na empresa, é também uma fonte de soluções, de alternativas, de possibilidades. Isso acontece quando ela tem consciência disso, quando sabe se estimular para disponibilizar essa habilidade em benefício da empresa e quando se conhece as técnicas para fazê-lo. A criatividade envolve adequação, principalmente quando se trabalha em grupo, em equipe e com limites como orçamentos, materiais, prazos etc. Não surge só em novos produtos, planejamentos, desenvolvimento de estratégias, mas também no dia-a-dia, na busca da melhoria contínua dos processos de trabalho.

O indivíduo treinado e capaz de liberar sua criatividade tem, sem dúvida, melhor qualificação profissional, podendo contribuir de forma significativa com qualquer espaço de trabalho em que esteja se desenvolvendo. As relações interpessoais serão mais favorecidas à medida que cada um puder lidar melhor com seu coeficiente emocional, por meio do contato que aprende a ter consigo mesmo, pelo conhecimento de seu potencial criativo, formando nos grupos relações mais empáticas. Estando mais alinhado com suas capacidades, o indivíduo desperdiça muito menos energia, podendo usar o estresse como forma de estímulo para a produtividade, aumentando a capacidade energética, e não como um desgaste de energia que leva ao cansaço, ou ao estresse negativo.

Em situações de crise e mudança, se a pessoa usa a espontaneidade para lidar com as situações novas que surgem, consegue criar, por meio desta, novas alternativas e soluções para cada momento. Se a pessoa confia nessa possibilidade, automaticamente apresentará abertura para novas situações e novos momentos, e melhor capacidade de adaptação. Mudar não é tão fácil; a estabilidade dá segurança e nos leva a permanecer no conhecido. Entretanto, o momento exige movimento de dentro para fora e não técnicas intelectuais impingidas de fora para dentro.

Como

O trabalho é desenvolvido em *workshops*, aliando a arte às técnicas de psicodrama e dinâmicas de grupo, sendo usados diversos materiais de arte. Realizado em **grupos fechados** para a empresa com funcionários da mesma área ou da mesma função, ou **grupos abertos** de diferentes empresas com profissionais da mesma área/funções ou de áreas/funções diferentes. Esse processo poderá ter continuidade ao longo de alguns meses para permitir uma vivência mais profunda e uma assimilação e transferência para o dia-a-dia de trabalho.

O tema central é a criatividade em si, que pode ser aliada à necessidade específica da empresa. Todos os trabalhos têm uma seqüência que vai do aquecimento, passando à expressão, aos passos do desenvolvimento da criatividade, com apresentação e compartilhar o vivido, traçando paralelos com o que ocorre no grupo de trabalho. Essa atuação pode variar em cada departamento, grupo de interesse, exigindo conhecimento dos profissionais que atuam sobre o tema empresarial que deve ser desenvolvido e sobre a cultura da empresa. Dentro de um grupo de vendedores, o processo é usado para fazer que a pessoa descubra seu estilo pessoal de vender. São transmitidos conceitos teóricos de vendas e, em seguida, cada pessoa é estimulada a encontrar seu estilo pessoal de usar as técnicas. São feitos trabalhos plásticos utilizando os produtos vendidos pela empresa, com o objetivo de propiciar intimidade com este, intimidade essa que facilitará a descoberta do estilo pessoal.

Já quando se refere à organização do tempo, o processo com o grupo é explorado de forma que cada um perceba e tome consciência, mediante aquecimento e expressão plástica, das atividades que deve exercer, de seu ritmo pessoal – ao longo do ano/mês/semana – momentos de produtividade e desperdício de tempo, bem como da organização geral do tempo da vida: profissional, pessoal, social e familiar. A pessoa também é estimulada a perceber a relação e a necessidade de adaptação entre o ritmo pessoal e o grupal/organizacional. Procura-se quebrar o paradigma de que existe uma forma certa de lidar com a organização do tempo, fazendo que as pessoas descubram que podem e devem organizar seu tempo respeitando-se para maximizar sua produtividade e evitar desperdício. Como resultado, os participantes encontram uma nova forma de organizar seu sistema de trabalho, inclusive reorganizando sua agenda de forma a ganhar mais tempo, e até mesmo a assumir novas responsabilidades.

Outro trabalho desenvolvido para integrar diferentes departamentos, por dinâmicas diversas, leva o grupo a tomar consciência das conseqüências da falta de integração. Vivenciando as atividades conjuntas, o grupo deve encontrar a melhor forma de se integrar pela expressão plástica. Quando o grupo chega a seu estilo de integração nessa atividade, é feito um paralelo e são desenvolvidas propostas para a ação no dia-a-dia. Já para melhor incorporar o papel de secretária, exercícios corporais e plásticos buscam o sentido do papel da mulher na sociedade, na empresa, revalorizando o papel da secretária como organizadora. Elas vivenciam e refletem sobre a inter-relação com as pessoas, em torno de seu dia-a-dia e descobrem como se efetivam essas relações. Para grupos que trabalham com tecnologia, como analistas de sistemas, integrar a criatividade entre tecnologia e a parte administrativa traz recursos de soltura e desprendimento, além da possibilidade de retomar na vida particular uma atitude com maior soltura.

Conclusão

A importância desse projeto criativo nas empresas está em atuar em algumas vertentes: o lado empresarial, na linguagem profissional, com conhecimento sobre a cultura da empresa e do que o grupo necessita para melhor integração e produtividade mais fluente, atendendo às necessidades profissionais que emergem. Somando-se a essa parte mais assertiva, um trabalho mais solto, desbloqueador, em que a espontaneidade e a criatividade são vivenciadas com arte e dinâmicas, e sedimentadas com o estudo teórico e com o momento de compartilhar, analisar e elaborar planos de ação empresarial.

Referências bibliográficas

ARNHEIM, Rudolf. *Arte e percepção visual.* São Paulo: Pioneira/Edusp, 1980.

ASSAGIOLI, Roberto. *Os sete tipos humanos.* São Paulo: Totalidade, 1995.

BOTTON, Maria Teresa. A arte de libertar a criatividade. São Paulo, *O Estado de S. Paulo,* 2 nov. 1991.

BOTTON, Maria Teresa e SAVIANI, Iraci. Devemos libertar a criatividade. São Paulo, *O Estado de S. Paulo,* 8 ago. 1990. (Publicado também em MIRSCHAWK, Viktor. *Qualidade da criatividade.* São Paulo: Makron Books, 1992.)

CAPRA, Fritjof F. *O ponto de mutação.* São Paulo: Cultrix, 1995.

CHOPRA, Deepak. *As sete leis espirituais do sucesso.* São Paulo: Best Seller, 1994.

CREMA, Roberto. *Introdução à visão holística.* São Paulo: Summus, 1989.

DETHLEFSEN, Thorwald; DAHLKE, Rudiger. *A doença como caminho.* São Paulo: Cultrix, 1983.

DONDIS, Donis A. *Sintaxe da linguagem visual.* São Paulo: Martins Fontes, 1991.

EDWARDS, Betty. *Desenhando com o lado direito do cérebro.* São Paulo: Tecnoprint, 1984.

EHRENZWEIG, Anton. *A ordem oculta da arte.* Rio de Janeiro: Zahar, 1977.

GOLEMAN, Daniel. *Inteligência emocional.* Rio de Janeiro: Objetiva, 1995.

HANDY, Charles. *A era do paradoxo.* São Paulo: Makron Books, 1995.

JUNG, Carl G. *O homem e seus símbolos.* Rio de Janeiro: Nova Fronteira, 1964.

KANDINSKY, W. *Do espiritual na arte.* São Paulo: Martins Fontes, 1954.

KIELCE, Anton. *O taoísmo.* São Paulo: Martins Fontes, 1954.

KNELLER, George F. *Arte: ciência da criatividade.* São Paulo: Ibrasa, 1986.

LOWENFELD, Vittor; BRITTAIN, W. L. *Desenvolvimento da capacidade criadora.* São Paulo: Mestre Jou, 1977.

MAY, Rollo. *Minha busca da beleza*. Rio de Janeiro: Vozes, 1992.

MARIN, Alda J. *Educação, arte e criatividade*. São Paulo: Pioneira, 1976.

MARTÍN E. G. *Psicologia do encontro: J. L. Moreno*. São Paulo: Ágora, 1996.

MORENO, J. L. *Psicodrama*. São Paulo: Cultrix, 1982.

NOVAES, Maria Helena. *Psicologia da criatividade*. Rio de Janeiro: Vozes, 1977.

OSTROWER, Fayga. *Criatividade e processos de criação*. Rio de Janeiro: Imago, 1977.

_____. *Universos da arte*. Rio de Janeiro: Campus, 1989.

OKEN, Alan. *Astrologia: evolução e revolução*. Rio de Janeiro: Nova Fronteira, 1989.

READ, Herbert. *A redenção do robô*. São Paulo: Summus, 1970.

ROGERS, Carl R. *Tornar-se pessoa*. Lisboa: Moraes Editores, 1970.

SAVIANI, Iraci. A arte no trabalho é fundamental. São Paulo, *O Estado de S. Paulo*, 8 dez. 1991.

_____. O espiritual e a arte na arteterapia. São Paulo, *Arte-terapia: Reflexões*, ano 1, n. 1, 1995, p. 42-43.

_____. Da competência da inteligência emocional à ação criativa. São Paulo, *Contexto Empresarial*, ano 1, n. 7, fev. 1997.

_____. A poética criativa do RE. *Arte-terapia: Reflexões*, ano IV, n. 3, São Paulo, 1999/2000, p. 63.

_____. Ateliê terapêutico: limites e alcances. São Paulo, *Arte-terapia: Reflexões*, ano III, n. 2, 1998, p. 16-21.

VON OECH, Roger. *Um "toc" na cuca*. São Paulo: Cultura, 1988.

_____. *Um chute na rotina*. São Paulo: Cultura, 1994.

Do terapêutico na arte

Ana Beatriz Toledo de Almeida,
Regina Fiorezzi Chiesa e Walter Müller

Falar sobre nossas experiências vividas em ateliê terapêutico individual é como percorrer toda nossa trajetória como arteterapeutas: um profundo viver-em-grupo nos habita, por uma rede de trocas de experiências individuais. É como se nossa subjetivação passasse por uma contínua relação dialógica, em que a noção de grupo se fortalece permeada do exercício permanente de nossas amplas potencialidades. E assim a própria consciência de grupo respira e se transforma, bem como nossa individualidade.

"O perceber-se com e em permanente relação afugenta o sentimento da solidão e promove a sensação do humano" (Ribeiro, 1994, p. 175).

É como se falássemos de um "consciente coletivo" que se estrutura a partir de cada expressão individual e, num dado momento, nos devolvesse às nossas próprias questões. No processo individual são outras as vozes que nos tomam, por meio de nós mesmos... É trazer à fala nossos próprios sussurros. Fazê-los emergir do indiferenciado, identificando seus contornos.

Historicamente temos vivido muito mais pelo verbal, inclusive terapeuticamente. Sofremos a transição de uma sociedade disciplinar em que a partir dela precisou-se dar voz e discurso para quem por eles reivindicasse, para que então a antiga ordem se rompesse.

O processo terapêutico, focado no núcleo edípico, que tanto fez por uma sociedade vitoriana centrada na família tradicional, foi transversalizado pelos fluxos pós-modernos e neocapitalistas do desemprego e de outras tantas questões emergentes que passaram a rivalizar em importância com essa e com outras disciplinas centradas no verbal, pelas quais muitas vezes cristalizamos nossas defesas e resistências. Assim podemos chegar ao impasse da terapia que nos traz a consciência racional das nossas questões sem chegar a transformá-las.

Interessante a leitura do Capítulo 5 de *Princípios da análise infantil*, de Melanie Klein (situações infantis de angústia refletidas em uma obra de arte e no impulso criador), cuja solução da angústia se manifesta na expressão da arte.

Se em nosso estado mais primitivo e indiferenciado de sujeito/objeto somos permeados de sons, imagens e luminosidade, cores e formas, cheiros e movimentos e nos impregnamos deles antes mesmo que das palavras, não seriam esses mesmos códigos altamente respeitáveis, tão profundos e muitíssimo mais primitivos? Não podem eles alcançar esse inominado que a palavra trai?

Mais do que fazermos apologia da arteterapia, defendemos a amplitude de linguagens; abrir um leque de linguagens terapêuticas disponíveis para o cliente. Relacionar-se com a arte amplia essas possibilidades de recursos. Interessa-nos mais do que a simples utilização de materiais e expressões artísticas (por exemplo: argila/escultura, tinta/pintura, recorte/colagens etc.), reconhecer o entre dessa relação terapêutica: poder reconhecer o entre é quando "[...] a ação toma lugar no pensamento e o diálogo na fala" (Martin Buber, 1965, p. 66).

Lembramos ainda que "o que importa não é descobrir de qual mina foi extraída uma pedra preciosa, mas se ela encontrou seu lugar no colar: é a coerência e não a origem das técnicas que constitui o valor dos métodos" (Ginger e Ginger, 1995, p. 83).

Por essa multiplicidade de recursos que nos cabe oferecer, abrem-se possibilidades de experienciar o novo, um outro olhar em que se estabelece o equilíbrio pela clara descoberta de limitações e potencialidades.

Segundo Arnheim (1996), fazer arte é usar o pensar por meio das sensações. Escolher dá ao ser humano a condição de fazer o que quer e de ser o que é; portanto, escolho, logo sou.

Permitir-se o contato pelo prazer nos dá abertura para um mergulho mais confiante, gerando uma qualidade de contato que nos toca profundamente; nessa experiência integramos o sentir ao pensar ampliando a consciência.

> Ao criar, o artista não precisa teorizar a respeito de suas vivências, traduzir os pensamentos e as emoções em palavras. Ele tem mesmo que viver a experiência e incorporá-la em seu ser sensível, conhecê-la por dentro. Daí, espontaneamente lhe virá a capacidade de chegar a uma síntese dos sentimentos – naquilo que a experiência contém de mais pessoal e universal – de transpor esta síntese de linguagem adequando as formas ao conteúdo (Ostrower, 1995, p. 17).

OS CHACRAS E AS CORES EM ATELIÊ TERAPÊUTICO

Regina Fiorezzi Chiesa

A experiência em ateliê terapêutico com A., 30 anos de idade confirmou a força, a vibração e a energia das cores. À medida que íamos fazendo mais e mais contato com as cores fomos percebendo as oposições, as complementações, as combinações e a integração. Com a luz do amarelo e com a escuridão do azul pudemos encontrar o verde, o equilíbrio, os sentimentos, ativando assim o chacra cardíaco. Para se ter luz é preciso algumas pinceladas de tons escuros. O verdadeiro equilíbrio está na combinação tão necessária das polaridades. A cor exprime algo em si mesma, refletindo um autêntica vitalidade emotiva nos contrastes. O brilho, a intensidade, a vibração e a harmonia das cores denotam, geralmente, a medida da força e a atividade do sentimento que lhe deram origem. As cores são forças e o equilíbrio dessas forças faz algo acontecer: seria *insight*, integração, síntese?

As cores também se relacionam com o som e cada cor tem sua vibração. Da mesma maneira se relacionam com os sete chacras principais que passam pelo eixo do nosso corpo. É como se um arco-íris passasse, nos equilibrando e nos conectando com o céu e a terra.

O arco-íris

Segundo Reyo (1989), metafisicamente Deus é igual a vida. Cientificamente, a luz é igual a vida e para nós a luz se manifesta como cor e som. Portanto, o efeito da luz e da cor na nossa vida física, somado à vibração sonora, nos possibilita equilibrar o sistema neuroendócrino do organismo. Um bom exemplo seria respirar o verde, a cor do coração, do equilíbrio, da harmonia, da natureza, um bom alimento que podemos dar a nós mesmos.

Rudolf Steiner dizia que "[...] o próprio eu está dentro da cor", bem como "[...] a cor é o portador do eu e do corpo astral para dentro do corpo físico e do corpo etéreo" (Hauschka, 1987, p. 11-2). É como se a alma vivesse nas cores e por meio delas pudéssemos achar o caminho. Segundo Hauschka (1987), a teoria das cores de Rudolf Steiner inicia-se onde Goethe parou. E para Goethe o mundo das cores era tecido pelos atos da luz. "As cores são atos e os sofrimentos da luz" (Hauschka, 1987, p. 57). Dessa forma podemos compreender por que a essência da cor acompanha a alma humana, colorindo e libertando a nossa alma.

Os chacras são como portais de passagem entre as várias dimensões. Esses pontos, chamados de vórtices, estão localizados no nosso corpo etéreo e cada um deles está associado a uma glândula endócrina. Eles agem como receptores e transmissores, trocando energia e dando vida ao plano físico pelas glândulas. "Somos quais esponjas no mar de energia que nos cerca. Como essa energia está sempre associada a uma forma de consciência, sentimos a energia que trocamos em termos de visão, audição, sentimento, sensação, intuição ou conhecimento direto" (Brennan, 1997, p. 72). Os chacras estão associados a um nível de consciência e também às pétalas da flor de lótus. A flor de lótus nasceu na lama, indo do chacra básico até o chacra das mil pétalas. E o chacra, assim como uma flor, se abre ou se fecha de acordo com a consciência.

Segundo Reyo, "a consciência é uma função de todo o fluxo de vida e os chacras refletem as ações dessa consciência ao serem eles próprios utilizados pelo fluxo de vida" (1989, p. 174) . Tudo dependerá do uso que vamos fazer de sua atividade e de nossas energias.

Os chacras também estão relacionados com uma função psicológica específica, além de sua função particular. O primeiro chacra, também conhecido como o chacra básico, está associado à sobrevivência, à sustentação, ao corpo físico e ao enraizamento. É a ligação da Terra com a matéria, a âncora do espírito. Seu elemento é a terra e sua cor é o vermelho. O segundo chacra está ligado aos aspectos emocionais, às polaridades, ao prazer, à sexualidade, às mudanças e ao movimento. O elemento é a água e a cor é laranja. O terceiro chacra está associado ao poder, à energia, à transformação. Está ligado à nossa vida mental e unido à reflexão linear. Seu elemento é o fogo e a cor o amarelo. O quarto chacra é o do coração, do amor, das afinidades, dos relacionamentos e da cura. É o centro, a sede do Eu superior e, como a estrela de Davi, reúne as forças triangulares de cima e de baixo. O elemento é o ar, a leveza e a amplidão. As cores são rosa e verde. O quinto chacra é o da comunicação e da criatividade. Tem ligação com o som das palavras, com os mantras, com as vibrações sonoras e com a telepatia, estando associado a uma vontade divina e ao poder das palavras. O elemento é o som e a cor é azul. O sexto chacra é o terceiro olho, o centro da clarividência e da visualização, ligado à visão interior e à inspiração intuitiva e imaginária. O elemento é a luz e a cor é o índigo. O sétimo chacra é o do topo da cabeça, associado ao conhecimento e à compreensão. É o salto para as dimensões cósmicas. As energias são extremamente sensíveis e delicadas, com uma freqüência muito elevada. É o nível da sabedoria, da integração, da informação, da meditação, da consciência e da transcendência. O elemento é o pensamento e a cor é violeta.

Foi assim que iniciamos uma viagem pelos chacras, ao som da música das cores. À medida que fomos fazendo a respiração, os exercícios corporais correspondentes a cada chacra e visualizando as cores, A. mostrou certa dificuldade em visualizar a cor azul e também nos exercícios relativos ao chacra laríngeo. Tinha muita vontade de chorar. Sugeri, então, que ela pintasse de azul, de tons de azul, que fizesse um mergulho no azul. Ela adorou a idéia e pintou com muita emoção. Pintou intensamente os tons, desde o azul esverdeado até o azul avermelhado e violeta. Para ela, a pintura parecia uma cachoeira representando a paz e a tranqüilidade, aquilo que mais queria, poder estar inteira no azul. O desejo estava fora de seu alcance e era preciso sair da fantasia para poder lidar com o que estava dentro do possível. Quanto mais olhava para o azul, mais ia sentindo como gostaria de estar mergulhada nesse azul e como esse azul era importante para ela.

Depois de terminada a pintura, ela disse que tinha um segredo para contar. Era difícil, mas ela precisava falar. Falou e ficou aliviada. O azul, o azul da comunicação, do laríngeo ajudou a revelar o segredo e também fez surgir a cachoeira. A cachoeira trouxe o elemento água que, por sua vez, está associado à cor laranja, que é a cor oposta ao azul. Pelas cores azul e laranja começamos a trabalhar as polaridades buscando uma visão do todo. O meu trabalho em ateliê terapêutico é fundamentado numa abordagem mais holística, em que Ocidente e Oriente estão sempre presentes. O tema das polaridades me fez mergulhar no misticismo oriental.

A riqueza do pensamento oriental já é reconhecida e bastante assimilada no mundo ocidental e temos aprendido com o Oriente outra maneira de compreensão da vida, que é uma forma mais ampla e mais profunda.

Ele trata também de duas grandes polaridades que são opostos complementares: feminino e masculino (yin/yang). A beleza, a doçura, a terra e a lua do feminino e a verdade, a força, o céu e o sol do masculino. Fala também sobre espontaneidade, tolerância e liberdade. Deixar as coisas acontecerem, pois tudo é natural, tanto o bem quanto o mal. Dá importância ao corpo como morada do espírito e tudo deve ser vivido no Aqui-e-Agora. Apóia-se em suportes sensoriais assim como os mantras, as mandalas, os gestos e a meditação. Abre um caminho para a libertação, esvaziar a mente para dar forma a uma experiência presente, pois é no vazio que se encontra o pleno, da mesma forma que no caos surge a ordem. Pratica a tomada de consciência direta da realidade, na rotina diária e afirma que a mudança consiste em tornar-se o que já é.

Ao fazermos contato com o elemento água, com o movimento, com a fluidez e o não-controle, muitas emoções surgiram e houve até mesmo uma volta à infância, ao nascimento. O movimento da água, das emoções, mobilizou o impulso, a explosão, a liberdade. Nesse momento era importante dar o chão. Trabalhar o chacra básico, a terra, as raízes.

O *grounding* nos dá estabilidade, vamos ficando mais nutridos, com mais poder, e o crescimento acontece. A consciência manifesta-se gradualmente no plano físico, tornando reais as idéias. É nesse plano também que as crenças de cada um são testadas.

É importante não perder o nosso *ground*, pois seria perder o senso de conexão com a vida. O *grounding* nos dá a sensação de segurança porque não nos deixa cair. Também nos dá os limites, a possibilidade de escolha e o constante exercitar do processo criativo. Ao mesmo tempo que é sentir uma força, é senti-la em constante vibração com o coração.

O indivíduo que consegue construir uma boa base, um bom alicerce, ou seja, aquele que está em constante atividade de *grounding*, com certeza terá mais chances de sucesso na vida. Assim, começamos a fazer contato com o elemento terra e a cor vermelha. Foi difícil; a cliente parecia sem rumo, muito distante.

Fizemos exercícios corporais com música mais primitiva. A proposta era sentir a terra, imaginar os pés como se fossem raízes em busca de nutrientes. Não era possível fazer contato com a terra. Dos seus pés saíam pontas que feriam a terra. Ao invés de enraizar, flutuava. Disse que tinha medo do primitivo, do ritual e do desconhecido, mas ao mesmo tempo havia algo nisso tudo que a fascinava. Comparando com o vermelho, via a duplicidade, o bem e o mal. Sentia muito bem as polaridades, mas o sentimento era de conflito. O vermelho exigia.

Meu objetivo era tentar ampliar e intensificar o contato. Trabalhamos muito pernas e pés, massageando, tocando. A. dizia que conhecia pouco seu corpo e que parecia que suas pernas e pés estavam desconectados do restante do corpo. Trazer para o concreto dava medo e a bloqueava. Tinha consciência mas não conseguia transformar em ação as suas necessidades e convicções. Ficar na fantasia dava mais segurança.

Segundo Zinker (1978), no trabalho terapêutico o cliente vai aprendendo criativamente a integrar os sentimentos conflitantes que tem dentro de si, em vez de ir contra o próprio organismo ou mesmo polarizar seu comportamento. De acordo com esse autor, o indivíduo passa pelo movimento de consciência-exitação-contato, o que ele denomina de ciclo de contato. A função do terapeuta é descobrir onde está o bloqueio e ajudar o paciente a completar o ciclo.

Ela precisava acreditar, sair da fantasia para poder ser dona do próprio destino. E aí o foco ficou no poder de escolher, ou seja, no "eu posso". Indiretamente o chacra do plexo solar estava sendo acionado. Falou dos medos, das mudanças e da responsabilidade consigo mesma. De certa forma, trouxe a luz, o elemento fogo, a cor amarela. Ela disse: "Eu estava numa caverna escura, mas agora tenho uma lanterna".

Analisando e refletindo sobre as cores e os chacras, ela foi tomando posse da paz azul que para ela era uma dama; do laranja que emociona, um misto de alegria e liberdade; do vermelho que era o senhor, o medo.

Com a chama interior acesa, abriu-se um o caminho de possibilidades, mudanças e transformações. Mas era preciso tempo para ir compreendendo, elaborando e assimilando cada passo dessa caminhada. Muita coisa ainda estava no ar e as polaridades, muito presentes. Da liberdade, do vôo, da fluidez, o sem forma da sombra encontra a luz, o destino é a possibilidade de mudança, a flexibilidade, a determinação e a certeza de poder caminhar a pé na terra.

O amor é uma força única que permite mudanças e liberdade sem perder a coerência do centro. O chacra cardíaco estimula o toque e o carinho que é básico para o crescimento pessoal. Abrindo o chacra cardíaco as pessoas se expandem de forma horizontal, compartilhando essas sensações. "O chacra cardíaco é yin e às vezes o amor mais intenso é aquele que pode simplesmente deixar que as coisas sigam o seu caminho" [...]. O amor é expansão e equilíbrio do ar, o novo crepúsculo da manhã, o espírito da pomba, o espírito da paz" (Judith, 1995, p. 231). Dessa forma, trouxemos o elemento ar, o amor e a cor verde, o chacra cardíaco.

Fizemos exercícios corporais de braços, respirando no coração, e visualizações sobre o amor e o acolhimento. A. pintou com a cor verde e pôde perceber um caminho, uma saída. Ficou muito tocada e sensibilizada. Falou, espontaneamente, em beleza e verdade. À medida que o sentimento de amor foi tomando conta dela, a força das polaridades feminina e masculina surgiu. Questões do feminino e masculino vieram à tona e refletimos sobre elas. Pensar no feminino era algo bastante complicado.

A. comentou mais uma vez o quanto não conhecia o próprio corpo. Os pés ainda flutuavam, as pernas pareciam desconectadas do restante do corpo e os quadris estavam travados e bloqueados. A parte de cima do corpo não se integrava com a parte de baixo.

Para então destravar os quadris voltamos ao chacra da sexualidade, da água. Trabalhamos a flexibilidade, o movimento que flui e o jogo de cintura. Propus uma pintura com muita água e somente algumas gotas de tinta. O objetivo era deixar a água conduzir e dessa forma não precisar controlar. Na pintura, a cor azul estava presente de novo e as questões sobre feminino e masculino começavam a se clarear.

No caso de A., o feminino estava muito reprimido e precisava ser resgatado. O resgate do feminino ajuda a mulher a viver toda sua feminilidade, buscando sua identidade. No caso do homem, ele poderá viver de forma mais harmoniosa consigo mesmo e com a mulher. Acredito muito no resgate do feminino, do amor verdadeiro, da sensibilidade e da intuição. No entanto, para que isso possa acontecer a mulher precisa assumir a identidade perdida, descobrindo quem realmente é. Com certeza não é pelo feminismo, que foi um movimento bastante extremista, e também não é atacando os valores masculinos que ela conseguirá resgatar sua identidade mais profunda. Ela precisa, sim, ir até o fundo da sua alma para resgatar a feminilidade, as suas pontencialidades, de forma íntegra, para poder despertar no homem toda sua admiração e respeito.

Os caminhos são diferentes, mas se inter-relacionam, pois na unilateralidade não existe o diálogo. O encontro só ocorrerá quando a mulher puder aceitar seus valores femininos sem vergonha, integrando-os com o masculino que há dentro dela. O homem, por sua vez, precisa fazer contato com os princípios femininos para aceitar melhor a mulher dentro dele, assim como a mulher fora, a companheira.

Para mim fica clara a importância do trabalho das polaridades tanto no desenvolvimento do homem quanto da mulher. A essas polaridades de cada um, Jung chamou de *anima* e *animus*. Tendo consciência dessas polaridades é possível expressá-las adequadamente. Mas acontece que *anima* e *animus* aparecem quase sempre projetados, ou seja, o homem projeta na mulher seu lado feminino e a mulher projeta no homem seu lado masculino. A projeção pode ser de grande ajuda para o caminho do autoconhecimento, desde que atinja pequenos níveis de consciência. E quanto mais pudermos trazer para a consciência mais estaremos caminhando para esse encontro. "A projeção é um poderoso espelho refletor de conteúdos importantes para o autoconhecimento e o desenvolvimento da personalidade" (Cavalcanti, 1995, p. 140).

Trabalhamos com chacras e cores, mas o tema das polaridades foi nosso foco principal. A música e o trabalho corporal estiveram presentes o tempo todo. Aprender a respirar, a relaxar, a se conscientizar corporalmente ajuda muito no momento da expressão artística. Dessa forma, o que não pode ser dito no verbal aparece no corpo, seja num gesto, numa postura, num olhar, na maneira de respirar, de sentar, na voz, no movimento etc.

No movimento, a flexibilidade fica evidente, pois o indivíduo que não se movimenta acaba ficando fora do contato. O ideal é fazer que o paciente experiencie os movimentos presentes para só depois liberar cada parte do corpo em busca da flexibilidade. E assim A. foi contando um pouco de suas histórias e necessidades por meio do próprio corpo.

A experiência com os chacras e as cores foi o mobilizador para que o processo acontecesse. O terapêutico foi a relação amorosa, o encontro humano e o resgate do feminino.

Ficou claro para mim como minha atitude amorosa ajudou-a a descristalizar as polaridades, principalmente a feminina. Até então não podia fazer contato com aspectos da potencialidade feminina, integrando aspectos masculinos em busca de mais independência e liberdade. E essa independência acabou se transformando em isolamento.

Aos poucos ela está tomando posse de um feminino que não quer mais, para então poder trazer um outro feminino que ainda está no fundo, na sombra.

Foi um trabalho interno, desafiador e muito enriquecedor. Do terapêutico da arte ela pôde sentir, perceber, pensar e ser.

Referências bibliográficas

ARNHEIM, Rudolf. *Arte e percepção visual.* 10. ed. São Paulo: Pioneira, 1996.

BELLO, Susan. *Pintando a sua alma.* Editado pela autora, Brasília, 1996.

BRENNAN, Barbara Ann. *Mãos de luz.* 15. ed. São Paulo: Pensamento, 1997.

BRUNTON, Paul. *Idéias em perspectivas*. 10. ed. São Paulo: Pensamento, 1995.

CARDELLA, Beatriz Helena Paranhos. *O amor na relação terapêutica: uma visão gestáltica*. São Paulo: Summus, 1994.

CARVALHO, Maria Margarida (coord.). *A arte cura?* São Paulo: Psy II, 1995.

CAVALCANTI, Raíssa. *O casamento do Sol com a Lua*. 9. ed. São Paulo: Cultrix, 1995.

CHEVALIER, Jean; GHEERBRANT, Alain. *Dicionário de símbolos*. 10. ed. Rio de Janeiro: José Olympio, 1996.

CIORNAI, Selma. "Relação entre a criatividade e saúde na Gestalt-Terapia". *Revista do I Encontro Goiano de Gestalt-Terapia*, Goiânia, 1995.

GINGER, Serge; GINGER, Anne. *Gestalt: uma terapia do contato*. 2. ed. São Paulo: Summus, 1995.

GOUVÊA, Álvaro Pinheiro. *Sol da terra*. São Paulo: Summus, 1989.

HAUSCHKA, Margarethe. *Terapia artística vol. III*. São Paulo: Antroposófica, 1987.

HYCNER, Richard. *De pessoa a pessoa: psicoterapia dialógica*. São Paulo: Summus, 1995.

JUDITH, Anodea. *Wheels of life*. St. Paul: Llewellyn Publications, 1995.

JUNG, C. G. *O homem e seus símbolos*. 11. ed. Rio de Janeiro: Nova Fronteira, 1992.

OSTROWER, Fayga. *Acasos e criação artística*. 2. ed. Rio de Janeiro: Campus, 1995.

POLSTER, Erving; POLSTER, Miriam. *Gestalt-terapia integrada*. São Paulo: Summus, 2001.

REYO, Zulma. *Alquimia interior*. São Paulo: Ground, 1989.

RIBEIRO, Jorge Ponciano. *Gestalt-terapia: o processo grupal*. São Paulo: Summus 1994.

SERRA, Monica Allende. "Criatividade e comunicação verbal na terapia". In: CARVALHO, Maria M. M. J. (coord.). *A arte cura?* São Paulo: Psy II, 1995.

SHAH, Idries. *História dos dervixes*. Rio de Janeiro: Nova Fronteira, 1967.

STEINER, Rudolf. *The arts and their mission*. Nova York: Anthroposophic Press, 1964.

STEWART, R. J. *Música e psique: as formas musicais e os estados alterados de consciência*. São Paulo: Cultrix, 1987.

VON DER HEIDE, Paul. *Terapia artística vol. I*. São Paulo: Antroposófica, 1987.

WATSON, Andrews. *Musicoterapia: um caminho holístico para a harmonia interior*. São Paulo: Ground, 1990.

YONTEF, Gary. *Gestalt-terapia: um método dialógico*. Tradução e adaptação de Jean Clark Juliano. Palestra. Seminário de Gestalt-terapia de São Paulo: s/d.

ZINKER, Joseph. *Creative process in Gestalt therapy*. Nova York: Vintage Books: 1978.

GUERRILHAS DO SER; ADOLESCER

Walter Müller

O CORPO NASCE JOVEM E ENVELHECE / ESTA É A TRAGÉDIA DA VIDA / O ESPÍRITO NASCE VELHO E REJUVENESCE / ESTA É A COMÉDIA DA VIDA.

Oscar Wilde

Sempre me fascinou esse momento único de perfeição, como se vê em *Morte em Veneza*, de Thomas Mann, em que um jovem é senhor da perfeita beleza e da harmonia das formas e carrega a essência dramática do efêmero e de todo um devir que pode irromper ou ser desperdiçado: múltiplas possibilidades e agenciamentos, em que toda gênese pode acontecer.

Como no aforisma de Wilde, passei por esses doces anos ocupado com conflitos íntimos, com um destino que me confundia e perturbava, e eu assim me dissipava, nesse estado de velhice.

Na adolescência vive-se a emergência de que a plena consciência chegue a tempo e esteja ao alcance dessa perfeição efêmera, tão delicada; para que nosso jovem possa assenhorear-se plenamente de seu destino em plena potência máxima do devir.

A DOENÇA DO HOMEM NÃO É UMA FRAQUEZA AGREGADA, MAS SUA PRÓPRIA IMPOTÊNCIA FEITA NATUREZA.

Nietzsche

Nossa vida precisa passar por um processo, enquanto múltiplas outras existências nos atravessam. Vemos e damos novo significado à nossa existência a cada momento por meio da releitura que promovemos dos outros, fazendo o ser fluir nas concretudes, rompendo cristalizações que nos paralisam. Um processo de nos engendrarmos mediante os outramentos; vivo o ser adolescente do outro em mim, a partir de onde o nosso estancou.

A constante paixão que nos cavalga – e assim deve ser – com os clientes que nos habitam! O jogo que espelha o próximo nos espelhando. Foi preciso amar e trabalhar com a pessoa e esquecer as categorizações paralisantes, por exemplo: drogadito/drogadicção.

"Como, em vez de fazer do inconsciente um território-refúgio do recalcado, torná-lo o conjunto das linhas de alteridade, o plano de imanência das virtualidades, essa fábrica de possíveis e de sentido, rupturas e universos?" (Pelbart, 1995).

Como conheci T. S.

Sou médico e trabalho como plantonista. Conheci uma encarregada da unidade onde trabalho e com ela construí uma grande amizade. Ela passou a relatar alguns de seus problemas: separada do segundo casamento, dois filhos de casamentos diferentes, sendo o segundo marido negro. Este segundo esposo não aceita T. S., filho do primeiro casamento, de 15 anos. Até mesmo passou a rejeitá-lo e impedi-lo de ver o irmão menor, do qual tem a guarda, quando começou a surgir o problema da drogadicção.

Fui despertado um dia no plantão, de madrugada, pois era a única pessoa de confiança que poderia entender o que se passava: T. S. sumira, e havia telefonado dizendo que estava no centro de Osasco, próximo a um bar, sem dinheiro para voltar para casa.

Saímos de carro e o encontramos maltrapilho, humilhado. Havia trocado todos os objetos de valor, inclusive a própria roupa, por drogas. Experimentei uma compaixão que me fez decidir por oferecer acompanhamento terapêutico, que passarei a relatar, entremeando esse relato com reflexões e questões que permeiam essa trajetória.

No mito grego da educação dos jovens, o jovem Aquiles, que havia sido abandonado por sua mãe (Tétis) é entregue por seu pai Peteu ao Centauro Quíron (o mesmo que ensinou o dom da medicina a Asclépio), mestre da caça e das ervas medicinais. Curiosamente, em ânforas e vasos gregos as crianças são representadas como pequenos adultos (adultos em miniatura) ao contrário do que nos sucede: nossa civilização nos infantiliza. Somos incapazes por toda a infância e, da noite para o dia, a sociedade nos cobra "atitudes adultas". Da mesma forma o neocapitalismo nos infantiliza nas relações de poder para nos dominar.

O centauro oferece o que nenhum mestre humano pode dar:

> Transforma infância e adolescência num encantamento silvestre que abole toda distância entre natureza e cultura. Não ensina a seus discípulos as regras complexas da caça na floresta: faz deles, como Aquiles, corredores dos bosques que recusam tanto armadilhas quanto armas. Ele confunde as categorias e não transmite seu saber pelo ensinamento, exerce uma imposição de seus dons sobre as crianças que lhe são confiadas, e estas se transformam por uma espécie de modificação estrutural da personalidade. A história do Centauro é uma versão mitológica da iniciação (Levi e Schmitt, 1996, p. 38).

E não seria a passagem da adolescência uma briga entre o instintivo espontâneo e as diversas imposições da cultura?

A recusa das armadilhas, a esperteza de escapar delas sem para isso se montar em armas. Aprender a luta visceral do próprio corpo com a caça, seu domínio com as mãos limpas, sendo antes preciso dominar a esperteza do animal para conseguir retê-lo. É o próprio aprendizado grego (Erastès/Erômenos) que se dá entre mestre e aluno, ocorre por um poder de dissuasão em que o aluno cumpre a função de caça, em que muitas vezes exerce o jogo de espertamente ir se esquivando até ser encurralado pela "fatalidade" do conhecimento.

Vivemos nesse momento disruptivo e caótico, sem que se entenda o caótico como qualidade negativa: seria, segundo Guatari, uma *caosmose*: estado de apreensão não discursiva, pré-representativa.

> Onde nadamos num campo primordial, campo potencial das sensações puras. Um campo antes do tempo, espaço e linguagem, portanto prévio à ordem, não submetido à causalidade, discursividade e temporalidade, onde todos os agenciamentos são possíveis, onde desse caos nascem Cosmos. Não alterar o sentido de flecha mas abolir as flechas ou se for difícil, multiplicar (muitas direções simultaneamente): cada indivíduo pode inventar uma temporalidade pessoal (Pelbart, 1998).

Conceito que se parece com o de indiferença criativa, de Pearls.

Vivemos um tempo de desconstrução, em que os parâmetros cartesianos do controle racional sobre a natureza e de um mundo linear de progresso e evolução moral não se sustentam.

A sensação que vivi ao entrar em contato com T. S. foi a da ausência de parâmetros confiáveis que o sustentassem, inexistência de fronteiras, de territórios definidos onde alicerces possíveis se instalassem para o início de uma construção.

Vergonha, muita vergonha e humilhação naqueles olhinhos tão assustados, tomado que estava desse devir incontrolável que, a qualquer momento inesperado, o assolava e assujeitava...

Fui impactado pelo profundo desses olhos que, por um nada se distraíam da corda bamba e se precipitariam no nada e no vazio. Vazio da falta de contato, de um olhar para servir de apoio aos seu; olhando súplicas de um menino bom em busca do ser e estar-no-mundo.

Essa arquitetura se tornou possível graças à singularidade médico-arteterapeuta que pôde construir uma rede transdisciplinar de ajuda com sua reinserção social com a psiquiatria, com o núcleo familiar etc., dando suporte, acompanhando e avaliando os movimentos de medicação e internação; compreendendo melhor cada ato médico e psicoterapêutico com base no permanente diálogo. Nunca acreditei que não iria conseguir!

Fui justamente introduzido como figura organizadora paterna. Recentes casuísticas apontam para a relação pai ausente-drogadição. Ajudei a redistribuir a relação mãe-adolescente, estabelecendo novas fronteiras nesse "sistema" em que a mãe buscava dar conta das ausências do pai sem estabelecer limites claros. Surgiram espaços de manipulação possíveis pelo sentimento de culpa de certamente não conseguir dar conta de toda essa exigência.

É preciso farejar onde está o desejo e iniciar a caça implacável. Toda "pulsão de morte" se apaga onde se acende um desejo. Contrapus cada tropeço com a possibilidade de um desejo. Descobri em T. S. um gosto por pichações e grafites e propus aulas de desenho reduzido, respeitando espaços milimetrados, onde chamava a atenção para o respeito aos limites de tamanho, espaço, proporção, sombra, que utilizei carregando-os do sentido transcendente que lhes cabiam (jogos de duplos sentidos metafóricos) em que se configurava o que chamamos de "olhar terapêutico", que podemos aplicar ora a um material, ora a uma técnica, ora a uma expressão ou criação, ampliando ou reduzindo: focando.

Fiquei atento para trabalhar as queixas e entender o que emergia como figura de uma necessidade. Usei a mesma autoridade paterna para tecer juízos de saúde, *nunca* juízos morais.

Em alguns momentos de ansiedade foi possível conter o desejo quase incontrolável. Assim como o que está em jogo não é a dose de uísque em dias de festa, mas se você precisa beber uísque diariamente ou se, quando inicia a primeira dose, não consegue parar mais.

A fenomenologia surge como "a crítica à ciência, especificamente à metafísica, não se constituindo apenas em formulações negativas, mas na formulação de outros modos de compreender tudo o que existe e já tinha sido significado pelo olhar metafísico, tais como noções de homem, mundo, corpo, história" (Critelli, 1996, p. 7).

Pude também estar ao lado dele quando fracassou na primeira internação em uma instituição estatal com parâmetros rígidos, que expulsa quem é pego consumindo drogas, criticando severamente essa posição dura e "condenante".

A questão que se impõe a seguir é: "O que são e como são as coisas" (Critelli, 1996, p. 7). É sugerida a questão da *perspectiva*, o caráter de provisoriedade, mutabilidade e relatividade da verdade (verdade instável), noção que pude trabalhar com T. S. durante as atividades de ateliê terapêutico.

A fenomenologia, considerando as diversas possibilidades de agenciamento entre imanências e transcendências, se adapta bem a essas leituras do Aqui-e-Agora e não absolutiza nada, já que no momento seguinte outra maneira poderá estar se apresentando, possibilitando novas configurações, novas leituras. E digo dessa maneira plural: numa noção de perspectiva, uma só leitura não basta, pois proporciona uma visão parcial e cristalizada, excluindo outras possibilidades.

"Não se trata, portanto, de provar quão errada é a perspectiva da metafísica, mas quão absoluto e único ela *não é*" (Critelli, 1996, p. 7).

Se você toma outro ângulo, outra posição, se se aproxima e/ou se distancia do objeto (fenômeno), outros modos de olhar se instalam como possibilidade de leitura que são, por si só ou a partir do somatório de todas as outras possibilidades, ampliadas para abranger uma totalidade ou focando um *zoom*, um detalhe dessa totalidade que pode mudar a concepção da totalidade mesma, a partir desse detalhe, que é como concebemos a *visão de processos*.

A fenomenologia só compreende a possibilidade do conhecimento pela aceitação dessa mesma fluidez.

E aí está o embate formado: toda uma ordem que se aferra com unhas e dentes a uma formulação que, se serviu para construir todo um pensar e toda uma civilização, não se sustenta no tempo em que múltiplos vetores nos atravessam, em que somos fatalmente transformados o tempo todo por múltiplas combinações de fatores que quase imperceptivelmente estão nos transformando e transmutando a realidade; novos conceitos e novas tecnologias tornando obsoleto o que ontem era "ponta-de-lança".

Esse é o contexto em que se busca a forma ideal de facilitar a construção dessa subjetividade adolescente em tempos de constantes desmoronamentos ou fissuras no solo epistemológico.

No momento em que qualquer aparência falsa de permanência cai por terra sofremos da ausência de instâncias em que nos apoiar e, principalmente, de limites e contornos definidos, tão necessários ao jovem para a construção dessa mesma subjetividade.

Intuí que deveria desde o começo trabalhar o afeto, o contato. Percebi que o ciclo de contato conforme se estabelecia se interrompia (Zinker, 1977) na dissipação da energia no momento da excitação, sem que se pudesse efetivar a etapa seguinte, a do contato, via mobilização de energia e ação, o que causava dissipação sem *awareness*.

O bloqueio estaria no campo em que "a pessoa isola sua ação de sua capacidade de contato possível e se vê isolada efetivamente e padece de despersonalização: não é capaz de relacionar sua atividade com sua experiência", nem de perceber sua experiência, nem sua sensação ao experimentar.

A questão era se havia ou não aporte à consciência a partir da sensação. Percebi dificuldade de elaborar verbalmente o conteúdo de cada uma de suas experiências, como se ele as vivesse vagamente, ou tivesse uma quase incapacidade de trazê-las para uma elaboração na realidade.

Havia uma cisão entre a experiência da droga e a realidade, entre a perda de controle e a própria consciência. "É como se não fosse eu, uma outra pessoa, uma força maior que a minha me tomasse e eu fizesse o que faço sem controle." (T. S.)

Essa tomada, essa "possessão", me lembra, pela via questionadora, do aforisma que reza que "Numa sociedade de fugitivos, quem vai na direção contrária parece estar fugindo".

Os jovens naturalmente habitam a UTOPIA, que quer dizer, etimologicamente, habitar em lugar nenhum. Necessitam do alimento certo, sonhar o sonho coletivo – quem sabe o de inventar o país que se quer. Ou como quer Bachelard: "Só se convence as pessoas despertando os sonhos fundamentais" (1989).

E é nesta "caosmose" natural e ontológica da adolescência que nos impregnamos dos "eus" do neoprojeto capitalista: o eu-grife, o eu-discoteca, o eu-lugares badalados, os eus do consumo efêmero e da incessante fábrica de desejos sempre substituídos por outros também, tão prementes quanto efêmeros.

A relação que se estabelece com o mundo é estimulada a parecer apenas um universo de satisfação ou frustração de fantasias e desejos.

Quais os determinismos da subjetividade? Em vez da experiência sólida do máximo eu do código cartesiano, surge o mínimo eu esvaziado que nada mais diz ou garante como sustentação de um projeto.

Os alunos das escolas de classe alta já não podem usufruir o prestígio da família, o que gera isolamento e solidão. Eles são constantemente cobrados a ter e ser o que os pais têm e são, em meio a uma voracidade de consumo.

Nas escolas pobres, vemos a obsessão pelo alpinismo social, pelo flerte com as elites. A classe média é a única que tenta representar e reproduzir o referencial metafísico, espremida entre a obsessão da ascensão e constante ameaça de desmoronamento social: foi socializada a ameaça de desemprego.

Não ocorre *awareness*. A curva transcorre da necessidade para a imediata satisfação, sem a plenitude da experiência.

A classe média representa o papel do controle, das obrigações, do caráter e do dever. Já o segmento mais baixo do estrato social pensa na felicidade efêmera, a que é possível agora. São poucas as suas vias de ascensão: o futebol, o pagode e o rap. Alimentam seu flerte com a marginalidade, o que lhes dá certo prestígio. A própria escola, com a adoção de critérios de idade e de vida não-cognitiva (década de 1990), alimenta a ausência de formalismo, de contratualismo e de responsabilidade pelo trabalho: falta trabalho e os valores pagos de ordenado não estimulam o desejo de se trabalhar. "Não vale a pena trabalhar" (sic).

Aí está uma das feridas na passagem da linguagem metafísica para a pulverização. A atual geração de extração popular está sem parâmetros. O flerte com a malandragem representa a apropriação de códigos de uma realidade possível, no domínio da arte e do jargão marginal. A ascensão social representada pelo carro importado novo do pagodeiro que ficou rico mas veio da favela, ou da arma moderna comprada por algum traficante de drogas da vizinhança...

Proponho introduzir a arteterapia como expressão de linguagem e terapia com espaço próprio, como instrumento adequado ao resgate e à restauração do diálogo social. Quero também defender a importância dessa época que instaura a ausência de padrões absolutos.

Como nos diz Rubens Alves, em debates promovidos na PUC sobre o tema utopia: "[...] a democracia existe quando não se tem padrão absoluto, o que promove a reformulação permanente de valores". Ainda com Rubens Alves: "[...] se eu não descobrir o prazer, a beleza, não há possibilidade de se instaurar a utopia".

Quero sustentar que o caminho da arte, da sensibilização estética, do prazer resgatando a cultura de cada um, promovendo a consciência e a mudança permanente da qualidade do olhar, a história de cada um escrita por imagens, a história sempre única e interessante, que é sempre memorável, é o que pode proporcionar um caminho de crescimento em que transitamos tranqüilos de alguma racionalização possível, nos apropriando passo a passo das conquistas, gestando outras, em que vencemos a resistência que as racionalizações nos impõem com o simples *fazer* e *prazer* de amassar argila, colorir uma tela, moldar no torno, elaborando conteúdos, exercendo o descontrole na fluidez da aquarela ou trabalhando contornos, continentes nítidos de figuras e fundos por desenhos mais geometrizados, nos apossando ludicamente da realidade.

O fazer terapêutico compartilhado, muitas vezes silenciosos – ainda falando de utopia – é etimologicamente uma com-spiração, ou seja: é quando permitimos respirar o mesmo ar do cliente, e neste simples gesto atento entrar nesse mundo dando suporte, confiança, entusiasmo, *locus* onde se dá por si a transformação: sonhamos os mesmos sonhos.

Escutemos Madalena Freire: "Só podemos olhar o outro e interpretar sua história se temos conosco mesmo uma abertura de aprendiz que se observa (se estuda) em sua própria história" (1995).

Para romper o modelo autoritário (o do olhar cristalizado nos estereótipos) a observação é a ferramenta básica neste aprendizado do olhar sensível e pensante. Olhar que envolve *atenção e presença.*

Atenção que segundo Simone Weil é a mais alta forma de generosidade. Atenção que envolve sintonia consigo mesmo, com o grupo. Concentração do olhar inclui escuta de silêncios e ruídos na comunicação. O ver e o escutar fazem parte da construção desse olhar. Também não fomos educados para a escuta. Em geral não ouvimos o que o outro diz, mas sim o que gostaríamos de ouvir.

Partimos do interesse que T. S. tinha pelas pichações e grafites, e introduzimos um álbum de figurinhas abordando estes assuntos.

Minha intenção era colocar limites e disciplina como metodologia. Fiz uma caricatura de um modelo de figurinha e dei de presente a ele, que havia gostado da pintura, enquanto tentava reproduzir as letras de uma pichação de muro que ele adorava. A foto (figurinha) representava a pichação dentro de uma certa perspectiva, numa calçada, em que as letras iam como que se distanciando (diminuindo de tamanho). Expliquei a ele o que era perspectiva (ele não sabia) e ensinei noções básicas sobre linha do horizonte e ponto-de-fuga.

Utilizei o recurso de – a partir de uma miniatura de um grafite – ensinar a técnica de quadricular o desenho para ampliá-lo em papel. Pude trabalhar assim os temas de enquadramento, limite, fronteira, da disciplina a favor de uma construção e da atenção concentrada (T. S. é muito disperso). Reproduzimos juntos a figura de um super-herói, e eu entrava somente quando ele tinha dificuldades.

Utilizei também o manequim moldável (modelo articulável para estudos de anatomia). Expus as dimensões da figura humana e expliquei como construí-la. Disse que *a figura pode mudar, dependendo da luz que se projeta sobre ela, colocando sombras diferentes.*

Levei papel quadriculado para ele usar como base para a construção da figura. Dessa forma, sob o pretexto de uma aula técnica de desenho, inseri T. S. na linguagem terapêutica tão cara à visão fenomenológica. Trabalhei redução, ampliação, limites e fronteiras, "energizando" figuras dentro dos contextos de consciência de corpo (manequim), utilizando a própria técnica para estabelecer os limites e as fronteiras, e o jogo de sombra e luz para inserir esse mesmo corpo no espaço dando a ele densidade e profundidade com o estudo de graduação de luz e sombras.

Procurei exemplificar e aprofundar mais o tema perspectiva, mostrando como se pode construir os desenhos, considerando as linhas do horizonte e o ponto-de-fuga. Desenhei um conjunto de prédios visto de cima.

Mostrei como se utilizam os lápis para esboço e mostrei *os graus diferentes de sombra com o lápis, fazendo-o treinar, para ter o controle da sombra. Com isso pintamos uma figura feminina, a partir do esboço de uma sombra básica.*

Em certos momentos, no entanto, houve uma recaída no uso da droga, e ele demonstrou medo e vergonha (pois além de tudo havia sofrido agressão física). Endureci minha fala para dizer que desta vez ele havia procurado e, portanto, mereceu o que aconteceu. Ao mesmo tempo fiz um convite para irmos juntos a uma exposição de um famoso pintor de grafites (Baskiat). Endurecendo, mas dando suporte!

Em outro momento de desânimo, em que dizia "não tenho jeito para desenho", insisti que não só ele tinha jeito, como outras pessoas haviam dito isso, mas só jeito não adianta, é preciso dedicação. Esse acompanhamento possibilitou o afastamento por três meses do consumo de crack e de outras drogas, embora eventualmente ele consumisse maconha.

Percebemos que este afastamento o fez entrar em contato com seu processo e, apesar de uma recaída mais séria, pôde aceitar conscientemente uma nova experiência de internação por seis meses em uma clínica com assistência bastante humanizada.

Vale lembrar que o crack deixa resquício por seis meses, tempo necessário para a desintoxicação, e factível de recaídas.

Concluirei ressaltando a singularidade da arteterapia, capaz de abrir possibilidades, multiplicar flechas e vetores para abrir novas possibilidades de formulações. Preocupamo-nos em edificar não apenas uma rede, mas uma teia suficientemente maleável para mover-se, construindo-se nas paredes sólidas mas suficientemente próximas das águas e do sol. Com contornos definidos, limites, contenções, mas que permitem o embalar-se ao vento.

Uma projeção que vai tomando prumo com olhares curiosíssimos para tudo o que cheire a ser humano *fazendo*, *criando*, *olhando*, aos processos verbais e não-verbais transformadores que passeiam tranqüilos pelas formas adequadas da não-resistência do libertar brincando.

O tempo do não-tempo de refletir qual o rumo ou quais os rumos necessários para se estabelecer a teia do equilíbrio que atenda a cada delicada e única subjetividade.

Alguém além de merecer amar e ser amado, *merece ser tratado.*

Nisso percebemos sua qualidade única, o caminho único da nossa profissão. Não um recurso de outras disciplinas, mas disciplina única com um olhar único, que aceita e cresce com a transversalidade de outras matérias, outros conhecimentos. Face única exercendo plenamente as interfaces. *E tenho grito.*

Referências bibliográficas

CRITELLI, Dulce. *Analítica do sentido*. São Paulo: Brasiliense, 1996.

LARSEN, Stephen. *Imaginação mítica*. Rio de Janeiro: Campus, 1991.

LARSH, Cristopher. *Mínimo eu*. São Paulo: Brasiliense, 1999.

LEVI, Giovanni; SCHMITT, Jean Claude. *História dos jovens*. São Paulo: Companhia das Letras, 1996.

PELBART, Peter Pal. "Caóides Teóricos". Palestra gravada, 1995.

RIBEIRO, Darcy; ALVES, Rubens. *Diálogos impertinentes: utopia*. Vídeo, TVPUC, s/d.

ZINKER, Joseph. *Creative process in Gestalt therapy*. Nova York: Vintage Books, 1977.

UM NOVO OLHAR, UMA NOVA AÇÃO

Ana Beatriz Toledo de Almeida

Sou psicóloga e este texto ilustra o que pode ser um trabalho de ateliê terapêutico em atendimento psicoterápico. Atendi uma moça de 21 anos, que chamarei de Julia para preservar sua identidade. Julia cursava o terceiro ano de psicologia e trazia um histórico familiar delicado, que relatarei resumidamente.

Antes, gostaria de contar por que acredito ser relevante ressaltar estes aspectos. Para mim, todo ser humano é único em sua história. Portanto, para entender Julia um pouco, penso que é necessário conhecer um pouco de sua história. Ter informações é importante para um prognóstico mais preciso com base num diagnóstico mais bem compreendido.

A idéia também é mostrar, para quem lê, os porquês das atitudes terapêuticas de algumas sessões envolvidas nesse caso. Como certas sessões revelaram muito da dinâmica da cliente, exemplificarei algumas delas para possibilitar ao leitor compreender o caso.

O caso de Julia

Os pais de Julia eram separados e ela morava com a mãe, o padrasto, uma irmã legítima e dois filhos (homens) do padrasto; um de 24 anos de idade e outro de 22.

Segundo sua mãe, o pai jamais tomara conhecimento de Julia e da família como um todo, suas atitudes nunca foram exemplares, tendo sido preso por problemas com a pensão familiar e desaparecendo em seguida. No período da gravidez, indesejada e inesperada para ele, tentou violentar a mãe e várias vezes a golpeou na barriga. Além da agressividade e do ódio por ela estar grávida, bebia constantemente.

A mãe relatou ter problemas de amnésia e de não se lembrar de nada do passado, o que envolve fatos sobre Julia também. Passou por tratamentos psiquiátricos e disse sofrer de perturbações com as quais, segundo ela mesma, não sabe como lidar. Disse que tudo que mais queria era ter tido Julia e fez o impossível para que ela nascesse.

Até os 10 anos Julia foi considerada uma criança autista, com constantes convulsões, e passou por diferentes trabalhos terapêuticos. Não dormia, andou tarde, passando até pelo diagnóstico de mongolismo. A mãe relatou que ela não tinha muito apetite e passou a comer melhor aos 5 anos, quando o pai foi colocado para fora de casa.

A própria Julia diz que para todos foi uma surpresa ela entrar na faculdade. Comenta também sobre uma relação muito bonita com sua irmã, seus "meio-irmãos" e padrasto, o que realmente foi de suma importância para seu crescimento.

Já naquele momento percebi quanta história Julia tinha relacionada a dificuldades e sofrimentos.

Julia foi encaminhada por outro terapeuta com um breve relato de uma dificuldade de viver a realidade, criando ilusões, projetando no outro suas dificuldades. O relato dizia que isso acontecia mais nos momentos em que começava a "[...] entrar em contato com seus conteúdos internos". Havia suspeita de um quadro psicótico, e também de uma inteligência pérfida com dissimulações. Nunca se mantivera em emprego nenhum; não apresentava motivos para isso, contando histórias pela metade.

Já na primeira sessão, Julia parecia descontraída e com clareza de seus desejos. Relatava satisfação pelo trabalho envolver arte. Disse que queria se conhecer e a partir disso aprender a lidar com suas necessidades, parecendo bem disposta para a terapia. Contou que já trabalhara com barro havia muito tempo e que adorava pintura, desenho etc. Não desejava trabalhar com barro, dizendo que queria experimentar coisas novas. Percebi assim que Julia já mostrava um certo deslumbramento com a arte, o que de certa maneira poderia facilitar o trabalho.

Durante o processo, Julia queixava-se muito de conflitos com a mãe e de um sentimento de culpa em relação a esses sentimentos. Também dizia que não conseguia concretizar suas vontades, o que a deixava muito angustiada e frustrada. Dizia que era influenciada pela mãe, mas não conseguia fazer diferente. Buscava enxergar com os próprios olhos, mas tinha medo de ficar só.

Contudo, eu sentia que Julia tinha uma percepção muito boa dos acontecimentos, e uma alma muito sábia que a levava a crescer de maneira decidida. Isso me remeteu às grandes dificuldades passadas: como ficar em pé ou até mesmo nascer, e a bravura dela em consegui-los; também lembrei de suas convulsões e de como conseguiu cursar uma universidade. Como se Julia, lá no seu íntimo, abrisse as condições para crescer, evoluir e atuar isso com o mundo.

Parecia-me muito compreensível que tivesse dificuldades de se contatar, de se conhecer. Afinal, que suporte tinha para lidar com o próprio ser? Falando na linguagem da Gestalt, era possível perceber que "o contato não acontecia". Juntas buscávamos a compreensão de suas questões para conhecer suas necessidades e a partir daí poder reconfigurar o que fosse necessário.

Julia buscava reconhecer suas limitações e seus potenciais, mas seu histórico contava que esta talvez fosse mais uma de suas grandes batalhas na vida, que envolveria sofrimento. Com a base frágil, trazia questões com sua autoconfiança e uma auto-imagem negativa, implicando uma "não-condição" de concretizar seus desejos.

Julia se tornara uma jovem e seus desafios tinham um peso diferente pelas responsabilidades: o lado profissional e as relações amorosas e familiares. Em termos junguianos, era necessário conquistar a si mesma no caminho da individuação.

Busquei durante todo o processo trabalhar essas questões para que ela pudesse reconhecer sua identidade, fortalecendo sua estrutura. Um trabalho de ampliar a percepção e os sentidos, de integração de polaridades.

Durante nossos encontros iniciais, Julia mostrou-se uma moça sensível, delicada, bastante feminina e suave. Frágil, até fisicamente, apresentava problemas respiratórios e de fala, um corpo magro com uma pele muito branca e delicada, exigindo cuidados constantes. Cabelo liso e fino, vaidosa, sensual e discreta. Uma moça profunda, intensa, romântica e poética. Um jeito doce e calmo, com voz de uma serena menina. Entretanto, um ser lutando para crescer, lutando por si mesma, numa constante batalha de desenvolvimento. Uma força, uma garra, uma mulher batalhadora sempre lado a lado com essa suave menina. Uma alma sábia buscando seu espaço.

Porém, uma tensão invadia aquela fragilidade e a dominava, fazendo que perdesse sua força e identidade. E nesse momento ela se perdia, não reconhecendo quem realmente era. Uma confusão invadia sua mente e corpo, desestruturando-a. Era claro que em muitos momentos ela mesma não sabia o que fazer, pois não sabia o que ser, não sabia quem era.

Julia mostrava o desejo de "dar-se uma forma", de reconhecer e fortalecer sua identidade, de confiar e acreditar em si. Era uma moça inteligente e com toda condição para isso.

Era necessário dar novo significado a sua história, integrar as polaridades mulher e menina, reconhecer suas limitações e seu potencial para poder elaborar pensamentos até então perdidos nas dualidades: viver ou morrer, culpada ou inocente, normal ou anormal.

Considerando seus modelos femininos e masculinos, era possível perceber quanto a relação com o pai foi comprometedora, já que "pai" é a figura que representa as funções de limite, base, ação, concretização, praticidade, objetividade e força de decisão com autoridade. Contudo, o padrasto veio "suprir" essas faltas, ajudando-a nesse sentido. Por outro lado, seu modelo feminino, envolvendo a mãe, trazia grande fragilidade e falta de estrutura. Uma mãe sempre presente, com posicionamentos confusos, porém determinada e muito amorosa.

Percebi que Julia trazia um pouco de tudo em si e seu sentimento de culpa era também compreensível; sua mãe era muito devotada a ela, mas muitas vezes dizia que Julia era responsável por muitas das tristezas de sua vida, levando-a a sentimentos de culpa e invalidação.

Toda a fragilidade física de Julia mostrava como ela não dava conta desses conflitos internos, necessitando elaborá-los. Apareciam sintomas como espirros, coriza e um desaguar para aliviar os excessos, como choros em crises nervosas, que foram considerados pela mãe crises psicóticas.

A água está relacionada com as emoções e os sentimentos, vivências intra-uterinas e inconscientes. A água traz uma relação com profundidade e intensidade, mas também simboliza a limpeza, a purificação, a fluidez e a maleabilidade. Na verdade, por ser tão fluida não permite o controle, e por isso a água se aproxima tanto das grandes emoções. Assim, a meu ver, o choro e a coriza apareciam como um equilibrador dos excessos de emoções.

Já o nariz é o orgão de contato com o mundo em relação a uma das necessidades básicas de sobrevivência – o ar. O ar simboliza a vida, pela entrada de oxigênio e a liberação pela saída do gás carbônico. A relação com a respiração mostra como você lida com o que dá e recebe do mundo. E o nariz congestionado mostra um entrave nessa relação.

Nosso corpo conta nossas necessidades e podemos aprender com nossas doenças por essas mensagens. Julia tinha dificuldade para fazer essa troca.

O trabalho terapêutico em arteterapia

Assim, no trabalho terapêutico, trabalhamos bastante enfocando a base, dada a necessidade de vitalizar e fortalecer a estrutura. Massagear e sentir os pés, depois o corpo, os ossos, até os órgãos. Com os pés bem enraizados, sugeri que ela se percebesse como uma árvore. O trabalho físico foi desde a massagem até o alongamento. Depois sugeri expressar o vivido para a escrita, para o desenho ou para o verbal na busca da elaboração e da *awareness* ou conscientização de pensar-sentir-agir. Chamo muitas vezes isso de tomar posse de si e acredito que só tomamos posse de algo quando temos condição/queremos, nunca quando nos é imposto. Trabalhamos com eixos, estruturas, fortalecendo-os para que ela não se sentisse perdida. Trabalhamos limites em linguagem gestáltica, suas "fronteiras de contato", e esse foi um trabalho bem bonito, pois a arte, como instrumento, nos possibilita isso com toda a magia que ela tem. E para mim a magia da arte está no prazer, na criação, no encantamento, na beleza da ação e na liberdade da ação que proporciona.

Penso que os diversos materiais que um ateliê terapêutico pode oferecer abrem um mundo de descontração simplesmente pela vivacidade das cores, pelo construir, experimentar, explorar e pelo encontro de possibilidades.

Julia iniciou suas atividades trazendo sempre um sentimento de impotência nas ações e dúvidas que mostravam sua insegurança. Contudo, expressava sempre dizeres românticos e textos poéticos que mostravam a fantasia, o desejo como uma utopia. Revelava-se sonhadora e com uma riqueza de idéias lindas. O meu objetivo era trazer para a ação e para a concretude esse potencial e, com ele, ajudá-la a reconhecer suas limitações e aprender a lidar com elas.

Em um dos primeiros encontros, para estabelecer um vínculo, pedi que Julia fosse se apresentando de forma simbólica. Se fosse um animal, que animal seria e por que; se fosse uma flor..., uma cor, um lugar etc. Com isso pude, além de ir conhecendo-a, trazê-la para mais perto. Essa atividade é muito gostosa e eficaz, pois o início de um trabalho terapêutico sempre envolve a construção de vínculo, e esse experimento possibilita descontração ao mesmo tempo que o cliente se expressa mais.

Apesar de este ser um experimento tipicamente *gestáltico* (ver Rhyne, Oaklander, Perls etc.) que tem por intuito elicitar conteúdos pessoais do cliente de forma simbólica, penso que o animal está diretamente ligado a nosso lado impulsivo, emocional, instintivo. Cada animal tem características próprias e pode revelar histórias.

A flor escolhida por Julia foi a orquídea. Ela contou que estava num campo sozinha, tinha uma só haste, e sentia paz. Quanto à cor, disse que todas estavam presentes, mas as cores dependiam da hora e da situação. O lugar: cachoeiras, rios, matas fechadas, lugares onde pudesse ficar sozinha e, se ela quisesse que alguém chegasse, poderia. Julia trazia a sensação de liberdade.

Penso que apenas o fato de essa sensação nascer é um grande passo para a *awareness*, pois o próprio corpo, além do pensar, estava revelando suas necessidades.

Em encontros posteriores pedi que Julia explorasse o espaço, que buscasse olhar as coisas ao redor e brincar com três perguntas que mostram como está o seu perceptivo, sensorial e imaginário. É um exercício clássico utilizado em Gestalt-terapia que possibilita "tornar figura" o reconhecimento e a significação que conferimos aos objetos. Ela olhava para alguma coisa e então eu perguntava: "O que você vê? O que sente? O que imagina?". Aos poucos fomos trabalhando a relação com tudo que a circundava: móveis, quadros, portas etc.

Nas três questões ela se voltava mais ao imaginário, não diferenciando uma da outra. Mostrava um predomínio da fantasia, do sonho, e uma dificuldade em enxergar o que era concreto. Fizemos esse exercício várias vezes durante todo processo e aos poucos foi possível tomar posse dessa diferenciação. O interessante é que com o tempo Julia foi descobrindo coisas que antes não via presentes no espaço. Sua percepção estava se ampliando.

É importante sublinhar que esse exercício pode ser terapêutico se o olhar e a atitude forem terapêuticas. Penso que esse trabalho fez Julia sentir mais confiança em estar ali tendo suporte para seu autoconhecimento, possibilitando ao cliente tomar posse do lugar e da relação com o terapeuta, construindo um vínculo que dá segurança. Aposto muito nessa descontração que a Arteterapia Gestáltica nos traz. Nada disso nos tira a seriedade e a competência do trabalho, apenas é no olhar e na ação que vem a diferença.

Em seguida, começamos a construir um mural utilizando recortes de revista. A idéia era ir recortando palavras que ela achava, que faziam sentido, e cuja característica era a afirmação positiva. Nessa atividade o que mais me chamou a atenção foi a maneira como ela construiu: levou meses para finalizá-lo. Naquele momento percebi a delicadeza e o ritmo próprios que a envolviam em um trabalho de integração e reconhecimento, com disciplina, dedicação e cuidado. Íamos trabalhando cada palavra recortada, não apenas por seu significado em relação à vida e o ser de Julia, como também qual o corte, a posição em que colocaria no painel, a pintura e a purpurina (material escolhido por ela para fazer o fundo).

A disposição para cada palavra trouxe a Julia, em seu ritmo e tempo, uma organização e definição de si; o auto-reconhecimento despertou em cada movimento feito nessa construção. Foi um trabalho de reconhecimento de suas partes e de como estas se integravam. Por fim, o painel foi levado para casa, pendurado no quarto e visto por todos com grandes elogios. Acredito que o fato de levar o painel ao mundo familiar já permitia que tomasse posse de sua força e credibilidade. Mostrar-se em qualidades era algo novo, possibilitando ser reconhecida, dando-lhe maior segurança e confiança.

No encontro seguinte, Julia chegou eufórica. Falou sobre o emprego novo em um lugar renomado, do namoro feliz e de uma dinâmica familiar que se mostrava maravilhosa. Havia uma vitalização forte e propus a Julia que pintasse numa cartolina o que quisesse. A tinta guache tem fluidez, pois é solúvel em água, e meu objetivo era ampliar esse momento para que tivéssemos uma visão do todo. Sugeri que usasse as cores que quisesse para ter liberdade de expressar-se da melhor forma. Começou com pincéis, que são um intermediário na pintura, e logo depois quis utilizar os dedos, mostrando intensidade e proximidade com a questão. No final deu um título: "Salada de Alegria". Nas sessões subseqüentes, propus a Julia que recortássemos um círculo médio numa cartolina e fizéssemos um passeio pela pintura feita a fim de explorar as partes desse todo. De tempos em tempos eu fotografava o trabalho registrando a imagem de cada uma de suas partes. Um mergulho no ser, uma exploração.

Por ser abstrata, a pintura dava muita margem à imaginação, o que deu a Julia grande vazão a projeções. Ficamos várias sessões envolvidas nesse trabalho e Julia foi reconhecendo partes de que gostava e outras de que não. Ficou extremamente surpresa em perceber que cabiam dentro dela tanta alegria, tantas histórias boas e ruins. Era possível conviver com ambas as partes e estar feliz. O modo como lidamos com essas questões era o mais importante. Era possível integrar a realidade a seus sonhos, percebendo-os presentes mesmo entre tantas dificuldades. Foi possível adaptar, reconhecer e viver essas condições. Julia estava amadurecendo.

Numa sessão posterior, Julia trouxe seus medos, revelando que alguns anos antes havia pensado em suicídio e quase chegou a fazê-lo. Relatou medo e tristeza. Naquela hora Julia mostrou-se preparada para entrar em contato com essas questões – até então não expressas – e falou sobre esses temas, reconfigurando-os ... Podia falar, se ouvir e lidar com isso. Vejo aí a terapia, algo que acontece de dentro para o mundo, seja ele interno ou externo.

Continuando, Julia percebeu que sua menstruação se interrompera, porém sem riscos de gravidez. O que essa alteração física estaria nos contando? Percebemos que era necessário dar vazão a tantas coisas retidas que já não serviam mais e precisavam ser eliminadas. A menstruação estava diretamente ligada a algo que não tinha mais utilidade e próxima também ao feminino, à relação mãe–filha(o), à vida e à morte e à não-fecundação.

Acredito que nesse momento trabalhar água para esse processo de vazão, limpeza, é de grande valia, e fizemos alguns trabalhos com limpeza. Um deles foi trabalhar o esvaziar pelas mandalas em seqüência. Fazem-se vários círculos em diversos papéis grandes e vivencia-se desenhar sem pensar até o fim. A mandala tem eixo, núcleo, dando uma sustentação com integração. Traz foco, direção. A liberdade de expressão permite o esvaziamento. Alguns dias depois, Julia menstruava. Percebemos uma intensidade nas cores e penso que foi um exercício de liberação de mágoas e tristezas retidas.

Depois disso, Julia fez um desenho de duas tulipas, uma aberta e outra fechada, e contou que é assim que se sente, fechada para algumas coisas e aberta para outras. A palavra que usou para título desse desenho foi "delícia".

Dando continuidade ao processo, Julia manifestou o desejo de trabalhar com barro, possibilidade que até então havia rejeitado. O interessante é que logo no início foi o material com o qual ela não queria trabalhar por já ter feito muitos trabalhos com barro anteriormente. Contudo, naquela hora, a escolha fazia muito sentido, pois envolvia uma ressignificação do conhecido, do vivido, e nada melhor que o barro para trabalhar o dar forma. O barro e seus princípios primitivos estão muito ligados à origem, à concretude, à ação, à terra, à fertilidade, à solidificação, à base, à estrutura, à vitalidade etc.

Com sua alma sedenta de crescimento, Julia escolheu o material mais propício para a ocasião. Seu desejo era construir um tronco de árvore com raízes que tivesse no centro uma utilidade, como um porta-lápis. Quis pintar o mais próximo dos tons da natureza de um tronco sólido e suave.

Construiu com uma delicada força impressionante e comovente. Com suas mãos frágeis e fortes, foi unindo o feminino e o masculino, concretizando seu desejo.

Pedi que falasse sobre como havia sido viver esse processo com o barro antes, durante, agora e depois, e ela disse: "[...] era algo indefinido que foi se transformando, se modelando, criando estrutura e se enrijecendo. Antes era mole, sem base, sem forma. Durante, foi criando uma base, se ampliando, solidificando. Agora é algo definido, pesado, firme, estruturado. Depois, seja o que for, que eu goste, possa fazê-lo pintado, belo e útil".

Nesse processo Julia pôde conhecer melhor seu mundo interno e navegar por ele segurando no leme. Navegando sobre mares muitas vezes desconhecidos e assustadores, bravamente enfrentou o desafio.

A arte em terapia pôde dar a Julia os meios para esse conhecimento, com leveza e prazer. Não foi somente o trabalho com os materiais que a levaram a esse amadurecer, mas a relação com o todo que envolve uma terapia.

Enfim, trabalhar com Julia foi muito mais do que encontrar um ser lindo em evolução. Para mim foi a realização de que o olhar terapêutico no fazer arte pode ser vasto e riquíssimo.

Obrigada, Julia.

Referências bibliográficas

DAHLKE, Rudiger. *Mandalas: formas que representam a harmonia do cosmos e a energia divina.* São Paulo: Pensamento, 1985.

DETHLEFSEN, Thorwald; DAHLKE, Rudiger. *A doença como caminho: uma visão nova da cura como ponto de mutação em que um mal se deixa transformar em bem.* São Paulo: Cultrix, 1983.

GINGER, Serge; GINGER, Anne. *Gestalt: uma terapia do contato.* 2. ed. São Paulo: Summus, 1995.

HYCNER, Richard; JACOBS, Lynne. *Relação e cura em Gestal-terapia.* São Paulo: Summus, 1997.

LELOUP, Jean-Yves. *O corpo e seus símbolos: uma antropologia essencial.* Petrópolis: Vozes, 1998.

RIBEIRO, Jorge Ponciano. *Gestalt-terapia: o processo grupal.* São Paulo: Summus, 1994.

WHITE, Ruth. *Trabalhando com os seus chacras.* São Paulo: Pensamento, 1993.

Ateliê terapêutico na formação de arteterapeutas

*Cristina Dias Allessandrini (coord.)**

Primeiro dia de ateliê. Uma proposta é lançada ao grupo de alunos: "Vamos escrever sobre nossas oficinas". De início utópica e aparentemente impossível, a idéia foi ganhando forma à medida que o tempo avançava no decorrer do semestre. As pessoas escolhiam temas com os quais sentiam maior afinidade. Um movimento criativo, alegre e mobilizador permaneceu vivo... Ao final do semestre o sonho inicial concretizava-se em narrativas e histórias, relatos e reflexões. Finalmente, nosso sonho se realizava!

Durante a formação de arteterapeutas desenvolvemos a proposta de ateliê terapêutico em que o grupo de alunos experiencia diferentes técnicas expressivas de intervenção e, paralelamente, reflete e aprende com elas. Consideramos fundamental o contato com a arte e a expressão artística vivenciada pelas pessoas que pretendem desenvolver no futuro um trabalho de arteterapia, pois assim o real aprendizado pode ocorrer. Nossa intenção é apresentar algumas imagens e contornos desse trabalho, explicitando processos vividos, assim como relações teóricas e conceituais que fundamentam nossa prática.

O processo criativo como elemento de transformação surge em momentos de síntese mágica, conforme relata Arieti (1993). Tocar e sentir diferentes materiais em oficinas criativas (Allessandrini, 1996/2000) dinamiza a transmutação de conteúdos pessoais e redimensiona seu sig-

* Participaram das aulas de ateliê terapêutico os seguintes alunos: Alexandre Prado Betti, Ana Beatriz Toledo de Almeida, Andréa Ventura, Antonio Sidney Francisco, Clara Paulina Coelho Carvalho, Deolinda Fabietti, Ines Novoa Jezler, Mônica Salgado Ferreira, Regina Fiorezzi Chiesa, Renata Melão Alves Lima, Renata Simões Sene, Selma Reyes, Silvana Amaral Pesce e Walter Müller.

nificado trazendo para o presente a qualidade da descoberta de novas faces em antigas imagens.

A metodologia de trabalho denominada Oficina Criativa segue alguns passos, em um encadeamento de ações. Iniciamos a proposta com uma sensibilização, que convida as pessoas a estabelecerem um contato diferenciado com o trabalho e tem como objetivo o contato com o mundo interno de cada uma. Ela explora possibilidades, observa, sente, estabelece assim uma primeira relação com o objeto.

Em seguida, há um tempo de expressão livre, em que a pessoa exprime seus sentimentos e sensações, de forma livre e espontânea. Após esse movimento mais solto e não direcionado, a proposta é que ela possa elaborar a expressão utilizando uma linguagem não-verbal e artística. Essa etapa implica uma reorganização, ou novos contornos para uma figura, ou mesmo extrair aspectos importantes do trabalho já realizado. A seguir sugerimos que esse trabalho adquira novo significado por meio de outra linguagem, muitas vezes a linguagem verbal. Essa transposição de linguagem é uma etapa importante na Oficina Criativa, pois a experiência vivida pode, então, ser apreendida com um nível de consciência tal que permite uma aprendizagem significativa. Para finalizar, a avaliação e a retomada do processo proporcionam a consciência desse aprendizado.

O fundamental nessa metodologia é a liberdade com a qual cada terapeuta, educador, arteterapeuta ou psicopedagogo pode construir a Oficina Criativa. O importante é que ele realize uma dinâmica tal que permita ao(s) sujeito(s) viver(em) uma experiência significativa. A dialética entre as ações presentes no desenrolar de suas etapas configura uma tensão criativa que mobiliza o(s) sujeito(s) a uma ação criadora e inusitada.

Toda uma gama de possibilidades pode ser empregada na construção dessas dinâmicas. A sensibilidade e o conhecimento do profissional guiam seus passos de modo a direcionar uma Oficina Criativa, a fim de atingir objetivos dentro de certa gama de intenções pré-dimensionadas.

A meta é possibilitar a crianças, adolescentes e adultos a criação, a construção e a realização de projetos de trabalho. A implicação entre as ações, durante as etapas que são interdependentes e únicas em suas particularidades, mas intimamente conectadas em seu dinamismo construtivo, expressa o jogo dialético da construção interna das pessoas.

Em um primeiro tempo de contato com essa metodologia, o educador, o arteterapeuta, o terapeuta e o psicopedagogo utilizam-na norteados por sua coerência, e acabam por descobrir a lógica interna presente no encadeamento de cada passo. Mas, à medida que reconhecem o valor das numerosas possibilidades que ela apresenta, sentem-se livres para construir processos criativos que produzem de modo efetivo uma resposta qualitativamente diferenciada, no que diz respeito à aprendizagem, daqueles a que eles se submetem.

Algo novo é experienciado. O elemento criativo norteia uma ação consciente e direcionada no movimento espiral, dialeticamente constituído, na intimidade da evolução do processo. Reconhecemos uma alquimia criativa mobilizando processos de aprendizagem significativos (Allessandrini, 1998).

O ato criador está presente tanto naquele que orienta a Oficina Criativa quanto no que a experiencia. A dialética que se estabelece nessa interação é de fundamental importância. O homem caminha em direção a algo que é qualitativamente melhor, porque é criado com consciência e amorosidade (Allessandrini, 1997; 1998). Com intenção e empenho. Com direção temporal e espacial. Os meios articulam-se para que o projeto seja realizado.

Compreender os encadeamentos, visíveis e invisíveis, presentes no decorrer de cada encontro abre as portas de um novo sentido para o trabalho artístico, em que a elaboração conceitual ocorre aplicada à prática efetiva. Nesse sentido, o *continuum* das Terapias Expressivas – ETC – é o referencial que tem nos oferecido uma estrutura de compreensão desses movimentos transformadores. O *continuum* representa quatro modalidades de interação com os materiais, que teoricamente refletem os diferentes modos de interação humana (Kagin e Lusebrink, 1978). De certa forma, o trabalho realizado com os pressupostos do ETC nos convida a reconectar com nosso próprio desenvolvimento, pois foi construído a partir do trabalho de Inhelder e Piaget sobre o desenvolvimento imagético na criança (1977). Utilizá-lo como lastro para a elaboração de oficinas propõe que esse movimento natural do homem seja reescrito com uma nova linguagem.

O *continuum* sugere que se trabalhe inicialmente com o movimento sensório e motor, para que, então, os sujeitos possam focar sua ação nos aspectos perceptivo e afetivo, para depois chegarem ao cognitivo e simbólico. Essa seqüência expressiva é considerada terapêutica e transformadora da atividade interna do sujeito. Reflete os diferentes estágios de desenvolvimento humano e de construção cognitiva.

O nível sensório-motor trabalha a liberação de energia por meio da ação e do movimento, estimulando ou simplesmente permitindo que esta se descarregue. O nível sensório refere-se às sensações experienciadas pela atividade interna do organismo; e o nível motor, ao movimento expresso pela ação do sujeito.

O nível perceptual-afetivo trabalha com as percepções e as emoções geradas no indivíduo, a partir da interação com os materiais artísticos. Tais percepções são resultantes das ações e das sensações do nível sensório-motor e expressam-se pela internalização das ações e das formas, assim como pela emergência das imagens mentais associadas a elas, registradas, por exemplo, em desenhos. Esse nível permite ao indivíduo lidar com o não-presente e com coisas que estão distantes no espaço.

Os componentes cognitivo e simbólico propiciam liberação do presente imediato e permitem o processamento de informações cada vez mais complexas, trabalhando o pensamento lógico e analítico. As operações necessárias para produzir esse tipo de pensamento estão baseadas na representação por meio da linguagem e são facilitadas pela representação mental da ação. A exploração do material, seu agrupamento de acordo com qualidade, a categorização, o reconhecimento de relações e o seqüenciamento temporal permitem a internalização das propriedades dos materiais, desenvolvendo a habilidade de compreender as ações necessárias para manipulá-los, na perspectiva da realização de um projeto interno.

Durante a Oficina Criativa, a proposta é que o indivíduo concretize uma idéia constituída como representação mental, procedendo de modo que sua ação traduza a idéia projetada e experienciando diferentes sentimentos e/ou sensações na evolução do processo.

O *continuum* pretende que a seqüência de ações em seu encadeamento reflita, de algum modo, as etapas de desenvolvimento que cada sujeito já experienciou em sua vida. Pressupõe que tal seqüência ativa mecanismos inconscientes e potencializa toda vivência proposta com essa caracterização.

O(s) sujeito(s) vivifica(m) algo que é terapêutico e transformador por já estar inscrito como salutar em seu inconsciente. Reviver, em um novo contexto preparado para ser mobilizador de transformação, implica ativar mecanismos naturalmente evolutivos. Um nível diferenciado de aprendizagem e de elaboração dos conteúdos se produz.

Parece até natural relacionar a construção das oficinas criativas com o ETC. Talvez, aliar a eficiência de um processo evolutivo a um procedimento de intervenção eficaz seja interessante. Nossa visão aponta para uma parceria qualificada.

Demonstramos, no entanto, cuidado na construção dialética de uma proposta que pretende desencadear uma aprendizagem significativa a partir da elaboração de conteúdos pessoais. O ETC representa apenas uma direção que pode ser seguida, não como regra, mas como linha de ação, como possibilidade. Se utilizado de maneira consciente, pode promover um trabalho realmente mobilizador de mudanças.

Em uma visão dialética piagetiana, podemos reconhecer uma evolução em espiral, em que cada ação vivenciada dentro de sua característica básica se constitui como base para a subseqüente. As etapas, cuidadosamente articuladas antes e depois, possibilitam que a Oficina Criativa, em ateliê terapêutico, seja um tempo de transformação delicado e intenso. Algo pode ser tocado pelos presentes. Mudanças sutis demonstram a capacidade interna de flexibilizar e redimensionar. O criativo permeia a ação construtiva de sentir, tocar, fazer e realizar...

A proposta de estudar como trabalhar com crianças e adolescentes em ateliê terapêutico evoca nos participantes do grupo uma certa expectativa, uma curiosidade, um estado de alerta, uma excitação quase juvenil. Os sentidos parecem ficar à flor da pele. A cada encontro fazer e construir vivificam o Ser Criador (Allessandrini, 1998). Aprender com o prazer de descobrir as possibilidades dos materiais é viver o processo pessoal em uma nova dimensão de consciência.

Novas relações podem emergir, porque cada um vive a liberdade de sentir que tudo pode ser feito sem barreiras, à medida que o grupo acolhe, servindo de apoio. Uma sensação de infinito quase presente permanece vibrante. Novas energias transmutam e dão novo significado a nossos passos.

Na construção do arteterapeuta dá-se o encontro com o ser de cada um, facilitado pelo processo de aprendizado vivido em grupo no ateliê. Há um desvendar-se natural e espontâneo na entrega para as vivências. Cada um se descobre e se reconhece como educador, aquele que ensina a si mesmo e aprendendo infinitamente vai ao encontro do outro, tendo sempre muito a trocar.

A argila, a pintura, o contato direto com o material. As sensações emergem: suaves, fortes, alegres e prazerosas. Quando vividas intensamente sentimos a energia, a emoção e a magia da força grupal. Cada um se entrega, vive, descobre, se surpreende. Aprende. Compartilha sentimentos. Uma comunicação que não é necessariamente verbal flui. Uma energia que toca o nível do sagrado emana.

Ocorre a transformação da qualidade energética vivenciada no grupo. A magia da criação, a comunhão, a arte como intermediária. Preservando a individualidade, tocamos uma dimensão maior, experienciando uma sensação de intimidade com cada participante, com todas as pessoas, com o mundo, com o universo.

O criativo permite o encontro com a transcendência. Parte e todo interagem num movimento contínuo de arranjo e rearranjo em busca de um equilíbrio que não é estático. É dinâmico em sua essência, expandindo a consciência de cada um. Difícil, belo, sofrido, mágico... árduo e revelador. A vida é desvelada entre cores, formas e movimentos. Sensações, emoções, pensamentos...

Movimentos que intuem a seqüência do processo permeiam nossos encontros. A experiência é transmitida em imagens definidas em linhas ou contornos. Esculpimos sensações e sentimentos na busca por compreensão. Damos novo sentido a histórias. A criança de cada um tem espaço para brincar e viver com a dor, com a alegria e com a saudade. Já o adolescente desafia, rompe e ousa. Dança histórias e segredos, com seus medos e conflitos, entre luzes e sombras.

Cada um presentifica seu ser criança e seu ser adolescente, trazendo para o Aqui-e-Agora momentos que podem ser vividos com outra consciência e qualidade. O ateliê terapêutico é libertador, curativo e mobilizador.

SENSAÇÕES NO CONTATO COM...

Ines Novoa Jezler

Eu nunca havia trabalhado com arte no nível sensório-motor. Ou, pelo menos, posso dizer que se o fiz, nunca me dera conta disso. Em 1997, minha primeira experiência "consciente" foi quando molhei bem o papel *canson* à minha frente e, com as mãos, senti a água para só então começar a pintar.

Achei gostoso passar a mão pelo papel, sentir a água nas palmas e também no dorso das mãos. E, em determinado momento, soube que estava pronta. Aquela pintura foi feita de maneira completamente diferente da que eu estava acostumada. Em primeiro lugar, há anos ouvia de minhas professoras de aquarela para não tocar o papel, pois a oleosidade natural das mãos pode manchá-lo e estragar todo o trabalho! Lembro que fui fazendo, fazendo e em algum momento já não tinha mais consciência de que eu era alguém ali à frente de um papel sendo pintado. Não consigo precisar bem agora aonde eu estava, mas parece que "me fundi" ao papel, e fazia parte daquilo que estava pintando...

Não me lembro de quanto tempo fiquei pintando, ou o que ocorria a minha volta, ou como me vieram todos os pensamentos e as sensações que a pintura mostrou. Foi algo tão profundo que me assustou e me perturbou. Fiquei emocionada na hora que terminei. Passei a semana pensando sobre aqueles sentimentos dos quais tomei consciência ali, naquele trabalho...

Quando expressei para o grupo o que eu sentira, falei com grande clareza, explicando todas as sensações, racionalizando todos os sentimentos. Era um outro "nível" em ação. Eu nunca havia me expressado tão abertamente para o grupo até esse dia. Também foi uma experiência diferente.

No decorrer do semestre, várias outras vezes aconteceu a mesma "magia"; eu me colocava para receber por inteira a sensibilização que antecedia alguma vivência. Era como se eu pudesse ter controle sobre todos os poros da minha pele, cada ponto das minha pupilas e, ao comando de "Abram-se!", eles se expandissem ao máximo e permitissem a entrada do não-eu. Fronteira de contato. Não-fronteira. Impermeável. Permeável. Eu sentia o impacto das palavras, da música, das imagens vibrando dentro de mim. Nesse estado, nesse nível, produzi muitos trabalhos que têm um poder estranho de seduzir e atrair quem os olha. É como se tivessem... "alma".

Aquele contato com a obra era algo que eu jamais experienciara. Eu apenas sabia que quando essa receptividade acontecia, eu aprendia mais sobre minhas emoções, mas não tinha consciência de que estava me abrindo. Meu contato com a arte intensificou-se muito a partir dessa época. Minhas pinturas ganharam um sentido, uma qualidade de expressão. Antes, eu fazia "cópias" ou criava paisagens que eram grandes vazios. Hoje, sei que posso mobilizar sensações dentro de mim que me transportam para um espaço mais próximo do meu trabalho. Hoje, estou aprendendo a ter controle sobre todos os meus poros, para também poder comandar "Cuidado" ou "Fechem-se!", "Sai, volta!"

Tendo entrado em contato com leituras e experiências sobre estados hipnóticos ou estados alterados de consciência, ouvi mais sobre a facilidade que algumas pessoas têm para acessar, conscientemente, esses canais de comunicação com o inconsciente. Não me assusta mais perceber que "estive em outro lugar" com minha mente enquanto meu corpo simplesmente desenvolvia alguma atividade mecânica e automática. Fiquei fascinada ao saber que minha experiência de "entrar na obra", "mesclar-me" com ela, faz parte de uma entrega às sensações do nível mais profundo, básico e primitivo que carregamos; o sensório-motor. Nossas primeiras experiências de aprendizado foram registradas por esse canal de percepção. Começo a entender que é justamente por meio desse nível que se forja a essência de uma obra, pois é justamente aí que reside a nossa alma, a essência do criador... Pude viver esse contato intenso em cada escultura que produzi, e em uma série muito especial de aquarelas. Reconheço nessa experiência o "visceral" de que fala a Gestalt. Vivi e compreendi que só se pode romper com nossas amarras, com nossa análise da realidade, se conseguirmos dar esse mergulho dentro de nós mesmos, indo até as profundezas do conhecimento, para em seguida emergir renovados. A arte propicia esse contato íntimo com o nosso ser verdadeiro, à medida que oferece por seus diversos modos de expressão formas de revelar os registros que temos do nosso universo. O contato direto com materiais artísticos e a excitação de nossos canais sensoriais aguça a qualidade e a extensão de nossas percepções. A expressão artística elaborada a partir da reprodução do que captamos sensorialmente tem força de significado e imprime autenticidade de emoções.

Olho à minha volta em meu estúdio e vejo quanto produzi nesse tempo. Quantos preciosos significados recolhi e resgatei acerca de mim mesma. De fato, esse processo trouxe para mim o que nenhum outro poderia ter-me dado; um olhar para mim, para minha vida. E pela linguagem que mais amo, a arte.

POR UM FIO

Alexandre Prado Betti e Selma Reyes

Era uma vez um rolo de barbante que vivia em um pequeno açougue de uma grande cidade. O açougueiro utilizava para embrulhar a carne em um pedaço de papel jornal. Um dia, uma moça muito bonita entrou no açougue e viu, no canto do balcão, um barbante todo empoeirado e magrinho que olhava muito triste para ela. A moça perguntou ao açougueiro se podia comprá-lo. Ele respondeu que não e já ia amarrando o pacote de carne, quando um vento muito forte entrou pelo açougue e jogou o rolo na bolsa da moça. O barbante aproveitou para se esconder no meio de outras coisas e ficou bem quietinho para não ser descoberto. Quando a moça o tirou dali, ele percebeu que estava em um lugar muito bonito rodeado de seres que ele nunca tinha visto antes.

A tinta foi a primeira a cumprimentá-lo, oferecendo-lhe suas cores sempre que dele precisasse. O papel também fez questão de mostrar-lhe seus préstimos, indicando que poderia servir-lhe de cenário para suas possíveis manobras. A cola, muito amiga do papel, disse-lhe que poderia garantir seus serviços quando ele desejasse. E assim, um a um: tesoura, estilete, papelão, cartolina... foram acolhendo o recém-chegado.

De repente, um som estranho. Vozes ecoaram na sala. Seres fantásticos entraram e o barbante assistiu, timidamente enrolado, a um bonito ritual. Música, canto, falas e risos eram proferidos por aqueles magos.

> Em dado momento o barbante levou um susto... Alguém puxou sua linha... "Será que vão me amarrar de novo em algum embrulho?" Mas que nada! Para sua surpresa ele se viu voando pelo ar, fazendo piruetas e desenhando linhas imaginárias. Depois tomou um banho bem refrescante em tintas de diferentes cores. Desfrutou, assim, do prazer de encontrar-se com a tinta e de, com ela, pintar o papel. No final, ainda ouviu alguém contando uma história bem legal sobre um personagem que ajudara a fazer.
> Ao som da história ele dormiu e sonhou com a liberdade de criar se imaginando como um fio sem fim.

A metáfora presente em nossa história retrata a atmosfera mágica em que nós, arteterapeutas em formação, nos envolvemos nessa oficina. Já no aquecimento ocorre uma total entrega dos participantes que, estimulados pelas recordações de brincadeiras infantis e cantigas de roda, criam personagens que se tomam heróis de belos contos de fadas.

Correlacionando essa vivência com o ETC, verificamos que a seqüência das propostas lançadas ao grupo possibilita o surgimento de um intenso trabalho criativo, que passa por todos os níveis presentes no ETC: do sensório-motor ao perceptual-afetivo, chegando ao cognitivo-simbólico.

Movimentar o barbante no ar, mergulhá-lo na tinta e pintar em uma folha de papel, sem preocupações com a forma, explorando possibilidades, atinge o nível sensório-motor. Segundo as palavras de um dos integrantes do grupo, esse movimento permite deixar vir a bagunça.

De um emaranhado de cores e formas selecionamos imagens que se transformam em personagens-heróis de nossa história. Passamos assim ao nível perceptual-afetivo. A figura destacada do fundo vem carregada de afeto. É ditada pela necessidade de cada um naquele momento. Uma reação intensa se manifesta: na hora de imaginar o personagem... veio uma emoção superlocalizada no coração e a sensação de saudade... as imagens foram surgindo de algumas cosias que vivemos hoje, de algumas coisas da infância.

Inserimos esse personagem num contexto mágico e dialogamos com ele. Criamos seres encantados, projeção de nossa vivência.

O nível cognitivo-simbólico emerge na elaboração escrita da história. Uma distância reflexiva se estabelece. A cada um é permitido olhar-se de outro ponto de vista. O simbólico facilita nossa interação com conteúdos de uma nova maneira. Afinal, os contos de fada podem ser um importante instrumento terapêutico. Eles descrevem um processo de crescimento representado sempre pela figura de um herói. Ao enfrentar diferentes obstáculos, ele se apropria de qualidades muitas vezes desconhecidas e se transforma em um ser mais integrado.

As brincadeiras infantis e os contos de fada facilitam o resgate da criança interior. Criamos personagens capazes de viajar no tempo e no espaço. Representamos, assim, nosso próprio processo.

Por outro lado, o barbante, de natureza flexível, é utilizado como mediador para a expressão artística. Ele nos remete à sensação de tecer e alinhavar uma história, nossa história. Lembramos que, na mitologia grega, as moiras são as responsáveis por tecer o destino dos homens e a palavra fada em latim significa "destino, fatalidade". De certa forma, os deuses conspiraram para que naquele dia tecêssemos nosso destino na forma de belos contos de fadas.

CRIANDO E TRANSMODELANDO COM PARAFINA

Andréa Ventura e Clara Paulina Coelho Carvalho

Nossas aventuras criativas percorreram também os caminhos do inusitado. Velas... Sentir seu calor. Observar suas nuanças e transparências, suas luzes. Moldar e modelar. O que é isso? O contato e a descoberta das muitas possibilidades desse material nos levam a observar e a refletir. O que está acontecendo? Que processos a matéria parafina percorre para chegar a uma forma? Que diferenças percebemos quando acrescentamos a ela estearina?

Podemos compreender que a parafina derrete diante do calor, como também se desmancham nossas armaduras antigas e cristalizadas. A matéria transmuta do sólido ao líquido, abrindo assim a possibilidade de criarmos novas formas. Reconhecemos a presença de um fecundo momento de criação e de seu poder de transformar processos de vida! Vivemos mais uma vez a experiência de constatar que ao dar novas formas à matéria, também estaremos gerando novas ordenações e significados articulando-nos à realidade em níveis de consciência mais complexos (Ostrower, 1993).

Na criação que emerge da relação com o material, conteúdos internos são trazidos à luz e recebem novos significados. Integramos diversos níveis da nossa ação (sensação, motricidade, percepção e cognição) em um enlace que permite romper barreiras, intensificar nossa presença e remodelar nossa existência.

Um momento de ruptura de liberdade em que o inusitado é o mestre-guia; em que a forma é extraída das estranhas do nosso ser mais íntimo! Abre-se assim a possibilidade do "ser si mesmo". O fogo que aquece o material acende a chama interior da criação, aquela que nos conecta com o TODO, com o cosmos, com os outros seres viventes. Sentimos a criação como uma dança, de conexão, ritmo e harmonia com o universo, onde respeitamos cada partícula, e a elas nos unimos, formando UM. Uma dança de forças, com cadência e harmonia, em que o sopro de vida vai "secando" a criação, solidificando-a. Eternizando-a.

Na relação criadora cada peça é parte nossa. Uma extensão. Um filho. Nós nos vemos refletidas em suas cores e formas. Por vezes, partes que doem, feias, difíceis de ver de frente; outras vezes, partes saudáveis, bonitas e agradáveis de assumirmos como nossas. A criação é sentida como a atitude existencial de contato amoroso com a vida. Nela eclodem sintonia, sensualidade, força, singularidade e intensidade, elementos que fertilizam novos padrões de relacionamento. Sintonia é entrarmos em contato com o outro respeitando seu ritmo próprio de transformação. Já a sensualidade é algo que mexe com nossas entranhas, quente. A criação não é algo frio, racional, que move apenas a cabeça, mas é uma alquimia que se processa no corpo inteiro, pelves, tórax, braços... A força é estar com o outro sem quebrá-lo, sem romper a sua forma, mas integrando-se a ele. Os movimentos abruptos podem quebrar a relação. No entanto, a força não-violenta é capaz de gerar evolução e sintonia. Acontece quando o estar com o outro se dá através de um toque sutil, em que ambos se transformam. Encontrar juntos a medida exata do caminhar a dois exige sutileza.

O material é único e precisa ser tratado com singularidade, do contrário nada ocorre a não ser a frustração. É preciso reconhecer suas particularidades. Nossas experiências com outros materiais não podem ser transpostas de forma mecânica. Do mesmo modo, não podemos transpor a relação que temos com uma pessoa para outras. Cada relação terá sua própria alquimia.

Precisamos também agir com intensidade para acompanhar a transformação do material. É imprescindível abrir no momento exato; a temperatura e a textura para modelá-lo acontecem em uma temporalidade. Precisamos estar absolutamente presentes naquele instante. Há um tempo para tudo acontecer, e nesse tempo precisamos ser intensos. A cobra dá o bote no momento exato, e intensamente; a gaivota, para pegar o peixe, mira-o e voa até ele também com toda precisão. O próprio espermatozóide, no momento da fecundação, corre sem trégua para perfurar o óvulo até penetrá-lo. O homem, entretanto, esquecendo-se de suas origens, muitas vezes não age com tenacidade nos momentos preciosos de ruptura e de transformação. E é importante saber que o fluxo cósmico não pára, não nos espera; nós é que temos de mergulhar nele com precisão e intensidade. Afinal, nossa vida foi gerada com envolvimento intenso, coesão, inteireza e plenitude.

No decorrer da história do homem ocidental, a razão infelizmente serviu de anteparo a essa intensidade, em detrimento de um envolvimento mais pleno e visceral; a racionalidade deve ser resgatada como propiciador de ações intensas ao desenvolver um pensar conectado com o movimento de intensidade criadora.

No ato criador não precisamos parar para pensar no que fazemos. Nosso trabalho é de ligar o pensamento ao fazer, abrindo as frestas de uma ação mais iluminada, integrada.

A reflexão que emerge deste movimento não é algo, em si, distante da emoção que move a ação; ela é parte integrante da fecundação de novas atitudes e novas formas de viver.

O INTANGÍVEL DA ARGILA

Deolinda Fabietti (poesias de Antonio Sidney Francisco e Silvana Amaral Pesce)

O contato com a argila evoca infinitas possibilidades. A magia da conexão e comunicabilidade com o mundo interno das pessoas e a riqueza dos conteúdos explorados nortearam e motivaram nossas reflexões. Quando se contata a argila, revivemos algo que foi experienciado num determinado momento, que traz consigo significados, lembranças e histórias...

Era uma vez... uma moça chamada Agra.
O pai, quando colocou seu nome, quis no seu destino
vida, proteção e acolhimento.
E assim aconteceu. A muitos ela ajudou,
trazendo para o seu peito todas as dores do mundo.
Hoje, soberana, carrega no ventre os oceanos, a luz, o perfume.
Essência da alma daqueles a quem ajudou.

No trabalho com crianças, percebemos que a experiência é bastante particular. Elas encontram outros ecos dentro de si, dando novo significado a seu trabalho várias vezes, transformando-o em pó, em outra peça ou destruindo-o simplesmente. Daí o processo ser mais dinâmico, quando comparado ao do adulto. Elas vivem o presente mais facilmente, trazendo as numerosas possibilidades da transformação. A impermanência é natural em sua ação. Ocorre o fluxo e o refluxo da criatividade, um explorar constante, livre e espontâneo...

Argila é terra. Vem do chão, da base, daquilo que é fértil, que se recicla.
Ela é variada. Depende da profundidade para Ser.
Tem suas particularidades, seus contornos.
Na sua composição tem elementos que não vemos,
mas sentimos e percebemos.
Algumas são ásperas, outras são macias, quentes e agradáveis.
Com ela construímos segurança, casas, tetos.

Já o adolescente e o adulto tentam reconstruir o trabalho colando, refazendo o que quebrou. Querem terminá-lo, dar acabamento, eternizá-lo, mesmo correndo o risco de vê-lo trincado ou quebrado depois de uma queima.

Algumas construções são tão grandes, altas, propondo-se a objetivos magníficos, elevados, à oração.

Nossa parte humana/terra é a nossa parte continente, presente,
apoiadora, suportando a
nós mesmos e toda a natureza.
Nossa parte terra pisa, bate com os pés, com as mãos, faz barulho,
fere quando preciso for.
Nossa parte terra é grande, vasta, nua, receptiva e passiva,
à espera do plantio e da colheita.

Quando o arteterapeuta acompanha os movimentos das pessoas em contato com a argila, tem diante de si um universo de possibilidades e intervenções. O corpo todo vibra. O sangue pulsa revolvendo sentimentos e emoções latentes. Ele faz parte dessa experiência olhando para dentro de si e para a ação do outro. Reconstrói, avalia e reelabora sua experiência. Estabelecemos uma relação verdadeira e nutritiva. Estamos conscientes, em um estado de vigília e de doação que nos possibilita encontrar um caminho que nasce da "intenção" de seguir junto.

O plantio que é solene. Rasga a terra, joga-se a semente.
Transformação, penetração, gozo e o milagre da vida acontece.
A vida verde rasteja, cresce sombreado o vale.
Vem a chuva, encharca, enlameia, absorve e tudo cresce.
O humano/terra é sutil e esconde na sua essência o húmus
que alimenta, que regenera e cura.

A "intenção" permite ao terapeuta compreender o que está acontecendo no nível interno das pessoas e sentir sua ressonância diante dos trabalhos. É esse acreditar, essa confiança, que lhe permitem entrar no processo. Vivenciando intensamente a arte com todas as suas possibilidades e técnicas, o arteterapeuta pode se reconhecer, descobrir significados, compreender, permitindo que se estabeleça uma comunicação clara e vívida com o outro. Olhar e perceber a ação e a reação das pessoas em contato com a argila são aspectos que abrem espaço para se vislumbrar as necessidades do outro.

Olha! Ela é vermelha, é grossa, é amarela, é preta, marrom...
quanta beleza!

Ela sai do corpo, e fica. É elástica, gruda e persiste.
Todos somos terra, na pele, no sangue, na alma.

Certas defesas, criadas pela falta de confiança e não-coragem são barreiras ao desenvolvimento humano. O arteterapeuta, com muito cuidado e delicadeza, pode ser o mediador que ajudará a redescobrir e transformar histórias. Essa intenção não necessariamente levará ao acerto, ao previsível. O inusitado e a surpresa fazem parte desse processo.

Quando a criança entra em contato com a argila, carrega algo dentro de si, mas ainda num nível vibratório. Existe, mas não é. Mexer o barro está nesse nível que na física chamamos de atualidade. No momento em que algo começa a tomar forma, a emergir, a ter um contorno, damos o nome de realidade, porque é reconhecido pela consciência.

Com ela construímos sonhos elevados.
Sonhos que emergem do chão, das profundezas mais arcaicas.
Construímos igrejas, palácios, casas, casebres e barracos.
Ela separa, protege e aquece.
Dela saímos para a vida, para a experiência, os contatos.
Para ela voltamos nos rituais mais solenes.
Da morte, de vida, parto, nascer/morrer, reviver e transformar.

Estar afinado com o outro possibilita tornar realidade o que quase já existe. Criam-se contornos naquilo que era fundo, disforme e vazio. Allessandrini (1998) relaciona esse trabalho como detonador de uma construção mental. Num primeiro momento, o sujeito precisa repetir a ação sobre o mesmo objeto, identificando-o. O barro é trabalhado num nível primário, sensório-motor. É o fazer e refazer inicial. No segundo, relações são estabelecidas. É um nível mais elaborado em que já existe uma representação no plano mental de algo que se deseja realizar. No terceiro, cada um não apenas repete movimentos que fez inicialmente, mas o faz para inseri-lo no contexto do trabalho/modelagem/escultura que está fazendo.

Todo trabalho desenvolvido em arteterapia pressupõe uma articulação invisível, como que uma coordenação cognitiva das ações encadeadas que compõem o processo. O crescimento ocorre a partir de um jogo de interdependências, no qual uma ação é pensada em função da outra, diante de um objetivo maior.

A terra simboliza o corpo físico e a afinação com o
mundo das formas materiais.
Terra é passividade, força, o agora.
Olhar para baixo, reverenciar, sentir os pés apoiados, firmes e seguros.
A superfície exposta, aberta e pronta para o acaso, o porvir.
Quantos ela alimenta? Generosa, dádiva dos céus.
Quantos ela reúne? Povos, países, culturas.
Quantos ela engole? Terremotos, desvios, desequilíbrios.
Terra, Água, Ar e Fogo. Juntos fazem a perfeição.

Lembramos Zinker (1977), para quem os subsídios teóricos permitem ao terapeuta desenvolver uma ação mais efetiva. Daí o valor de se compreender os mecanismos mentais que coordenam a ação cognitiva, pois a consciência da ação pode caracterizar e desencadear uma intervenção terapêutica mais adequada.

A humanidade se afasta devagar do essencial.
Perdendo o contato com a terra/mãe/mestre.
Exclui-se o poder da magia, da transmutação.
Do espontâneo, do primitivo.

Ao contatar a argila, acessamos canais que nos permitem identificar e saber quem verdadeiramente somos. A experiência é altamente mobilizadora porque nos conecta com nossas raízes. Evidenciam-se três níveis da experiência: o sensório-motor, o perceptual-afetivo e o cognitivo-simbólico. A psique humana é variada e multiforme como toda a natureza. Aprendemos a nos relacionar com o mundo emitindo movimentos e avaliando sensações. No contato inicial com a argila relembramos o nosso ato primal de ver o mundo por nossos próprios sentidos.

A argila pode ser a própria extensão e reflexo do seu criador, à medida que revela sentimentos, percepções e individualidades. Uma dimensão humana maior é sentida quando a criatividade é liberada em uma pequena obra de arte feita de argila. As reentrâncias revelam e escondem detalhes da vida de quem as produziu.

Ao interpretar o fruto de uma experiência com a argila, as palavras são pobres para expressar a riqueza dos conteúdos apresentados. Algo sempre fica intangível, no nível do mistério...

MÁSCARAS

Ana Beatriz Toledo de Almeida e
Renata Simões Sene

Máscaras.
Tocar.
Sentir a textura.
Dar forma.
Transformar.

Deparo com a sombra e com a luz.
Vejo-as explicitamente
desvelando sua nudez perante mim mesma.

Com a ousadia da criação, revelo minha própria imagem arcaica
obscura há séculos.

Desmascaro meu rosto interno
e a pele transforma-se num material duro.

O gesso endurece rápido.
A madeira é dura de talhar.

Argila se desmancha na água.
O papel é frágil de rasgar.

Não importa.
É máscara.
É pele.
Sou eu.

Espelho que vê
só quem quer
que olha
quem tema a coragem.

Entranhas que transmutam para o externo.
Amasso, rasgo, corto, recorto, colo, enfeito...

Sombra da dor.
Sombra do amor.
Tiro a máscara.

Novas faces emergem em nossa pesquisa: a confecção de máscaras. Tocamos o rosto do colega para senti-lo e para preparar a máscara que adere a seus contornos mais delicados. Reproduz o "si mesmo" de um novo jeito. Personas emergem com alegria e simplicidade. Cada faixa de gesso colocada compõe o preenchimento de um desejo, de um rosto, de uma parte de nós.

As máscaras compõem dois elementos básicos de grande importância: o simbólico e o expressivo. Podem ser utilizadas como ferramentas de trabalho em arteterapia, pois são facilitadoras de processos de autoconhecimento. O elemento simbólico está presente no retrato de desejos, fantasias, projeções, sentimentos e pensamentos sobre si mesmo e sobre o mundo circundante. O simbólico provém das necessidades internas, muitas vezes inconscientes.

Com o uso das máscaras, personagens ocultas são representadas, amenizando "o peso" da responsabilidade de assumir papéis. Simbolizam "algo que está por trás". O elemento expressivo revela como o indivíduo se relaciona com sua sombra: habilidade e dificuldade; e com sua luz; aquilo que ele quer ser, fruto de sua individualidade. Personalidade permeada de repressões por conta do meio socioeconômico-cultural, envolvendo princípios, crenças e valores introjetados durante o processo de formação da identidade.

As máscaras são um canal de expressão. Podem revelar ao indivíduo seus segredos, levando-o a vencer seus próprios medos e limitações. Ao reconhecê-los, podemos transformá-los. Construímos, assim, de forma mais autêntica e saudável, nosso ser.

O processo de conscientização com máscaras possibilita ao indivíduo uma relação mais criativa com o mundo. Na dramatização, a criação de histórias propicia que disfarces e diálogos se estabeleçam. Motivos implícitos como esconder, camuflar, defender, mostrar, alegrar, entristecer vêm à tona.

O processo terapêutico traz a conotação de prazer no fazer artístico e criativo à medida que a pessoa constrói com suas próprias mãos. As escolhas e o envolvimento com o material trazem informações sobre como o indivíduo lida com suas necessidades e frustrações. No contato pessoal os aspectos internos emergem.

Máscaras podem ser confeccionadas como verdadeiras obras de arte. Os mais variados materiais podem ser utilizados. Podemos moldá-las nos próprios rostos, fazê-las à mão ou a partir de formas semiconstruídas. Vários caminhos são possíveis.

A alquimia criativa ocorre nessa transformação de energias internas, em que revelamos nosso eu, enfrentando a realidade. Trabalhar a arte em vivências terapêuticas facilita o autoconhecimento na busca do crescimento. Essa alquimia abre caminhos. É livre e libertadora.

TRAÇOS E RABISCOS TORNAM-SE IMAGENS; DESENHOS CONTAM HISTÓRIAS

Mônica Leonardo Salgado Ferreira e
Regina Fiorezzi Chiesa

Um traço solto no papel. Um gesto que aparece em um risco desenhado sobre a folha. Surpresa. Diálogo colorido. Figuras surgem. Histórias de ontem e de amanhã. Absolutamente no presente.

O rabisco expressa algo do eu interior. A criança, o adolescente e o adulto rabiscam seus sentimentos de raiva e de alegria, sentindo um grande alívio.

Winnicott (1968) utiliza o jogo de completar o traço – Jogo do Rabisco. Uma pessoa senta-se em uma mesa com dois lápis e uma folha de papel. O terapeuta fecha os olhos, faz um traço no papel e pede a ela para completar. À medida que o desenho vai evoluindo, eles conversam sobre as figuras que surgem, estabelecendo uma comunicação.

No ateliê terapêutico o Jogo do Rabisco pode ajudar na construção do vínculo, principalmente durante os primeiros contatos. Facilita a comunicação e torna os resultados mais proveitosos. Rabiscar ludicamente convida à participação em um "jogo", estabelecendo um contato espontâneo, norteando assim o caminho do terapeuta. Cria-se um contexto de sintonia e brincadeira que possibilita o vínculo.

Aprendemos por meio dos sentidos. A capacidade de ver, sentir, ouvir, cheirar e provar proporciona a interação do homem com seu meio. Quanto maior for a conscientização de todos os sentidos, maiores serão as vantagens no processo de aprendizagem.

A arte tem sido considerada algo que nasce, brota intuitivamente do indivíduo. Segundo Lowenfeld (1970), cada desenho reflete os sentimentos, a capacidade intelectual, o desenvolvimento físico, a acuidade perceptiva, o envolvimento criador, o gosto estético até a evolução social da criança como indivíduo, acompanhando a rapidez do pensamento, respondendo à urgência expressiva.

O desenho cria, por meio de traços, os finitos de uma visão, de um momento, de um gesto. É uma espécie de definição, como a palavra. É uma atividade perceptiva. Algo que nos convida, sugere e evoca. O desenho é a revelação. Responde a toda forma de estagnação criativa, deixando que a linha flua entre os "sim" e "não" da sociedade. Ele manifesta o desejo da representação, mas também expressa medo, alegria, curiosidade, afirmação e negação. Para a criança o desenho engloba uma atividade total, ou seja, suas potencialidades e necessidades. Em sua totalidade sensível e aberta, ela apreende as regras do mundo como única verdade, não podendo fazer uma conexão com seu "eu interior" mágico e curioso, diante do mistério que é a vida. E como é importante poder expressar essa verdade interna, essa curiosidade que fica adormecida.

Inicialmente o mundo das crianças está em todos os lugares e é o espaço emocional que traz para bem perto ou leva para bem longe os objetos de afeto, não importando sua posição física. A criança não tem noção de tempo e de espaço e tudo acontece de forma mágica. As formas gráficas espelham a organização interna do universo das crianças. Normalmente elas ficam contentes com o resultado de seus desenhos. É a sua intimidade exposta e revelada.

Quando a criança interpreta seu desenho, geralmente transforma-o numa outra história. Sua interpretação costuma ser mais rica do que o próprio desenho, uma vez que ela pensa magicamente. A palavra representa uma nova relação com o universo, com os objetos, possibilitando-lhe elaborar seus medos, angústias e emoções. A palavra evoca imagens, resgata fatos esquecidos, projeta idéias para o futuro. Assim, o desenho e a fala interagem ligando um passado e um futuro a um presente imediato.

A atividade de desenhos-história, proposta por Trinca (1972), é empolgante, pois nos auxilia na compreensão da personalidade da criança, do adolescente e do adulto. O desenho-história é um facilitador para atender às necessidades emergentes, em que o indivíduo entra em contato com seus conflitos e angústias, podendo também elaborá-los. É uma forma espontânea e rápida para favorecer *insights* e a apreensão do "eu". Pedimos que a pessoa realize uma série de cinco desenhos livres. Cada um deles é um estímulo para que conte uma história, associada livremente. Depois dessa primeira etapa, pedimos um esclarecimento (inquérito) sobre fatos e detalhes acerca das figuras, assim como sobre o título da história.

Estabelecemos algumas relações entre os desenhos, a história relatada e o título. Ao contar a história percebemos como a pessoa se sente, como se apresenta e qual é o conflito naquele momento. Da mesma forma ela também expressa as saídas encontradas e desejadas para resolver seu conflito.

Rabiscar, desenhar, contar histórias tornam possível partir do movimento cinestésico e da forma, chegando ao simbólico pela via do cognitivo. O criativo permanece presente o tempo todo.

Segundo Kagin e Lusebrink (1978), a experiência sensório-motora por meio uma atividade artística oferece a oportunidade de uma relação com o mundo pela ação e pelo movimento. O modo como a criança ou o adolescente trabalham com a sua obra de arte reflete muito o modo como se relacionam com seu ambiente. Quanto mais direto for o contato sensório com o material, mais a criança se identifica com sua obra, aproximando-se dela como "arte" em si, apropriando-se verdadeiramente das qualidades que expressou ali.

Lembramos que o nível sensório se refere às sensações experienciadas enquanto rabisca e desenha. Já no nível motor, a ação é caracterizada pela expressão de movimentos. A estimulação sensório-motora apresenta um componente curativo e terapêutico que surge do ritmo que se estabelece espontaneamente, do desenvolvimento da forma e da percepção desta e de seus significados.

Quando contamos a história do desenho estabelece-se um distanciamento. Segundo Kagin e Lusebrink (1978), é esse distanciamento e a percepção visual das formas que caracterizam o segundo sistema humano de captar a realidade, denominado de perceptual-afetivo. É a maneira que o indivíduo tem de elaborar aquilo que, no nível anterior, ele apenas sente, vivencia hapticamente. Ele capta informações do ambiente pelo corpo passando a dar-lhe uma forma, uma definição maior das qualidades da experiência vivida. É nesse nível que as emoções geradas vão se configurando em formas mais definidas. As percepções são selecionadas e se organizam formando imagens individuais.

Ao nomear uma imagem relacionamos significados às formas expressas no trabalho de arte. Estamos percebendo a realidade no nível cognitivo-simbólico. O cognitivo lida com o pensamento lógico e analítico e o simbólico focaliza a formação intuitiva de conceitos. Nesse nível, as analogias são elaboradas e o foco está na investigação de relações com a realidade externa. Às vezes, o significado pode ser intuitivo, representado por uma metáfora, uma imagem ou palavras. Uma resolução simbólica leva ao crescimento e ao *insight*. Desse modo chegamos ao nível criativo que tem, segundo as autores citados, o potencial de síntese entre os diferentes níveis. O ato criador requer muita energia e propicia um relaxamento e uma completude que experimentamos ao vivenciar a passagem por qualquer um dos níveis descritos. Ele se manifesta em espiral, como em um movimento que flui em direção a algo que representa sempre "um novo passo" dentro do processo em si.

* * *

Fizemos uma viagem. Passamos por várias experiências: argila, tinta, parafina, construções, desenhamos e rabiscamos linhas... Tocamos o espaço infinito da expressão pura. Sentimos a alegria de descobrir, de reconhecer, de viver cada semente que até então não havia brotado.

Tínhamos em vista o outro, ainda não presente... Ao mesmo tempo, reconhecemos em nós mesmos a base para um relacionamento terapêutico futuro. Reconhecemo-nos como uma célula viva que precisa de alimento e nutrição, que não se esgotou somente naquelas oficinas e naquele semestre. Ela nos mostra como é importante continuarmos o processo tanto no grupo quanto individualmente. Alimentando nossa célula nutrimos o outro, pois estamos reverberando sentimentos e emoções, e nos aprimoramos. O outro capta naturalmente nosso processo e esse espaço de contato se estabelece em um contato genuíno com nosso potencial criador.

Fortalecemos nossa identidade como seres humanos ao experienciar a possibilidade transformadora da arte. Afinal, somos pessoas que primeiro vivemos esse processo e assim podemos saber e compreender a real dimensão do que ocorre a partir da experiência artística. Aprendemos a compartilhar a humilde descoberta de querer estar com o outro da mesma maneira como estivemos. Desenvolvemos uma disponibilidade para mudar com o prazer de revelar o desconhecido, iluminando seus meandros, reconhecendo seus detalhes, construindo o arteterapeuta que somos hoje.

CONSIDERAÇÕES FINAIS

Cristina Dias Allessandrini

Nesse momento meu desejo é refletir sobre nossa proposta. Inicialmente um sonho se delineou... Agora, sua concretude aponta caminhos de futuro. Explicita passos e define uma linha de ação terapêutica e educacional. Na formação de arteterapeutas o trabalho em ateliê demonstra a qualidade de intervenção possível de ser vivenciada em outros contextos, em projetos de trabalho a serem desenvolvidos em instituições com diferentes populações. Cabe a nós reconhecermos os jeitos e os "como", oferecendo possibilidades e captando as sutilezas de cada momento detonadoras de crescimento, de aprendizagem.

O ser humano é naturalmente criativo. Cada pessoa possui dentro de si a possibilidade de evocar um potencial criador diante da necessidade de encontrar respostas para suas questões. Muitas vezes essa ação criadora emerge de forma natural e espontânea, mas, em outras situações, o mesmo indivíduo pode não se reconhecer naturalmente criador de novas formas.

O que se passa no interior das pessoas que podemos achar pertinente a esse vasto mundo de potenciais e de conhecimento chamado criatividade? Em que contextos podemos observar sua emergência e sua inserção? Como a criatividade se expressa em situações de desafio? Qual o papel da criação no desenvolvimento dos conhecimentos? Como a ação criativa permeia o processo de aprendizagem? Como a criação participa da ação terapêutica desenvolvida em ateliê de arteterapia?

Quando começamos a pensar sobre o papel da criação em diferentes domínios, em contextos em que ela se expressa com um dinamismo próprio e gerador do que é aparentemente novo, deparamos com a amplitude e a beleza da ação criadora. Afinal, o homem expressa sua criação a cada momento em que se relaciona com o outro, em que transforma seus velhos aprendizados em conhecimento atualizado, em que recontextualiza o que aprendera até então, em que renova a si mesmo ampliando sua compreensão do mundo a seu redor. O homem cria ao estabelecer novas relações sobre temas que se propõe estudar, cria ao trabalhar com linguagens distintas o mesmo conteúdo interno, cria ao transpor situações sentidas e vividas para a imagem e para a palavra, cria ao olhar a mesma forma de perspectivas diferentes.

Todo um universo se amplia para aquele que abre seu coração para a qualidade geradora de conceber o que para si é novo. Como sentir e viver a alegria de alimentar a ação criativa absolutamente presente em nosso dia-a-dia? Talvez o maior desafio do ser humano nos tempos atuais seja exatamente o de manter-se conscientemente criativo diante de um mundo em acelerada mudança e em contínuo processo de ajustes e reajustes criativos.

O elemento criador no processo de aprendizagem gera consciência e autonomia no indivíduo que, ao mesmo tempo que está vivendo constantemente o processo de equilíbrio de seu aprender, o faz de forma pessoal, tendo sempre disponível sua condição de aprendiz espontâneo e participante.

O criar em situações de aprendizagem, como durante o processo de formação de arteterapeutas, acontece no buscar caminhos e no tentar resolver situações de desafio, encontrando soluções por vezes inusitadas e não-freqüentes, ou que simplesmente sugerem relações até então pouco exploradas e pensadas. O novo é marcante nessas situações e é vivido na experiência pessoal quando o indivíduo elabora padrões de ação que lhe eram, até então, desconhecidos. Quando essa ação se torna reconhecida pelo grupo, ela atinge uma outra dimensão. Podemos então significá-la até como elemento gerador do nível conceitual, pois a aprendizagem se firmou e formalizou.

A aprendizagem que permite o desenvolvimento da criatividade paralelamente ao conhecimento em si, trabalha o ser humano de forma mais integrada, pois está preocupada com todas as relações que ele possa realizar durante a ação em si. Ela permite que o processo seja um estímulo para novas transformações, recebendo o conhecimento e construindo gradativamente seu próprio repertório mental.

O terapeuta deve se aprimorar como instrumento de seu próprio trabalho, verificando padrões ocultos que surgem e acontecem na relação com o outro. É importante dialogar com a pessoa sobre quando ela foi criativa, onde o fato aconteceu e sobre os padrões estabelecidos. O processo terapêutico é todo um processo de ir buscar junto um caminho de autoconhecimento.

A oportunidade de um aprimoramento pessoal por intermédio da arteterapia vem ao encontro de uma necessidade dos tempos atuais, em que o homem encontra-se tão distante de si e necessita cada vez mais resgatar seu ser sensível e criativo para realizar com consciência a bela e difícil tarefa que é ser "si mesmo" em um mundo que constante e continuamente convida para a não-consciência e para um consumismo exacerbado.

O contato com a arte como recurso mediador para o resgate do ser sensível torna-se necessário e fundamental em um tempo em que a transformação das aprendizagens na vida propõe um ritmo intenso e criativo para que o homem possa preservar sua integridade e autoridade no exercício de sua cidadania.

O homem deve poder abrir-se para a descoberta de relações outras em um mesmo espaço de trabalho pessoal e profissional. Pessoal porque ele deve trabalhar a si mesmo, reconhecendo suas facilidades e suas dificuldades, procurando alavancar "seu melhor" na construção do ser humano que ele é, interagindo e se relacionando com os outros. Descentrando-se, mantendo o contato consigo próprio, acionando seus mecanismos de ação para criar o que ainda não existe. Permanecendo aberto ao inusitado e ao sutil, mas ao mesmo tempo, focado em uma visão do real: a realização de seu projeto pessoal. Em nosso caso, o projeto de ser arteterapeuta. Profissional, pois as dinâmicas que desenvolve poderão se mostrar facilitadoras na resolução de questões ligadas à sua inserção no mercado de trabalho. Encontramos o projeto como um caminho de ação nas diferentes profissões em que é o homem quem faz. Em espaços terapêuticos – psicopedagógicos, psicológicos, arteterapêuticos – os projetos se apresentam como metáforas de "momentos e tempos" do desenvolvimento das pessoas que os idealizam articulando caminhos, reconstruindo a si mesmas. A consciência das ações desencadeadas durante sua realização permite ampliação da visão das relações de como cada um faz para desenvolver o que deseja. Que impedimentos são reconhecidos e podem ser redimensionados para que facilitações alavanquem um fazer criativo e intencional?

Consideramos relevante melhor compreensão das relações presentes no dinamismo psíquico do ser humano quando conecta seu potencial criativo diante de questões que deve resolver. A interface dos conteúdos na conservação das significações requisita, de cada um, que reinsira a compreensão de determinados conteúdos em outros contextos.

Nesse sentido, a visão sistêmica se apresenta extremamente significativa, pois nos possibilita entender um pouco como os sistemas interagem em uma rede de interconexões, constituindo, assim, o conhecimento já construído, mas também eterna e constante atualização. Algo que se configura em um instante de consciência pode ganhar novo sentido no momento seguinte. O homem se percebe agente, realizador de tarefas e trabalhos que podem ser dinamizadores de novas ações. De certa maneira, ele se coloca como alguém que participa da construção do futuro. Portanto, o projeto pode se inserir na "[...] categoria dos sistemas abertos, suscetíveis de aprendizagem e criadores de sentido" (Boutinet, 1990).

Falar em futuro nos tempos de hoje implica observar o tempo em uma perspectiva dinâmica. Reconhecemos que o tempo pressupõe a experiência do processo, pois algo se desenvolve a partir de uma situação que evolui e culmina em um término, um fechamento. Não que essa conclusão seja simplesmente a finalização de um processo. O que defendemos é que essa ação real e concretizada pode gerar a produção de novas ações. E, assim sucessivamente, em elos e ciclos que se abrem e se fecham, promovendo uma circularidade dialética e interdependente. Dialética porque relacionada ao equilíbrio dos movimentos naturais entre as diversas partes do todo que dialogam entre si para ser. Dialética pois o equilíbrio dos movimentos sucessivos ocorre em um processo evolutivo de ajustamento criativo. Cada ação possui uma característica que lhe é própria ao mesmo tempo que tem dentro de si a capacidade de se transformar diante do que lhe é solicitado, na relação que se estabelece entre essas diferentes partes. Interdependente pois dentro do que já está constituído por si próprio, algo novo e maior pode ser evocado, não sem que uma certa identidade seja mantida. Cada parte mantém suas características, e é a partir delas que interage. A ação autêntica em sua essência se abre para o novo, transforma-se, mas não deixa de ser ela própria. Dessa forma pode dialogar com o outro, abrindo-se para a construção do que se apresenta significativo.

É o sensível norteando cada ação. É o afetivo acolhendo e sentindo cada passo do processo. É o cognitivo em construção, dinamizando a experiência criativa e desafiadora de buscar pequenas ou grandes respostas. É o homem se relacionando com o outro e com o grupo, construindo o que é dimensionado como pertinente ao objetivo que tem em mente, ao projeto que deseja realizar.

Vivemos os novos tempos, o tempo das transformações que ocorrem incessantemente, em cada lugar e a todo instante. Mudanças se produzem e com elas a necessidade de articular diferentemente o que projetamos para o nosso dia, tarefa, trabalho, proposta, problema, situação, projeto. A realidade desta era das tecnologias e do avanço da ciência determina uma nova visão de homem: aquele que tem a mente aberta e disponível para pensar a resolução de suas questões sempre dentro da problemática inserida nelas. O velho, estruturado a partir de tantas aprendizagens, por vezes se apresenta obsoleto, arcaico mesmo diante do que emerge. Algo vibrante e novo apresenta contornos inusitados que demandam rapidez na resposta a ser dirigida àquela situação que se apresenta.

E assim o arteterapeuta constrói o profissional que se torna, experienciando a alquimia criativa de transmutação de seus conteúdos pessoais. Aprimora seus instrumentos ao refinar sua sensibilidade e ao expandir seu conhecimento. Fortalece sua ação ao dimensionar a sutileza e a densidade de cada movimento ou intenção nas oficinas criativas que desenvolve com as pessoas em processo arteterapêutico. Desenvolve uma sabedoria alegre e amorosa ao estabelecer uma relação de intimidade com os materiais que utiliza durante seu trabalho. Pode criar novas formas de emprego desses mesmos objetos e materiais, pois compreende as conexões que eles potencializam. Transcende, assim, as diretrizes norteadoras de um fazer em espaço de arteterapia ao descobrir novos jeitos e novas configurações, ampliando e enriquecendo seu corpo de conhecimento apoiado na observação cuidadosa e respeitosa da ação terapêutica em ateliê.

Referências bibliográficas

ALLESSANDRINI, C. D. *Oficina criativa e análise microgenética de um projeto de modelagem em argila.* Tese de doutorado em Psicologia, IPUSP, São Paulo, 2000.

_____. *Oficina criativa e psicopedagogia.* São Paulo: Casa do Psicólogo, 1996.

_____. A criatividade na educação para a paz. *Arte-terapia: Reflexões*, São Paulo, n. 2, 1996, p. 31-47.

_____. "A alquimia criativa". In: ALLESSANDRINI, C. D.; BRANDÃO, C. R.; LIMA, E. P. *Criatividade e novas metodologias.* São Paulo: Fundação Petrópolis, 1998.

ARIETI, S. *La creatividad. La síntesis mágica.* Consejo Nacional de Ciência y Tecnologia. México, Fondo de Cultura Econômica, 1993.

BOUTINET, J. *Antropologia do projecto.* Trad. José Gabriel Rego. Lisboa: Instituto Piaget, 1990 (Coleção Epistemologia e Sociedade).

KAGIN, S.; LUSEBRINK, V. B. The expressive therapies continuum. *Art Psychotherapy*, 5(4); p. 171-179, 1978.

KNELLER, G. F. *Arte e ciência da criatividade*. Trad. José Reis. 9. ed. São Paulo: Ibrasa, 1987.

KRAMER, E. *Art as therapy with children*. Nova York: Schocken Books, 1971.

OSTROWER, Fayga. *Criatividade e processos de criação*. Petrópolis: Vozes, 1993.

PIAGET, J. *As formas elementares da dialética*. Trad. Fernanda Mendes Luiz. São Paulo: Casa do Psicólogo, 1996.

PIAGET, J.; INHELDER, B. *A imagem mental na criança*. Trad. Antônio Couto Soares. Porto: Civilização Ed., 1977.

TRINCA, W. *Investigação clínica da personalidade: o desenho livre como estímulo de apercepção temática*. São Paulo: EPU, 1987.

WINNICOTT, D. W. O jogo do rabisco. In: ____. *Explorações psicanalíticas*. Trad. José Octávio de Aguiar Abreu. Porto Alegre: Artes Médicas, 1994.

ZINKER, Joseph. *Creative process in Gestalt therapy*. Nova York: Brunner/Mazel, 1977.

Parte II

Arteterapia no Trabalho Comunitário

O resgate do universo feminino

Maria Alice de Val Barcellos, Ines Novoa Jezler, Regina Fiorezzi Chiesa, Márcia Murinelly Gomes, Regina Santos, Deolinda Fabietti e Silvana Lacreta Ravena

Vi uma estrela tão alta
Vi uma estrela tão fria!
Vi uma estrela luzindo
Na minha vida vazia.
Manuel Bandeira, "A Estrela"

A delicadeza dessa poesia levou-nos a refletir sobre o processo de formação das estrelas. Durante longos anos transformações ocorrem, constituindo a massa estelar até que ela atinja o pleno brilho. A mulher no seu processo de amadurecimento e aprimoramento interno tem a possibilidade de contatar o próprio esplendor e o desenvolvimento de sua expressão.

Em alusão às cinco pontas de uma estrela, procuramos trazer para a discussão temas como *renascer*, *caminhos*, *novos significados*, *sabedoria* e *belo*, em cinco textos escritos por diferentes arteterapeutas sobre a percepção desse universo feminino. Cada um aborda de maneira diversa o trabalho em ateliê terapêutico com grupos de mulheres, tecendo reflexões, relatando experiências ou buscando na história aspectos que nos unem em torno da arte.

O RENASCER

Maria Alice de Val Barcellos

[...] NO PRINCÍPIO SÃO PARTÍCULAS DE PÓ FLUTUANDO DISPERSAS EM NUVEM...

Acreditando que arte é vida, após um grande período de buscas, ordenações e elaborações pessoais, escolhi a arteterapia como um caminho para ajudar o indivíduo a entrar em contato consigo mesmo, pela livre expressão com materiais artísticos. O que tenho como meta transcende os limites da arte e do seu produto: a criação artística.

Meu olhar como arteterapeuta acompanha o processo de criação, pelo qual se vai revelando e expressando seu criador. Nesse trabalho dou atenção a como o indivíduo se move e faz suas escolhas em um ateliê terapêutico; significados desvendam-se pela expressão pessoal, em uma troca criativa com os produtos artísticos elaborados. O objetivo é levar o indivíduo criador à auto-análise por meio da análise de sua criação. Percorrendo o caminho de suas escolhas de cores e texturas, de formas e movimentos, ele vai desvendando, aparentemente de modo aleatório, a singularidade que o caracteriza. E o que não conseguia dizer, diz com clareza indolor na arte das imagens. O silêncio de palavras faz-se grito de formas e cores.

O trabalho arteterapêutico, em meu ateliê, desenvolve-se individualmente e em grupos. Minha opção por trabalhar com grupos se dá pelo fato de que a troca entre os integrantes é extremamente rica, pois um indica ao outro novas possibilidades de ser e de viver. Além do mais, cada um dá suporte ao outro em momentos de intensa emoção. É muito significativo poder constatar quanto cada um cresce ao trabalhar e elaborar seus conflitos, compartilhando seu trabalho individual com os demais em um espaço comum.

Acredito que em cada indivíduo há uma força poderosa que luta continuamente pela sua auto-realização, bem como esse potencial inato busca a liberdade de ser autêntico mediante ações construtivas e produtivas que atendam às suas necessidades mais fundamentais, e, ainda, que essa força busca alcançar a maturidade, a independência e a autodireção. A importância do trabalho arteterapêutico em grupo está no fato de haver uma estreita relação entre a integração do grupo e a criatividade alcançada. Quando cada integrante do grupo consegue expressar-se com maior liberdade e aceitação, construindo e produzindo um trabalho artístico que revela seu potencial criativo, ele adquire maior confiança em si. Pode, então, interagir mais facilmente com o outro, favorecendo oportunidades que o ajudam a descobrir-se e revelar-se. É um pouco o que Carl Rogers denomina "tornar-se pessoa".

A evolução dos grupos é um processo que passa por três fases: individuação, identificação e integração. Vejamos cada uma dessas etapas, tomando como exemplo o trabalho arteterapêutico com mulheres.

Em um grupo de mulheres com o qual trabalho, percebo como figura o aspecto da *individuação* da mulher madura que, aos quarenta anos, percebe-se cristalizada em uma *situação de vida* muitas vezes resultante de circunstâncias e papéis repetidamente assumidos e introjetados. Nesse processo cultural e coletivo, ela quase se perde. No entanto, no decorrer do trabalho a necessidade de individuação e a figura de cada uma vai despontando no grupo, pois, independentemente da natureza dos trabalhos e da organização formal do coletivo, cada integrante tende a querer se afirmar e a se fazer aceitar como indivíduo.

A aceitação na diferenciação, necessidade fundamental de cada uma, vai se delineando pouco a pouco, em um processo que inclui até intensas confrontações e demarcações de espaço em trabalhos coletivos. Surgem divergências de personalidade e de pensamento, que interrompem, em alguns momentos, o processo de integração. Emergem, com freqüência, os paradigmas que todos temos de certo e errado, de bonito e feio, de bom e ruim, de estético e antiestético... de "eu" e "tu".

Contudo, atitudes aparentemente negativas, como monólogos, o prazer em "detalhar suas biografias" (centro no "eu") ou até as interferências no trabalho do outro (centro no "tu"), trazem para o momento do encontro ocasiões privilegiadas para que eu, como arteterapeuta, perceba que a primeira tarefa a ser desenvolvida com o grupo é o cuidado na aceitação de si mesmo e na aceitação do outro, por parte de cada integrante do grupo.

Na segunda etapa, o grupo passa à fase de identificação. À medida que prossegue o processo arteterapêutico, com o entrelaçamento de atividades individuais e trabalhos coletivos na dinâmica do grupo, cada um vai se identificando com o espaço e com os demais. Já se fala e se ouve; comparam-se os trabalhos (o meu e o do outro) com observação das diferenças e sem tantos vínculos com o certo ou o errado: percebe-se a auto-identificação e a identificação do outro, caminho de superação do monólogo. O foco, seja no "eu", seja no "tu", se desestrutura e reestrutura... Essa fase será mais longa quanto mais heterogêneo for o grupo.

Quando cada um se sente plenamente aceito, quando seus trabalhos, muitas vezes apresentados timidamente, começam a ser percebidos e admirados pelo grupo, acontece a *integração*. O indivíduo sente-se à vontade e até sua capacidade verbal é enriquecida. Cada um já consegue visualizar outros modelos e possibilidades para sua dinâmica de vida. Cada um se dispõe, mais tranqüilamente, a perceber e analisar seus processos, revendo suas atitudes na relação consigo e com o outro. O grupo está, então, vivendo a terceira fase.

Entre os trabalhos realizados em meu ateliê com crianças, adolescentes e adultos, o que mais me emociona e estimula é o desenvolvido com mulheres na faixa dos quarenta anos em diante, pois chego inevitavelmente a meus próprios questionamentos sobre ser mulher.

Por anos, a mulher tem lutado para conquistar um espaço na sociedade e no seu mundo interno. Sua busca de individuação esbarra nas diferenças entre o masculino e o feminino, que aparece com menor ou maior força, mas quase sempre ocorre nos domínios inconscientes. Muitas vezes, mergulhada em seu mundo interno, ocupada com as descobertas sobre si, sente-se só. Contudo, a solidão pode ser enriquecedora, se orientada para a auto-análise das próprias realizações e barreiras vencidas.

A mulher, nessa fase, terá de dar ouvidos aos sinais emergentes em seu interior, perceber e levar em conta suas sensações, intuições e idéias. Reencontrar o próprio traço, escolher livremente cores e texturas, são passos dados por essa mulher no encontro conciliatório consigo mesma. A individuação do "eu" vai pintando suas cores, preenchendo espaços. No papel, nas tintas, na tela, na modelagem, vai se modelando essa mulher. Ela descobre que a outra metade da vida constitui um novo quebra-cabeças, bem como as novas percepções dão novo significado à sua vida e recuperam sua auto-expressão – talvez um dia não aceita, não valorizada.

Toda mulher possui uma vida secreta, pensamentos e sentimentos ocultos e, por mais que estes estejam enfraquecidos, quer descobrir-se inspiradora, intuitiva e criadora. Um anseio que brota quando percebe quão pouco tempo dedica ao desejo de sondar sua vida criativa. Busco então, no ateliê terapêutico, possibilitar recursos que a levem ao encontro desse desejo.

Procuro, em minhas observações, investigar a origem da conduta de cada mulher na expectativa de vê-la e conhecê-la melhor. E o que percebo? Em sua história, ela ocupou seu espaço primeiro com o cuidar do casamento, do companheiro e dos filhos, deixando suas oportunidades criativas adormecidas e, muitas vezes, inibidas pelo olhar crítico da sociedade e por padrões rígidos socialmente impostos. Por outro lado, há nessas mulheres necessidade de buscar um caminho para chegar a um eu mais profundo. E a atividade artística é um caminho maravilhoso para isso.

Se o silêncio da auto-expressão na vida tem de ser rompido, o grito de seu potencial pode ser expresso em formas e cores. A linguagem artística, capaz de dar lastro ao olhar e ao sentir, opera mudanças em seu ser, capacitando-a a preencher um espaço mais íntegro na sociedade. Integração essa que se faz somando o "eu" e o "tu". É o objetivo ambicioso desse meu trabalho arteterapêutico oferecer a este ser a oportunidade de expressar-se como mulher, buscando a forma criada e criadora.

A cada encontro, trabalho o nível sensório-motor, explorando o ver, o sentir, o tocar, o pensar e o transmitir. Essas são as preocupações máximas em minha atuação como facilitadora do processo expressivo de cada uma delas. O trabalho arteterapêutico que desenvolvo em meu ateliê compreende sessões direcionadas por uma metodologia que prevê seqüência de idéias e técnicas que, em um crescendo, de certo modo vão conduzindo ao autoconhecimento. Uma variada gama de temas e materiais é proposta em uma seqüência intencional que favorece a consciência do eu e do mundo.

Textos sobre geometria, pintura e poesia, entre outros, têm sido utilizados como elementos desencadeadores de reflexões que, em muito, enriquecem esse caminho de auto-análise a partir do que as mãos estão criando. Favorecem também a compreensão e a expressão desse trajeto.

No exercício da análise formal, procuro estabelecer relações de significado entre o traçado de linhas, cores e formas, aproveitando a riqueza do simbolismo desses elementos geométricos que, em sua dinâmica, espelham o modo de ser de cada uma. Ao longo do trabalho, que divido em algumas etapas, sensações são contatadas, abrindo espaço para a percepção de limites na busca da identidade. Em cada leitura da obra, são descortinados novos pontos de vista. A arte convida-a a perceber o objeto. Toda a riqueza da obra se revela e toma forma aos poucos, diversificando o fundo, revelando figuras que emergem, assegurando um suporte para novos acontecimentos.

Reconhecendo as próprias autoconfigurações, a mulher pode, usando diferentes materiais, ir velando uma cor e realçando outra com movimentos do pincel, diluindo pontos de tensão e figuras cristalizadas. A criatividade é construída no dia-a-dia. A autotransformação vai sendo modelada na busca da individuação, à medida que se conquista equilíbrio e criam-se novas formas.

Parece-me cada vez mais evidente a validade de um trabalho com intencionalidade, não invalidando, é claro, os momentos em que se faz necessário adotar a liberdade de manuseio dos materiais de acordo com as necessidades individuais. Cada ordenação leva a um produto diferente, pois as possibilidades são múltiplas no caminho da arte, e mediante intervenções mais dirigidas essa mulher pode fechar gradualmente o ciclo de perguntas e respostas das situações que se apresentam durante sua trajetória.

Figuras formam-se e "desformam-se", abrindo-se para outras novas figuras porque, como diz Fischer, "a função da arte é refundir esse homem, torná-lo de novo são e incitá-lo à permanente escalada de si mesmo" (1987, p. 18). Dinamismo da arte que, na sua expressão plena, busca a plenitude no dinamismo da vida.

Como exemplo do meu trabalho menciono uma cliente durante um período de tempo em que trabalhamos, em meu ateliê, a questão da identidade.

Essa mulher, na faixa dos quarenta anos, de nível socioeconômico-cultural alto, pertencente a uma importante família da sociedade, veio a meu ateliê para "fazer alguma coisa", ocupar seu tempo. Achando-se extremamente inútil, sem habilidades, dependente e desacreditada, disse nunca ter feito nada, nem ter lembranças de na infância ter pintado ou desenhado.

Colocou-se como uma pessoa muito crítica no que diz respeito à estética, à imagem pessoal, a seus trabalhos e também aos do grupo. Nos primeiros contatos, mostrou-se bastante arredia e insegura, sempre desvalorizando seus desenhos e pinturas, achando-os feios e inexpressivos.

Iniciamos um trabalho utilizando materiais e técnicas bastante simples e básicas, explorando as sensações, as texturas, as cores etc., buscando na pintura com os dedos um jeito de deixar sua "marca". Depois, trabalhando o ponto que se desloca no espaço, que é centro e também origem para outras linhas, procurei motivá-la individualmente e em grupo a perceber-se como esse ponto, explorando os diferentes espaços que freqüenta. Vários trabalhos foram executados com diversas técnicas até que, chegando à *linha*, conseguiu identificá-la como um elemento que, dando contornos, limitando e delimitando, vinha também "desenrolando a linha da sua vida". No jogo de enrolar e desenrolar os cordões, fios e lãs empregados nos trabalhos, as lembranças foram escrevendo as histórias, a sua história.

Em seguida, direcionei o trabalho para o corpo, levando-a a perceber, mediante vários exercícios corporais, que a linha delineia o contorno do corpo e, pela percepção desse espaço ocupado, ela poderia perceber outros limites e sentir a importância dessa linha que limita e delimita.

Trabalhando os espaços interno, físico, psíquico e o espaço no mundo, procuramos reconstruir sua identidade dentro da sua "fronteira", configurando imagens para encontrar sua "marca".

Muitos trabalhos foram feitos para que ela percebesse que uma "figura" existe em um "fundo", assim como esse fundo nos oferece outras possibilidades, novas experiências para realçar a figura. Com esse trabalho a cliente foi se percebendo como um ser integrante e importante na história de sua família; descobriu-se nesse "fundo familiar" também como uma peça importante e com uma missão a cumprir, e que há um espaço só dela.

Os materiais e técnicas empregados nessa fase foram a colagem e o xerox, que ela utilizou para copiar e duplicar imagens, fotografias e detalhes de sua vida pessoal. Nessa etapa surgiram lembranças de sua infância concretizadas no tempo e no espaço pelas fotos trazidas. Nesse momento ela até encontrou, perdidos na casa de sua mãe, alguns desenhos seus de quando era criança.

Sua qualidade foi crescendo paralelamente à sua desenvoltura em lidar com os materiais e as técnicas, bem como foram se delineando uma sensibilidade e uma percepção mais aguçadas.

Por meio da análise de obras de arte, ela foi ampliando seus conhecimentos e adquirindo novos pontos de vista para cada situação que se apresentava em seu dia-a-dia. Em vários momentos ela fez mudanças em sua casa e até conseguiu um "cantinho" onde pudesse pintar e desenhar.

Seu olhar muito crítico foi suavizando, perdendo a cristalização de padrões até então adquiridos, e ela se permitiu, inclusive, pendurar seus quadros em casa, independentemente de serem ou não apreciados pela família. Em certo momento chegou a fornecer alguns de seus trabalhos para serem vendidos em uma importante loja de São Paulo.

Seguindo o trabalho, ao deparar com figuras emergentes de grandes emoções, utilizamos as aguadas e aquarelas para que se diluíssem pontos de tensão e figuras cristalizadas.

Concluindo essa seqüência de trabalhos em torno da identidade, enfoquei a apropriação da forma, modelada em argila, que penso fornecer uma forma concreta e palpável, porque nos gestos das mãos o olhar para o próprio interior se completa.

Atualmente essa cliente está se mobilizando para adquirir um imóvel, abrir uma loja de decoração e um espaço para seu ateliê, onde pretende desenvolver pesquisas com colagens.

Referências bibliográficas

ARNHEIM, Rudolf. *Arte e percepção visual: uma psicologia da visão criadora.* São Paulo: Arte, Agricultura e Urbanismo, 1994.

CARVALHO, Maria Margarida. (coord.). *A arte cura? Recursos artísticos em psicoterapia.* São Paulo: Psy II, 1995.

CIORNAI, Selma. Arteterapia gestáltica: um caminho para a expansão da consciência. São Paulo, *Revista de Gestalt*, n. 3, 1994.

FISCHER, E. *A necessidade da arte.* Rio de Janeiro: Jorge Zahar, 1987.

NACHMANOVITCH, Stephen. *Ser criativo: o poder da improvisação na vida e na arte.* São Paulo: Summus, 1990.

MAY, Rollo. *A coragem de criar.* Rio de Janeiro: Nova Fronteira, 1975.

OSTROWER, Fayga. *Criatividade e processos de criação.* Petrópolis: Vozes, 1993.

RIBEIRO, Jorge. *Gestalt-terapia: refazendo um caminho.* São Paulo: Summus, 1985.

CAMINHOS

Ines Novoa Jezler e
Regina Fiorezzi Chiesa

[...] COM O TEMPO, ESSA NUVEM FORMADA DISTANCIA-SE
LENTAMENTE DO SOL...

Nosso objetivo era pesquisar o universo feminino, trabalhando com mulheres que se encontravam em processo de individuação, afastando-se lentamente de suas funções de esposa, mãe e dona-de-casa para retomar a linha de desenvolvimento pessoal interrompida por tantas obrigações a que deram prioridade. Cada uma de nós, movidas pela experiência pessoal em relação ao câncer, sonhava, ao mesmo tempo, encontrar um caminho que pudesse contribuir para o reequilíbrio corpo–mente–espírito, desorganizado pela doença. Acreditávamos que a arteterapia seria um recurso eficiente, que poderia contribuir no tratamento do paciente de câncer, e que, por meio da criação de uma obra de arte, facilitaríamos o entrar em contato consigo mesmo, o apossar-se de seus sentimentos, emoções e medos dos quais o paciente estaria afastado. O fazer artístico, terapêutico em si, pode contribuir enormemente para tornar o paciente mais receptivo à cura.

Dividimos assim o nosso projeto em três etapas: em 1997 trabalhamos em um centro comunitário com um grupo de mulheres com idades entre 35 e 55 anos, sem uma patologia física específica, com o qual almejávamos explorar todo o alcance do potencial transformador da arte *per se*. Pudemos nesse ano de ateliê, com encontros de duas horas, uma vez por semana, observar as várias facetas e os diferentes enfoques sobre a vida que esse grupo nos trouxe com seus trabalhos plásticos.

Eram mulheres que estavam ali desejando entender um pouco mais sobre si mesmas. Algumas solteiras, outras casadas e outras passando por questionamentos em relação ao casamento e ao relacionamento com os pais. Era um grupo de mulheres buscando um sentido maior para a vida. Nós, como terapeutas, e também como mulheres, ouvíamos as suas histórias e passamos a refletir sobre a importância de recuperar sua essência feminina por ora adormecida. Paralelamente, aprofundávamo-nos no estudo da psiconcologia, procurando entender mais sobre a indivisível relação entre corpo, mente e espírito.

Aceitamos como verdade a relação entre emoções reprimidas e doença, e a possibilidade que a arteterapia oferecia de ser um meio para expressar e elaborar emoções fortes, como a raiva, a mágoa, a ansiedade e a depressão. Quanto mais trabalhávamos com aquele grupo de mulheres, mais entendíamos que nos conflitos que elas expressavam poderiam estar as origens de possíveis doenças futuras. Somamos dessa maneira um segundo aspecto a nosso projeto de explorar o universo feminino – o de fazer um trabalho "preventivo". Nosso desejo era cuidar da saúde futura dessas mulheres, transmitindo-lhes o conhecimento de que não se deve guardar questões malresolvidas, de que tudo vale a pena ser conversado e expresso, que não existe "problema sem importância".

> A função mais importante das emoções é a da unificação. As emoções coletam as forças de energia vital e criam formas apropriadas de expressão à medida que novas e importantes gestalts de sentimentos emergem. Ajudam a integrar corpo e mente numa vivência total do momento, de forma que ficamos completamente envolvidos em nossa expressão (Sabetti, 1991, p. 162).

Nosso instrumento era a arte: pintura, escultura, música e literatura. Trabalhando com um grupo que não trazia toda a carga emocional e perturbadora de um grupo com câncer, pretendíamos observar de forma mais "pura" os efeitos de um trabalho de arte voltado para o autoconhecimento e a valorização pessoal. Inspirávamo-nos em uma frase de Kandinsky: "[...] quem quer que mergulhe nas profundezas de sua arte, em busca de tesouros invisíveis, trabalha para erguer essa pirâmide espiritual que chegará ao céu" (1990, p. 59). Por meio de recursos como sensibilização, exercícios sensório-motores, de percepção e de cognição procuramos fazê-las entrar em contato com seu ato criador, permitindo-lhes o encontro com seu rico mundo interior. Pela arte, pode-se descobrir a nossa beleza interior e a nossa força (Ciornai, 1992), o que torna nossa vida mais plena e criativa.

Valorizamos e enfatizamos três estratégias básicas em nosso ateliê: a) fazer do trabalho corporal ponto de partida para aguçar percepções e reflexões; b) proporcionar uma conexão espiritual com o Universo; e c) integrar a arte como linguagem para expressar emoções e percepções.

Atividades como brincar e explorar as mãos e a energia que emana delas, movimentos dos braços, ginástica com as pernas, dança individual e em grupo aliada às técnicas de consciência corporal da eutonia davam-lhes a noção de volume e massa, músculos, ossos e pele. Visualizavam seu corpo, seus contornos e sua estrutura interna – o corpo como continente e sustentação de nosso ser essencial. Nosso trabalho incorporava também a prática de exercícios de Liangong/lian-kun e Qi Gong/chi-kun, das artes marciais da antiga medicina chinesa, em que enfatizávamos não só o corpo como estrutura física, mas como canal de conexão energética com o mundo e como instrumento para alcançar o espiritual dentro de cada um e à nossa volta. Em todas as atividades, podíamos observar as expressões surpresas, animadas e excitadas de todas elas. Incluímos exercícios de automassagem, toque sutil e massagem em duplas, sempre bastante valorizados. Ajudamos muitas dessas mulheres a recuperar a noção de corpo, a perceber-se como um todo em que as emoções internas são espelhadas na aparência exterior. Como normalmente ocorre, foram notadas mudanças visíveis no modo pelo qual elas gradativamente passaram a se vestir, cuidar dos cabelos, de seus olhares e expressões (algo como uma luz parecia irradiar de dentro...).

A consciência corporal permite o acesso ao mundo interno e o fluir do processo criativo. O corpo é um excelente veículo para mudanças, e, à medida que o exploramos e dialogamos com ele, aprendemos sua linguagem, percebendo a respiração, o som do coração, e experimentamos sensações. Todas as nossas experiências vividas, desde as primeiras sensações de bebê, ficam registradas em nosso corpo, mesmo que algumas dessas experiências escapem à mente consciente. Esta é a razão pela qual acreditamos que, a partir da conscientização corporal, do contato com nossas sensações mais primitivas, podemos desbloquear energias que por vezes estejam impedindo nosso desenvolvimento e o contato com nossas potencialidades. "Amar o corpo significa simplesmente manter uma totalidade em seu modo de operar, um veículo do espírito. O amor ao corpo é um caminho do meio. O amor é a essência da vida. O amor é portanto transformativo" (Sabetti, 1991, p. 166-7).

Se considerarmos que nossa saúde é a expressão de nosso bem-estar com a vida, podemos trabalhar para sustentar essa harmonia. O contato com a arte mediante uma atitude de amor por si mesmo, facilitado pelo aquecimento corporal e pela meditação, revela-se terapêutico e renovador.

Tendo confirmado tantas hipóteses e idéias a respeito da força da arte como linguagem para a integração da personalidade, sentimos que estávamos prontas para ampliar nosso projeto. No ano seguinte, 1998, iniciamos a segunda etapa: pesquisamos durante um ano um grupo de mulheres cujos filhos tiveram câncer, de diferentes tipos, e estavam à época ou aguardando a cirurgia para retirada do tumor ou no pós-operatório e em tratamento quimioterápico. Essas mães eram as únicas acompanhantes das crianças, uma vez que eram originárias de outros estados do Brasil, e moravam todas em uma casa de apoio, sem fins lucrativos, fundada com esse propósito. No trabalho de ateliê dessa época colocamos em prática muitos conceitos trabalhados antes, mas todo o enfoque estava em demarcar o limite entre a mãe e a criança e qual o vínculo entre eles. Em nenhum outro grupo com o qual trabalhamos o papel de mãe era tão exacerbado. A dedicação e a entrega dessas mães a seus filhos chegava a anular-lhes a própria identidade – apresentavam-se como "mãe de..." e mal sabiam o nome uma da outra.

Para finalizar o nosso projeto, em 1999 oferecemos um trabalho em ateliê terapêutico para pacientes oncológicos. Optamos por limitar a população atendida a um grupo de mulheres com câncer de mama, na faixa etária dos 45 aos 75 anos. Nessa etapa de nosso trabalho, e com pressuposto de que necessitávamos, sobretudo, trabalhar as questões do sexo feminino, enfatizamos a conscientização corporal para facilitar a autopercepção de nossas clientes. Sensibilizando-as para a noção de *grounding*, essas mulheres foram se apossando de suas potencialidades e percebendo que o câncer poderia ser encarado não apenas como uma doença, mas também como um sinal de alerta dado pelo corpo, um caminho para a transformação, um momento para despertar para uma vida melhor.

Quando pensamos em integrar o espiritual, sabíamos que estaríamos lidando com um aspecto bastante delicado. As crenças estão profundamente enraizadas nas pessoas, e a espiritualidade precisa se revelar e se instalar de forma lenta e gradativa, tal como conquistar a confiança de alguém... Não se pode impor tal sentimento (todos temos direito a crenças particulares). Contudo, acreditávamos que a espiritualidade era um aspecto a ser desenvolvido e integrado à nossa personalidade, componente cuja força e energia conecta-nos a algo superior, comum a toda a humanidade. Esbarramos aqui no crescente movimento que se observa neste início de milênio de volta a um misticismo, ao esoterismo, a uma busca quase desesperada pelo espiritual. E deparamos com a questão de como integrar a espiritualidade em nosso trabalho de arte sem cair em um contexto polêmico ou vazio.

Nossa proposta pretendia, assim, apenas reacender o que já acreditávamos existir em cada um de nós em todos os tempos. Desde que o homem é homem ele filosofa e se questiona sobre seu papel no mundo. "Quem sou ?", "Por que sou?". O mais racional e científico dos homens enfrenta questões como estas.

Achterberg (1996), Simonton (1978) e tantos outros nomes relevantes à área da psiconcologia têm reafirmado, com pesquisas e trabalhos, a força dos valores espirituais como um recurso auxiliar poderoso para o restabelecimento da saúde. Com isso em mente, sem nos fixarmos em qualquer seita, classe ou tendência religiosa, trouxemos para nosso ateliê o espiritual de cada uma, permitindo suas várias maneiras de manifestação, não discutindo o "certo" ou o "errado", acolhendo todas as crenças, pois entendemos que há numerosos caminhos para se alcançar a força interna que existe em todos nós. Não há necessidade de codificar rituais. Nosso objetivo é tão-somente facilitar o contato com esse aspecto que integra o trinômio corpo–mente–espírito, expressando-o plasticamente.

Segundo Sabetti (1991), quando estamos inspirados, envolvidos no fazer artístico, abrimos uma possibilidade de conexão com o universo maior e, desse modo, aspiramos à evolução. Assim, um caminho de desenvolvimento pessoal se torna claro: aspirar significa seguir o espírito à medida que ele nos indica a direção rumo à totalidade.

Para atingirmos essa meta, no mínimo audaciosa, nos valemos da força do trabalho em grupo. Percebíamos como era desejo de nossas clientes compartilhar as idéias com todo o grupo. Havia a necessidade de pertencer. Formávamos uma grande roda, sentadas no chão, e falávamos para todas. O precioso das nossas sessões era justamente ser esse um grupo com o qual se podia compartilhar abertamente. Para muitas mulheres, o simples ato de poder expressar para as demais seus medos, anseios e dúvidas já era, em si, curativo. Elas expunham problemas de seu dia-a-dia e, confrontando-os com os de suas companheiras, podiam reafirmar ou modificar pequenos aspectos de seus valores e crenças. Podiam perceber as semelhanças e também as diferenças, podiam entender o que é ser mulher no sentido mais amplo da palavra. Podiam ampliar sua compreensão das qualidades femininas, saindo do mundo restrito e particular para o geral.

Notamos quanto esse trabalho intergrupal refletia, sob um prisma poético, uma conexão com o Universo. Aquelas mulheres se colocavam como seres desse todo maior que é a vida. Ao nos darmos as mãos, ao dançarmos em roda, ao praticarmos respiração, todas juntas, estávamos construindo nossa pequena constelação, de onde cada estrela que a compunha espalhava seu brilho para as outras e para as constelações que as circundavam. Estrelas que vão se configurando.

No grupo de câncer, com base na experiência anterior, fizemos uso intenso da dinâmica de grupo, acreditando na qualidade do suporte psicológico que este oferece, elemento tão valioso para o fortalecimento do sistema imunológico de todos nós. Exploramos essa conexão energética, realizando vários trabalhos de arte em grupo, com o qual cada uma contribuía para o todo, sem que suas qualidades individuais se perdessem. Em pinturas integrando os quatro elementos da natureza, em arranjos florais, em murais ou em instalações com esculturas de argila, realizamos trabalhos "mágicos", de muita sincronicidade, pois elas seguiam o caminho do espírito. Uma parte complementando a outra, uma mulher apoiando a outra. Um círculo de cura. Como afirma Campbell apud Krampen-Koloski, "[...] a arte é mais do que uma expressão, é a busca de imagens evocadoras que podem fornecer uma melhor compreensão do ser. A arte pode ser o caminho para se chegar ao sagrado e a seus mistérios, nos conectando às nossas necessidades mais profundas." (1998, p. 44). Buscando o espiritual em cada uma, reforçamos os vínculos de amizade e de confiança.

Assim, chegamos ao terceiro pilar de nosso trabalho de ateliê: tendo partido de um trabalho corporal, incorporamos a espiritualidade e, por fim, integramos a arte como linguagem. A experiência do contato direto com o material artístico é primordial e permite que o indivíduo se distancie de seus preconceitos, julgamentos e críticas limitadores do lado racional. Segundo Kagin e Lusebrink (1978), a experiência sensório-motora mediante uma atividade artística oferece a oportunidade de uma relação com o mundo pela ação e pelo movimento. O modo pelo qual o indivíduo trabalha com sua obra de arte reflete muito da maneira pela qual se relaciona com seu ambiente. Quanto mais direto for o contato sensório com o material, mais o indivíduo se identifica com sua obra, aproximando-se dela como "parte" de si mesmo, apropriando-se verdadeiramente das qualidades que expressou ali.

Para Kagin e Lusebrink (1978), o nível sensório-motor refere-se às sensações experienciadas, e é neste nível que o indivíduo pode perceber seu potencial energético. A estimulação sensório-motora apresenta um componente curativo e terapêutico que surge do ritmo que espontaneamente se estabelece, do desenvolvimento da forma e da percepção desta e de seus significados.

Afastando-se fisicamente da tinta e do papel, pela introdução do pincel e depois da fluidez da água na pintura com aquarela, as mulheres dos diferentes grupos com os quais trabalhamos puderam ter uma percepção mais refinada e distanciada do que expressavam em seus trabalhos. Nós, como terapeutas, pudemos observar como elas começaram a olhar para o que produziam de uma forma totalmente nova. Notamos quanto elas estavam atentas a si mesmas. Às vezes, sua expressão era de surpresa, outras vezes de pura satisfação e, em outras, até mesmo de assombro. Porém, o que sempre nos chamava a atenção era a existência de um sentimento de posse daqueles trabalhos. Era como se elas nos dissessem: "Sou exatamente essa aí". Há um maravilhamento permanente no fazer artístico de um ateliê terapêutico.

O processo conscientizou-as dos problemas emocionais que ocorrem ao longo da vida, tornando possível um real crescimento e desenvolvimento. Enquanto permanecermos abertos, poderemos continuar a crescer. Se formos fechados e defensivos, desperdiçaremos nossas energias e nunca realizaremos nosso potencial. Entrar em contato com nossos sentimentos é uma maneira de sermos o melhor de nós mesmos.

Os materiais empregados no ateliê enfatizam a estrutura do trabalho, e o foco é a investigação e a representação de relações na realidade externa. Analogias são elaboradas. Às vezes, o significado pode ser intuitivo, representado por uma metáfora, por uma parábola, por imagens ou palavras. Uma resolução simbólica leva ao crescimento e ao *insight*.

Ainda segundo Kagin e Lusebrink (1978), no nível criativo os materiais são transformadores. O processo criativo requer muita energia, e, depois da criação, há um relaxamento acompanhado de uma sensação de realização. Nossas pacientes com câncer, bem como as clientes do grupo de mulheres, passaram por esses diferentes níveis, desde as sensações corporais, percepções e emoções que viveram no decorrer do processo até a elaboração dos conteúdos que emergiram. Em cada uma dessas etapas, o ato criativo esteve presente. De acordo com Krampen-Koloski (1998), o ato criador surge de um estado de centramento, quando a consciência se põe na escuta da totalidade de si. À medida que foram percebendo suas potencialidades e que o ato de criar estava adormecido, foram mudando de atitude diante da vida, e no grupo de mulheres com câncer, mudanças ocorreram também em relação à doença.

Vimos esses diferentes grupos de mulheres interessarem-se cada vez mais em observar a vida e pensar nela. Elas realizaram seus trabalhos plásticos com muito empenho e concentração, buscando dar um significado a cada linha, forma e cor.

Isso nos levou a refletir sobre o alcance desse trabalho de arteterapia e sobre como, sem podermos muitas vezes nos aprofundar muito na problemática de cada uma, mesmo assim lhes abrimos uma nova perspectiva. Cada uma retirou para si, da vivência em nossas sessões, quanto pôde, aquilo com que podia lidar. Vimos como era pouco e simples o que elas precisavam. Faltava-lhes, apenas, oportunidade.

Pouco a pouco, nossas clientes sentiram-se mais à vontade para expressar o que sentiam, pedir o que necessitavam e conseguir delimitar melhor o espaço que ocupavam em sua família e grupo social. Essas mulheres, com câncer ou não, puderam tomar mais posse de si e do mundo, como também perceberam quanto todas elas precisavam de si mesmas. Na origem dos mais diversos conflitos encontramos sempre um feminino que precisava ser recuperado, autorizado e valorizado. Uma integração de múltiplas facetas para uma harmonia interior, saúde e melhor qualidade de vida.

Referências bibliográficas

ACHTERBERG, J. *Imaginação na cura.* São Paulo: Summus, 1996.

BAER, J. *How to be an assertive (not aggressive) woman.* Nova Jersey: Signet, 1976.

BASSOF, E. *Mães e filhas: a arte de crescer e aprender a ser mulher.* São Paulo: Saraiva, 1988.

BEAUVOIR, S. *O segundo sexo: fatos e mitos.* São Paulo: Difel, 1960.

BETTELHEIM, B. *A psicanálise dos contos de fadas.* São Paulo: Paz e Terra, 1990.

CARDELLA, B. H. P. *O amor na relação terapêutica: uma visão gestáltica.* São Paulo: Summus, 1994.

CIORNAI, S. Grupos de arteterapia com mulheres latinas de classe trabalhadora. Curitiba, *Gestalt Terapia Jornal*, n. 5, 1992, p. 33-61.

DOWLING, C. *Complexo de Cinderela*. São Paulo: Melhoramentos, 1986.

ESTÉS, C. P. *Mulheres que correm com os lobos*. Rio de Janeiro: Rocco, 1994.

JOHNSON, R. A. *She: a chave do entendimento da psicologia feminina*. São Paulo: Mercuryo, 1987.

KAGIN, S. L.; LUSEBRINK, V. *The arts in psychotherapy*, vol. 5, Nova York: Pergamon Press: 1978. (Tradução de S. Ciornai para circulação interna no curso de especialização em Arteterapia do Instituto Sedes Sapientiae, 1995.)

KANDINSKY, V. *Do espiritual na arte*. São Paulo: Martins Fontes, 1990.

KRAMPEN-KOLOSKI, E. Arte e meditação. Rio de Janeiro, *Revista de Arteterapia*, v. 5, Clínica Pomar, 1998, p. 37-47.

LERNER, H. G. *The dance of anger: a woman's guide to changing the patterns of intimate relationships*. Nova York: Harper & Row, 1985.

ROMAN, S. *Spiritual growth*. Califórnia: H. J. Kramer, 1989.

SABETTI, S. *O princípio da totalidade*. São Paulo: Summus, 1991.

SHAH, I. *História dos dervixes*. Rio de Janeiro: Nova Fronteira, 1967.

SHEEHY, G. *Passagens*. Rio de Janeiro: Francisco Alves, 1991.

SIMONTON, C. *et al.Com a vida de novo*. São Paulo: Summus, 1978.

TAN, A . *The joy luck club*. Nova York: Ivy Books: 1989.

WOOLGER, J. B.; WOOLGER, R. J. *A deusa interior*. São Paulo: Cultrix, 1989.

NOVOS SIGNIFICADOS

Regina Santos e
Márcia Murinelly Gomes

...LONGE DO SOL, AS PARTÍCULAS ESTELARES COLIDEM ENTRE SI E PASSAM A FUNDIR-SE FORMANDO UMA MASSA MAIOR...

Havia muito tempo em nosso caminho pessoal e profissional o tema mulher estava presente: libertação da mulher, a mulher que tenta o suicídio, a mulher executiva, relações amorosas, sexualidade feminina.

Em 1997 propusemo-nos a coordenar um trabalho de arteterapia com um grupo de mulheres na faixa etária dos 40-50 anos. Tínhamos como objetivo o atendimento psicoterápico utilizando recursos expressivos, arte e psicoterapia, em uma abordagem gestáltica.

O trabalho foi realizado na clínica psicológica do Instituto Sedes Sapientiae, uma vez por semana, com aproximadamente duas horas de duração, durante um ano. O grupo contou com cerca de seis mulheres na maior parte dos encontros. A maioria delas era casada, uma era viúva, cinco delas tinham filhos e apenas uma não era mãe. O nível socioeconômico era baixo, e a faixa etária variava entre 47 e 58 anos.

Em cada sessão usávamos recursos expressivos, como pintura, modelagem, dramatização, colagem etc. de acordo com a temática emergente no grupo, ou planejávamos um trabalho com base em um assunto já delineado anteriormente.

As *características* das mulheres desse grupo e as *queixas* apresentadas por elas condiziam com os sintomas físicos e psicológicos característicos de mulheres na fase do climatério, entre os quais:

- a síndrome do ninho vazio. Ex.: *Ele não liga mais para mim* (referindo-se ao filho);
- sentimento de solidão. Ex.: *Em casa o rádio me faz companhia*;
- baixa auto-estima. Ex.: *Nesta idade o que dá para a gente fazer? Recepcionista de consultório médico ou trabalho manual, mas eu não sei fazer trabalho manual.*
- não aceitação do envelhecimento. Ex.: *Ele é muito velho para mim. Eu conheci um velho.*
- reestruturação de antigos projetos, estruturação de novas possibilidades. Ex.: *Eu fiquei esperando você me ligar para nos inscrevermos no grupo da terceira idade. Estou esperando até agora* (referindo-se a uma amiga).
- depressões favorecidas pelas alterações hormonais. Ex.: *Depois que a minha menstruação começou a falhar eu fiquei deste jeito...*

Consideramos que recursos expressivos, como dança, música, trabalho plástico, dramatização e imagem projetiva podem ser elementos facilitadores para as pessoas expressarem e entrarem em contato com suas sensações e emoções. Ao interagirem com recursos artísticos expressivos, bem como por relações interpessoais vividas no processo grupal, essas mulheres maduras tiveram a possibilidade de expressar-se, elaborar novos projetos, experimentar novas possibilidades e assim ir transformando a sua vida.

Ciornai (1994) aponta o principal objetivo da Arteterapia Gestáltica: ser "[...] a expansão da consciência através de recursos artísticos e expressivos". Tínhamos isso em mente ao desenvolvermos nosso trabalho.

Nosso foco no grupo não se restringia às expressões plásticas; também procurávamos compreender as mulheres em sua existência.

Os caminhos percorridos pelo grupo durante o processo das vivências expressivas iniciavam-se sempre com um trabalho de aquecimento, normalmente baseado em exercícios corporais. Em seguida, o grupo era convidado a participar de uma vivência plástica, musical, dramática, corporal, ou de um exercício de visualização dirigida. Em outras situações, o trabalho era apenas verbal.

Após essa fase mais sensória e experiencial, fazíamos reflexões em grupo sobre os temas que emergiam. Esse processo podia se transformar de acordo com o caminho do grupo, sempre tendo como referência os conteúdos emergentes e as solicitações presentes. Descreveremos a seguir algumas vivências realizadas para ilustrar nosso trabalho.

Facetas do feminino

Com o objetivo de recuperar o feminino da mulher madura, propusemos inicialmente um trabalho de sensibilização corporal: andar pela sala, fazer movimentos amplos, restritos e exploratórios do próprio corpo, ao som de música popular brasileira. A partir daí, lançamos a seguinte questão: "Em que momento de sua vida você desabrochou como mulher?"

Durante essa vivência elas percorreram a história pessoal da menina, da mulher sensual, da mulher atrevida e da mulher romântica. Com esse experimento elas puderam, por gestos e expressões corporais, recuperar as diferentes facetas das mulheres que habitaram seu mundo.

Em seguida, deixamos expostos guache e papéis de diferentes tamanhos, para que elas pudessem expressar esse momento e responder à questão proposta de maneira plástica. Depois fizemos uma montagem com todos os desenhos que foram contornados com barbante, formando uma nova representação grupal.

Essa vivência possibilitou a reflexão sobre temas que não ocupavam mais espaço na vida dessas mulheres, como: sentir-se menina, a experiência de poder expressar-se sensualmente, apossar-se de desejos e recuperar o prazer da liberdade do movimento. O compartilhar de vivências uniu o grupo, foram recuperadas facetas não vividas atualmente, ampliou-se a percepção sobre questões relativas ao feminino.

Resgatando o ele e ela de si mesmo

Essa vivência foi elaborada para que elas pudessem trabalhar as polaridades masculino/feminino, entrando em contato com a imagem que fazem de si mesmas e como imaginam que os homens as vêem.

De acordo com a forma de trabalho que elegemos para a condução do grupo, partimos de um aquecimento corporal com o objetivo de sensibilização e propusemos uma vivência de fantasia. Com a intenção de facilitar o contato com o imaginário interno, oferecemos uma pílula mágica (sugerimos que imaginassem uma bala colorida) e, depois de sua ingestão, ela se transformaria internamente: estariam trocando de sexo, vivendo durante uma hora um personagem masculino, escolhido segundo um modelo interno de cada uma (experimento criado por Selma Ciornai para um evento da “Oficina de Convívio”, em 1984).

Para essa vivência, preparamos o ambiente com objetos, roupas e símbolos masculinos e utilizamos no início estímulos como recurso musical – sons ritmados, batidas de tambores –, os quais facilitaram o resgate do masculino em cada uma. Propusemos que elas imaginassem um *happy hour* em que os amigos se encontrariam para conversar sobre mulheres: como eles as percebiam, as tratavam e o que esperavam delas.

Vivido esse momento, retomamos a identidade de cada uma para que pudessem preparar-se para o segundo momento, para o qual criamos um ambiente feminino. Elas exploraram e escolheram objetos para essa representação, tais como lenços, adornos, maquiagem etc. Como cenário, optaram pela cozinha. O objetivo desse encontro foi conversar sobre como os homens viam as mulheres maduras, como as tratavam e o que pensavam delas. Na discussão que se seguiu surgiram temas como a discriminação da mulher, o resgate da auto-estima, a vivência da polaridade masculino/feminino, "Como eu me vejo", "Como o outro me vê", a desvalorização advinda do fato de ser mulher, e o envelhecimento.

Esses temas facilitaram a percepção de si mesma, da condição de ser mulher e da desmistificação de conceitos e pré-conceitos cristalizados.

Soltando amarras

Em uma conversa sobre como passaram o Dia das Mães, as mulheres trouxeram como tema emergente a situação familiar: as relações, o afeto entre os membros da família, as discussões sobre casamento, família, filhos, crescimento dos filhos. Daí surgiu como tema as "amarras" de cada uma, tais como: sentirem-se controladas pelo marido, fazerem as tarefas domésticas, desejos não realizados, dificuldades de fazer planos e de sonhar. A proposta, então, foi amarrar com barbante as partes do corpo e entrar em contato com o "sentir-se presas" e/ou "o que as prendia".

Colocamos um som de capoeira e outras músicas africanas e, à medida que cada mulher se sensibilizava, a proposta era desamarrar-se e criar um movimento próprio, trazendo para o grupo a sua dança. Depois, o grupo explorou um movimento conjunto criando uma dança coletiva. Essa vivência proporcionou contato com os sentimentos que estavam reprimidos e puderam ser transformados pela dança e pela música. Visto que nesse grupo com mulheres maduras havia caracteristicamente uma contenção da expressão corporal, essa experiência foi importante pois trouxe a possibilidade de ousar e criar novos movimentos, libertando a expressão com a dança e podendo assim estender essa experiência para a própria vida.

Criando poesias

No processo grupal, tínhamos como eixo de trabalho eleger os temas e os sentimentos emergentes no dia: a dificuldade de se relacionar, o envelhecimento, o medo da mudança, novos projetos.

Para facilitar que as mulheres se apropriassem dos sentimentos que surgiram desses temas e os transformassem, propusemos que criassem um poema coletivo. Para tanto, pedimos que cada elemento do grupo criasse e completasse a frase: "A mulher hoje...", compondo uma poesia coletiva com frases que tivessem ressonância em cada uma delas. Essa vivência lhes deu a dimensão poética e lírica do que sentiam.

A transformação acontece na vivência, no fazer artístico. Segundo Ostrower (1993), ao criar o indivíduo amplia a consciência de si mesmo, podendo perceber-se de novas formas, afirmando, assim, sua capacidade de configurar, ordenar, relacionar e significar novos sentimentos. Ao criar vive-se a possibilidade de recuperar a auto-estima, tão importante para a mulher madura. Abaixo, reproduzimos poemas das participantes dos grupos:

Ser mulher hoje...
É ter muita sabedoria
Hoje não me sinto correspondida
Você se fechou para a vida
Precisa aprender a se amar e se fazer respeitar.
Vamos, tente, vá à luta e a vida lhe sorrirá novamente...

Ser mulher hoje...
É estar em conflito, como me sinto só.
Como abrir as portas do entendimento?
É necessário observar para transformar
para se sentir mais plena e feliz nesta vida.

e) Retomando o fio dos contrários

Freqüentemente percebíamos no grupo sentimentos opostos relacionados com as questões familiares de cada uma, como, por exemplo: ação/impotência; segurança/insegurança; distância/proximidade; solidão/acolhimento.

Propusemos, então, um trabalho introspectivo, pedindo que elegessem entre todos os sentimentos percebidos no momento o mais presente e montassem plasticamente, de forma tridimensional, um objeto que representasse aquele sentimento.

Como material oferecemos jornais, papéis coloridos, barbantes, fitas e cola. A seguir, pedimos que cada mulher entrasse em contato com seu trabalho plástico e, seguindo uma técnica da Gestalt-terapia, desse uma voz a ele, completando as frases: "Eu me sinto..."; "Eu sou..."; "Quando eu estou..."

Uma cliente amarrou o barbante em um pedaço de jornal torcido e, ao dar uma voz a seu objeto, disse: "*Eu me sinto tensa*"; "*Eu sou um papel amarrado*"; *Quando eu estou tensa me amarro*".

Depois, cada objeto passou por todas as presentes no grupo com a mesma proposta. A partir daí surgiu um sentimento comum no grupo: a raiva. Trabalhamos esse tema, sugerindo que todas pudessem, com base em uma proposta corporal, chutar uma bola feita por uma das mulheres, expressando aquele sentimento comum.

Essa vivência possibilitou a percepção e a reorganização de sentimentos conflitantes que estavam polarizados e outros sentimentos puderam, assim, tornar-se figuras.

O belo e a mulher madura

Com a intenção de trabalhar a auto-estima, recuperar a percepção do belo na mulher madura e o cuidar-se, criamos uma vivência de sensibilização sensorial. Preparamos a sala com colchões espalhados e espelhos grandes no chão e nas paredes. A proposta era caminhar entre esses objetos, entrando em contato com imagens de diferentes partes do corpo e reconhecendo-se nelas.

Em seguida propusemos que se deitassem nos colchões. Os materiais facilitadores para a sensibilização foram: pétalas de rosas, girassol, galhos de plantas, flores secas, folhas verdes e plantas secas.

Utilizamos esses materiais passando-os sutilmente no rosto, nos braços, nas pernas delas, e depois sugerimos que elas voltassem a caminhar e se olhassem novamente nos espelhos e se tocassem com esses materiais. Sensibilizadas, elas puderam perceber um novo olhar.

O próximo passo foi convidá-las a desenhar o que havia sido significativo na vivência para depois compartilhá-lo com o grupo. Com a sensibilização, elas se apropriaram das sensações que emergiram e puderam se perceber de várias formas; recuperaram a sensibilidade, a sensualidade e o belo interior.

Dando novo significado

Nesse processo, nossas intervenções eram feitas tanto ao nível intrapessoal quanto ao interpessoal, nunca perdendo de vista o processo coletivo. Trabalhamos tanto o indivíduo quanto o grupo, tendo em vista o fortalecimento de ambos.

Achamos essa troca muito rica, pois a vivência grupal, junto com os recursos artísticos e expressivos, colocaram as mulheres em contato com suas experiências, possibilitando-lhes a percepção de si, o desbloqueio da expressão, o despertar da sensibilidade em relação a si próprias e maior contato e valorização de si mesmas.

Transformar é uma palavra bastante presente na vida do ser humano e, principalmente, na da mulher madura. Para estas a arte trouxe a possibilidade de transformação a cada momento, foi o pigmento que com a tinta e o pincel ajudava a construir e reconstruir formas, desenhos e percepções internos, dando novo significado, pela arte, à própria vida.

A possibilidade de passar por transformações, sobretudo em momentos de maior metamorfose, com a utilização de pintura, argila, colagem, música, dança etc., possibilita a recriação, a ressignificação e o amadurecimento em um plano interno com maior contato, consciência e criatividade.

No final do trabalho, as mulheres relataram como o grupo foi importante na recuperação da auto-estima e no despertar da sensibilidade em relação a si própria, facilitando maior contato consigo mesma e com o outro; a autovalorização, além de terem podido transcender a solidão pessoal e compartilhar com outras mulheres as vivências do feminino.

> A imaginação inventa mais que coisas e dramas, inventa a vida nova, inventa o espírito novo; ela abre olhos que têm tipos novos de visão. Ela verá se tem "visões". Terá visões se educar-se com sonhos antes de educar-se com experiências, as experiências vêm em seguida como provas de seus sonhos. Como diz d'Annunzio: "Os acontecimentos mais ricos nos chegam bem antes que a alma os perceba. E, quando começamos a abrir os olhos para o visível, já há muito tempo aderimos ao invisível". A imaginação produz imagens que superam e cantam a realidade (Bachelard, 1998, p. 18).

Referências bibliográficas

ARNHEIM, Rudolf. *Arte e percepção visual: uma psicologia da visão criadora*. 9. ed. São Paulo: Pioneira, 1995.

BACHELARD, Gaston. *A água e os sonhos*. São Paulo: Martins Fontes, 1998.

BLEGER, José. *Temas de psicologia: entrevistas e grupos*. Buenos Aires: Paidós, 1976.

CIORNAI, Selma. Em que acreditamos? Curitiba, *Gestalt-terapia Jornal*, n. 1, Centro de Estudos de Gestalt-terapia do Paraná, 1991.

______. Arteterapia Gestáltica: um caminho para expansão da consciência. São Paulo, *Revista de Gestalt*, v. 1 n. 3, 1994. Departamento de Gestalt-terapia, Instituto Sedes Sapientiae.

______. *Da contracultura à menopausa: vivências e mitos da passagem*. São Paulo: Oficina de Textos, 1999.

SANTOS, Regina A. *et al.* A atuação do psicólogo junto a pacientes vítimas da tentativa de suicídio, São Paulo, *Psicologia hospitalar*, 1984.

OSTROWER, Fayga. *Criatividade e processo de criação*. Petrópolis: Vozes, 1993.

PEREIRA, Regina C. C. *A espiral dos símbolos: a arte como terapia*. Petrópolis: Vozes, 1976.

TELLEGEN, Therese A. *Gestalt e grupos: uma perspectiva sistêmica*. São Paulo: Summus, 1994.

TRIEN, Susan F. *Menopausa: a grande transformação*. Rio de Janeiro: Rosa dos Tempos, 1994.

SABEDORIA

Deolinda Fabietti

[...] E É O TEMPO QUE DETERMINA A CONDENSAÇÃO DESSA MASSA EM FUTURA ESTRELA...

A arteterapia na terceira idade tem revelado tantas nuanças, tantas cores e tantas texturas que seria impossível esgotar o tema. Desde 1997 trabalho em um clube de senhoras da terceira idade do Jardim Monte Kemel, bairro de classe média. Todas são donas-de-casa, com idade média de 58 anos, que se encontram várias vezes por semana para praticar Tai Chi Chuan, aulas de corte e costura, pintura em tecido e confecção de flores artificiais. Senhoras, portanto, que procuram um caminho. Na terceira idade, as pessoas se encontram em um verdadeiro dilema entre ser e não ser. Estão em um momento de passagem, em que a orientação que vinham dando à sua vida perde o significado. Fatores como a *menopausa* para a mulher e a *aposentadoria* para os homens, trazem, geralmente, um forte abatimento emocional e físico. "E agora? Em que posso ser útil? Minha opinião pouco importa. Não posso mais produzir nada." Estas são questões que aos poucos minam esses indivíduos e os levam a uma profunda depressão. Muitas vezes não conseguem vislumbrar um raio de luz e esperança no horizonte. A vida lhes parece bastante vazia.

Esta parece ser uma visão bastante pessimista, que, infelizmente, atinge grande parcela das pessoas em processo de envelhecimento. É importante perceber como é a personalidade do idoso e se ele tem uma estruturação rígida ou flexível. O idoso que procura uma atividade extra está em movimento e, portanto, disponível para o crescimento. Acredito que ele está ali à procura de novos conhecimentos, de novas realizações; ele está rompendo com o mito social de que *tempo para lazer é errado.*

É importante destacar que durante toda a vida o indivíduo é "treinado" a se ocupar visando à remuneração e ao reconhecimento social. Ao aposentar-se, sente-se sem rumo, sem uma função que mereça maior crédito. O tempo livre deve ser ocupado com coisas úteis. Estar em um processo de autoconhecimento e crescimento pessoal pode parecer, para amigos e familiares, desperdício de tempo e, por que não,"coisa de louco". O lazer deve ser introduzido no cotidiano das pe ssoas tão logo elas comecem a trabalhar: ocupar-se com atividades que tragam prazer, divertimento, só faz bem para a saúde.

A arteterapia favorece essa ação, criando no terapeuta um eterno movimento de busca e renovação. Planejar uma vivência é um verdadeiro exercício de criar, de manter-se consciente, de buscar sentido em cada movimento daquele dia.

Muitas pessoas têm uma imagem preestabelecida do que devem ser na velhice, imagem essa muitas vezes idealizada e desvinculada da situação real. Ao adaptar-se, acabam se distanciando, perdendo o contato consigo mesmas. O envelhecimento é visto como declínio físico, não como uma etapa de um ciclo, natural. Ao experimentar as perdas, a pessoa vivencia a própria morte.

Acredito no contato real de uma pessoa consigo mesma, com o próximo e seu ambiente a partir do momento em que ela vivencia conscientemente seu corpo, seu movimento. O exercício desempenha um papel importante como veículo de educação para a promoção da saúde, além de constituir uma prática significativa de lazer. Além do mais, ele visa aumentar a amplitude de movimento articular, força muscular, habilidade e coordenação. É importante despertar nessas senhoras a vida existente em seu corpo, cansado, endurecido, mas vivo. Por isso, começo sempre a sessão com exercícios físicos que despertem essa consciência.

Os exercícios facilitam uma nova postura, flexibilidade e abertura. Ajudam-nas a enfrentar o cotidiano com serenidade e equilíbrio emocional. É fácil perceber em seus movimentos tímidos quanto a vida tem-lhes limitado as ações e as renovações. É um descobrir-se por meio de seu próprio corpo. Do contato corpo-mente, um trabalho muito rico e significativo é desencadeado.

A segunda função mais importante do ser humano, depois de comer e beber, é *respirar*. Esta é uma função essencial à vida humana. Vivemos alguns dias sem comer ou beber, mas apenas alguns minutos sem respirar. Respirar é vida. No ateliê terapêutico, a respiração é fundamental, pois é ela que permite a circulação de uma nova energia que expandirá o nível de consciência.

O trabalho corporal é individual, ao menos no início do grupo. É delicado, às vezes constrangedor, estabelecer uma relação com o outro já nos primeiros encontros. As relações vão se formando lentamente, num movimento delicado e respeitoso.

Os temas desenvolvidos surgem quase espontaneamente e o material usado é cuidadosamente escolhido. O *guache*, de fácil diluição, é empregado em trabalhos de soltura e de expansão. O *lápis de cor*, cuja variedade de tons é muito grande, é usado para experimentar o controle; ao mesmo tempo ele gera mais segurança, definição, precisão. Já a *caneta hidrográfica* é empregada quando se quer ter controle; os traços definidos, precisos e firmes fluem mais facilmente. A *aquarela* tem mais transparência, é mais sensível e delicada. O *barro*, primitivo, frio, úmido e mágico, permite controlar e dar forma. O *concreto celular*, seco, áspero, permite diferentes texturas; uma energia mais agressiva no furar, cavar; exige reflexão, impõe alguns limites, pois, uma vez trabalhado, não há volta. A *colagem de figuras* facilita o expressar-se por intermédio do outro. A *música* preenche o ambiente. O som ocupa os espaços e, de forma mágica, as pessoas vão se aquietando, se acomodando, permitindo que aquelas ondas sonoras penetrem em seu coração. Experiências têm mostrado que a música, além de harmonizar o ambiente, colabora na integração e no equilíbrio das pessoas. Ela inspira e ajuda a criação.

No processo de envelhecimento, em geral, as pessoas se acomodam, se fecham, se cristalizam. Acreditam que a vida alcançou seu limite de ação e produção. Nada mais faz sentido além da espera da morte. E a sociedade, por sua vez, impõe o envelhecimento como o fim, como se o velho não mais tivesse vontade própria.

O trabalho de ateliê desperta nessas pessoas a vida interna existente, a beleza e a riqueza que ainda possuem.

Pela criatividade, vão despertando para as múltiplas possibilidades de ação, de realização. No ateliê terapêutico, quando os trabalhos realizados são experienciados, as pessoas têm a oportunidade de conhecer a si mesmas, tornando-se conscientes de seus movimentos internos. Do fazer artístico nascerá uma nova força e energia que transformarão e darão novo significado à vida delas.

No trabalho em grupo, os indivíduos vão se conhecendo, trocando experiências, detectando pontos em comum, estabelecendo um contato rico e promissor. É importante se situar, interagir e ser aceito. O terapeuta deve estabelecer um relacionamento *com* os membros e *entre* os membros do grupo, de forma a ir criando contato e afinidade entre eles. Nem sempre, porém, esse momento ocorre de maneira rápida e prazerosa, exigindo do terapeuta um cuidado muito especial na escolha e na graduação da atividade.

Para ilustrar esse momento, relato a minha primeira experiência com o grupo, quando da recuperação de suas raízes e infância. Essa atividade foi realizada em 1997, quando eu ainda era estagiária supervisionada pela professora-doutora Selma Ciornai. Recorrendo a uma música com ritmo forte, bem marcado, que pudesse colocá-las em contato com a terra, elas começaram a caminhar pelo salão. Seguindo uma seqüência do caminhar lento para o rápido, na ponta dos pés, nos calcanhares, com a planta dos pés bem apoiada, procurei mostrar, entre um movimento e outro, as diferentes sensações de temperatura, cansaço, dor, leveza, conforto. Trago à tona a consciência de seu corpo. Chamo a atenção para a respiração, fazendo uma conexão com os pés. Dessa seqüência, agora descalças, caminham pelo jardim, com a planta dos pés acariciando a terra. Com os dedos, como se fossem raízes, começam a penetrar o solo. Parando sempre e percebendo seu corpo, elas foram arrancando as raízes do chão, observando-as, contemplando-as. Após esse aquecimento, convidei-as para o trabalho de arte, em que uma pintura ou colagem podiam ser exploradas.

De um exercício corporal explodiu, então, toda uma história de vida, forte, com emoção, com um significado diferente, mais profundo. Foi possível vislumbrar uma São Paulo rica, bela, calma, cheia de riachos, onde a grande maioria brincava, pescava. As chácaras com plantações de verdura formavam um verdadeiro cinturão verde e fresco. O clima da vivência era de excitação, prazer e saudade.

Na recuperação de suas raízes, a infância revivida, essas senhoras tomaram consciência da energia, da alegria e da euforia ainda existentes em si mesmas. Do lúdico, do brincar de roda, puderam reviver e redimensionar suas atitudes. Como na primeira infância, deram o primeiro passo para a transformação. Essas vivências são sempre muito excitantes e revigorantes. Estímulo, apoio e desafio mesclam-se em uma descoberta íntima e profunda de seu ser. No contato com o *Aqui-e-Agora*, uma energia nova é mobilizada.

Quando todo o ciclo é fechado, uma reflexão: olhar para si e para o trabalho do companheiro. A pessoa se percebe ali, presente, detecta uma questão que lhe parece importante e começa a elaborar sua possível transformação. Entra em contato com a saudável necessidade de modificar ou manter o que a satisfaz.

Apenas ter consciência não basta para transformar, mudar. A mudança exige ação. A arte, portanto, é o instrumento que lhes permite restabelecer as relações afetivas com seus familiares, descobrindo-se úteis, capazes, interessadas, disponíveis.

No trabalho de ateliê, na troca de experiências, na constatação de tantas similaridades, essas senhoras encontram um canal de comunicação e afirmação diante de suas angústias e temores. Novas condutas são assumidas, conselhos são trocados, a vida é compartilhada.

Trabalhar com seres humanos é gratificante; trabalhar com idosos é um privilégio.

Referências bibliográficas

ALEXANDER, G. *Eutonia: um caminho para a percepção corporal.* 2. ed. São Paulo: Martins Fontes, 1991.

BELLO, S. *Pintando sua alma: método de desenvolvimento da personalidade criativa.* Brasília: Centro de Criação, 1996.

CARDELLA, B. H. P. A arte de ajudar. São Paulo, *Arte-terapia: Reflexões,* ano 3, v. 2, p. 3-10, 1997/1998, Departamento de Arteterapia do Instituto Sedes Sapientiae.

CIORNAI, S. Arteterapia Gestáltica: um caminho para a expansão da consciência. São Paulo, *Revista de Gestalt,* v. 1, n. 3, 1994, p. 5-31, Departamento de Gestalt-terapia do Instituto Sedes Sapientiae.

FAGALI, E. Q. Oficinas integrativas: musicoterapia, arte, terapia, literatura. São Paulo, *Arte-terapia: Reflexões,* ano 3, n. 2, p. 43-9, 1997/1998, Departamento de Arteterapia do Instituto Sedes Sapientiae.

GINGER, S.; GINGER, A. *Gestalt: uma terapia do contato*. São Paulo: Summus, 1995.

NERI, A. N. Atitudes em relação à velhice. *Caderno II do Curso de Gerontologia Social* do Instituto Sedes Sapientiae, São Paulo, 1995.

KEPNER, E. "Processos de grupo gestáltico". In: FEDER, B.; RONALL, R. (eds.). *Beyond the hot seat: Gestalt approaches to group*, Nova York: Brunner / Mazel Publ., 1980 (Tradução de Selma Ciornai para circulação interna entre os alunos do curso de especialização em Gestalt-terapia do Instituto Sedes Sapientiae).

QUEIROZ, Z. P. V. Escolas abertas de terceira idade: uma proposta de educação permanente. Centro de Estudos da Terceira Idade – SESC, São Paulo, *Caderno II do Curso de Gerontologia Social* do Instituto Sedes Sapientiae, São Paulo, 1995.

______. Preparação à aposentadoria: uma nova função social da empresa, *Caderno II do Curso de Gerontologia Social* do Instituto Sedes Sapientiae, São Paulo, 1995.

______. Conceito de lazer, *Caderno II do Curso de Gerontologia Social* do Instituto Sedes Sapientiae, São Paulo, 1995.

YONTEF, G. "Gestalt-terapia: uma fenomenologia clínica". *The Gestalt Journal*, v. 2, n. 1, p. 27-45, 1987. (Tradução e adaptação de Jean Clark Juliano e equipe de alunos da VI Turma de Formação em Gestalt-terapia do Instituto Sedes Sapientiae, São Paulo).

O BELO E A MULHER MADURA: REFLEXÕES PARA UM RENASCIMENTO

Silvana Lacreta Ravena

Recursos artísticos têm sido o elemento de forte paralelismo entre minha atividade como artista plástica, psicóloga e arteterapeuta, e têm-me levado, ao longo dos últimos anos, a transitar entre os campos da estética e da história da arte, além de no campo da psicologia. Uma das vertentes desse tipo de trabalho a que venho me dedicando, tanto em minha prática clínica quanto na pedagógica, tornou-se objeto de um estudo detido, com base na experiência de atendimento clínico a grupos de mulheres de baixa renda na fase do climatério–menopausa, realizado no Instituto Sedes Sapientiae, em 1996, despertando minha curiosidade para o valor conceitual da beleza relacionando-o com a identidade feminina e os estereótipos culturais aos quais as mulheres estão expostas.

Neste artigo pretendo sintetizar, brevemente, alguns pontos da pesquisa sobre o perfil do amadurecimento da mulher na nossa cultura ocidental, tratando das estruturas histórico-sociais e psíquicas que colaboram para cristalizar o valor do "belo" em um mito do feminino. Retomar tal pesquisa é, para mim, uma oportunidade grata, por ter ela se constituído em um primeiro passo para o desvendar de outras fronteiras mais distantes, em busca da desconstrução da mitologia social que envolve os conceitos de *masculinidade* e *feminilidade* em nossa cultura.

A percepção do belo

Minha pesquisa investigou a historiografia dos cânones femininos consagrados pela história da arte, aliada às reflexões de filósofos e estetas sobre o tema, além de inserir depoimentos, na forma de entrevistas, de um pequeno grupo de mulheres com mais de quarenta anos sobre seu processo de amadurecer. Desse caldo fértil pude depreender que havia uma espécie de semelhança estrutural entre as qualidades pertinentes ao conceito do belo e as etapas do processo de conquista de uma nova identidade feminina, relacionado ao amadurecimento da mulher – isto é, uma espécie de correspondência isomórfica.

Segundo o princípio do isomorfismo postulado pelos teóricos da Psicologia da Gestalt no início do século XX, as características estruturais que compõem um fenômeno e sua ressonância interna, psíquica, funcionam como um espelhamento entre significantes. Elementos que regem a percepção visual, como a boa forma, a pregnância e a distribuição harmônica de tensão espacial, podem, nesse enfoque estruturalista, isomorficamente ter um correspondente psíquico, e, portanto, o mesmo se daria com as imagens internalizadas de beleza. Na sociedade pós-moderna, a experiência visual é a mais fácil e a mais direta relação que o homem estabelece com o real. A decodificação simbólica da imagem permite recuperar um olhar de compreensão da forma para analisar seu conteúdo, e assim podemos rastrear os tipos de verdade em que acreditamos. Olhamos o fundo cultural e também sua reversão como figura de sentido individual.

Em termos cognitivos, na nossa sociedade a captação da imagem costuma anteceder a conceitualização, mas sua compreensão depende de um adestramento cultural. A linguagem da arte pode nos ajudar a entrar em contato com os conteúdos do nosso psiquismo, justamente pelo fato de que podemos conferir à nossa percepção de mundo uma possibilidade de comunicação. E o fazemos por meio da forma. O ato de formar estrutura a maneira pela qual significamos o mundo. Baseados em suas aparências expressivas, nossos olhos criam espontaneamente uma espécie de classificação de todas as coisas. Esta classificação aproxima diferentes categorias de coisas existentes de acordo com sua semelhança estrutural. Se um fenômeno pode ser reduzido a elementos fundamentais, eles são, na visão da teoria da Psicologia da Gestalt, forma e estrutura. O homem é um sujeito ativo que apreende e configura o sentido por sua subjetividade, na interação com o fenômeno e, segundo o ponto de vista dos teóricos da Psicologia da Gestalt, a percepção de uma expressão seria imediata e evidente demais para ser explicável apenas como produto da aprendizagem (daí a formulação do princípio isomórfico em suas pesquisas).

Segundo esse enfoque, esse tipo de correspondência estrutural pode ser observado na linguagem simbólica, na metáfora, na linguagem analógica e no pensamento mítico, e se apóia em uma maneira perceptiva e universal de organizar a experiência, ao contrário das regras e das convenções abstratas que regem a utilização da fala. Essa captação de sentimentos e emoções que ficam excluídas da linguagem formal constitui a base da abstração conceitual de nossa língua e tem significação decisiva no desenvolvimento do espírito humano. Esse tipo de apreensão do real precederia a abordagem racional e a configuração da idéia como um primeiro contato, um estado de percepção plena, livre de conceitualização, que se coloca como estrutura e função fundamental de construção e articulação do espírito humano.

A abordagem da beleza implica esse tipo de aproximação com o real. Algumas características estruturais que coordenam um sentido do *belo* estão diretamente relacionadas à abertura perceptiva. O *belo*, em seu aspecto formal, revela o sentido de unidade e equilíbrio entre diferentes elementos de um campo visual, a ecoar internamente na direção de uma síntese cognitiva integrada de tensões e elementos. No sentido do isomorfismo, a tonalidade psíquica da energia vivificante desse processo perceptivo conota positivamente o valor da contemplação da beleza. É um estado de avivamento sensorial que provoca uma alteração de consciência do seu contemplador. Aspectos formais, como simetria, harmonia, equilíbrio, proporção, desde sempre unidades do léxico da arte envolvidas na discussão do belo, são conceitos ideativos que correspondem à sensação perceptiva. Sua produção e seu impacto no fruidor referem o estado de suspensão e encantamento da contemplação. Isomorficamente há um movimento interno tão integrador e harmonizador quanto os atributos formais de harmonia e equilíbrio verificados no fenômeno físico e este seria, a meu ver, sua grande força de aparição.

Aliado ao juízo estético, no sentido kantiano do termo, da maneira criativa de homens e mulheres organizarem elementos de sua relação com o mundo dos fenômenos, que possam, em uma perspectiva existencial, significar, todos juntos e ao mesmo tempo, harmonia, boa definição de forma, de equilíbrio e de expressividade, nasce a percepção de um estado de deslumbramento, intensamente carregado de afeto, que na sua plenitude é nomeado como "o belo". Esse momento exprime uma energia humana tão intensa e vinculada à possibilidade da criação que, muitas vezes, foi atribuído à esfera do divino, a uma exterioridade. Daí seu fascínio e a busca de sua incorporação. Mas é a imagem do próprio humano na sua perspectiva mais diferenciada e plena o que ele expressa. Por que estereotipá-lo?

A beleza da mulher segundo a história da arte

Durante meu trabalho clínico com grupos de mulheres de baixa renda, na fase do climatério–menopausa, pude perceber o caráter especial que o conceito do belo possuía como sinônimo de um estado de aparência. Nesta fase da existência, apresenta-se a necessidade de buscar uma nova identidade feminina que dê conta das transformações físicas vividas pela mulher. Busca-se suporte para novos vínculos afetivos, a mulher revê seu projeto de futuro. Isso se aglutina, em primeiro lugar, em torno do sentir-se bela. A imagem tem força de verdade, sua correspondência é isomórfica. Em nossa sociedade essa imagem de amadurecimento resulta de estereótipos cristalizados por um processo cultural. Não foi criada com base na própria compreensão de uma interioridade feminina, mas introjetada a partir de uma idealização da mulher.

O padrão de beleza feminina da cultura ocidental remonta a um dos primeiros nus femininos, a "Afrodite de Cnido", do escultor grego Praxíteles, de cerca de 300 a.C. Realizado como símbolo de um ideal de perfeição e beleza abstratos, foi tomado, posteriormente, ao pé da letra, como paradigma de beleza física, criando ao longo da história um padrão de aprisionamento. As mulheres passaram a precisar repeti-lo e personificá-lo fisicamente sem ter chance de integrar, à sua interioridade, essa metáfora singular de um ideal de perfeição anímica.

As expressões da beleza poderiam incluir a condição da maturidade vivencial. Na Roma antiga, por exemplo, os velhos patriarcas eram cultuados por sua sabedoria. Máscaras de cera traduziam os detalhes de suas rugas como sinônimo da dignidade que sua vivência lhes conferia. Esse *verismo* – no sentido usualmente empregado pela teoria da estética, isto é, de uma intensificação do realismo – que exaltou uma tradição fortemente patriarcal, como a excelência romana –, não nos legou a narrativa da contraparte feminina, a não ser como coadjuvante de imperadores poderosos.

Como arte é linguagem e imagens são símbolos, percebemos logo, por essa posição marginal da iconografia feminina no discurso da cultura, que o acervo de imagens de arte do mundo ocidental narrou um simulacro imagético da mulher que não poderia jamais ser confundido com sua identidade real. Esses símbolos não espelharam o olhar da mulher sobre o mundo, muito menos aludiram a seu processo de amadurecimento. Se cada imagem criada pode ser um quadro de nosso espírito, o espírito de nossa cultura criou uma arquitetura bastante parcial para a individualidade feminina. A mulher não teve, durante séculos, acesso à sua sexualidade, a seu corpo e a seu afeto, sempre regulados conforme clichês institucionalizados. Entre tantos conceitos do universo da mulher que se tornaram verdadeiras mitologias sociais, o valor da beleza ficou instituído como poder de atratividade vinculado a uma concepção sexista. A partir do momento em que a mulher não pode mais procriar e transmitir a hereditariedade de linhagem masculina e patriarcal – momento da mulher madura – ela é desconsiderada como visualidade. A imagem da mulher madura neste início do século XXI começa a aparecer em *outdoors*, na televisão ou no cinema como legado da revolução feminista e do seu novo patamar de renda como mercado consumidor. Para o senso comum, no entanto, o amadurecimento da mulher ainda carrega a idéia de decadência.

Percorrer a trajetória das muitas imagens da mulher criadas pela nossa cultura é constatar que sua história não foi construída do ponto de vista de uma participação ativa. Da Antigüidade a nossos dias tais imagens mostram sua beleza, poder, sensualidade, religiosidade e maternidade definidas por um outro olhar. Inseridas no espírito de cada época em que foram concebidas, obedeceram às leis específicas que regeram os cânones da produção visual, mas, não obstante os choques interculturais, as invasões e as revoluções que vieram no bojo dessa visualidade, a função social que ela desempenhou difundiu uma doutrina de exclusão do sujeito feminino.

Cada época construiu um sistema de conotações de beleza diferente e contrastante, elegendo valores, regulando aspirações, espelhando as necessidades inerentes ao clima social. No entanto, quando tentamos recuperar as imagens de mulheres, esbarramos em uma diferença "em comum". Elas refletem os rastros de uma "consciência externa" e de um *poder social externo* que imaginam a alma feminina e a idealizam segundo seu paradigma. As mulheres não foram retratadas pela expressão de *sua* sensibilidade, do ponto de vista de *suas* preocupações, de *sua* percepção de mundo. Ainda mais, elas próprias não *se* retrataram, foram retratadas, descritas, cantadas e, até mesmo, adoradas, por meio da consciência masculina e de seus valores, tornando-se objeto do desejo, destituindo-se do seu estado de sujeito.

A primeira referência à imagem de uma artista mulher registrada por nossa cultura foi encontrada numa hídria ática, espécie de vaso grego de figuras vermelhas e fundo negro, que data de cerca de 450 a.C. É a ajudante de uma oficina de um pintor de vasos, colocada em um dos cantos da composição. Seu esforço histórico para mudar de posição no cenário das artes e ascender ao primeiro plano narra um caminho difícil. Embora tenham participado de círculos de pintores, artistas e pensadores, as artistas não puderam ir mais longe. As que o fizeram foram tomadas como excêntricas. Pagando um alto preço por sua ousadia, foram estimuladas a permanecer em segundo plano, à margem dos grandes movimentos artísticos, exercendo sua criatividade nas chamadas "artes menores". Exercitaram sua fantasia nas decorações da casa, nos trabalhos manuais, em bordados que nunca foram reconhecidos como forma de arte. Exemplos atualmente mais reputados, como Helena do Egito, Sofonisba Anguissola, Artemísia Gentilleschi, Berthe Morisot, Mary Cassat, Camille Claudel, Frida Kahlo, Gabrielle Münch, Georgia O'Keefe, Eva Hesse, Ligia Clark e Louise Bourgeois, ainda são raros em comparação com a profusão de homens artistas que constroem o acervo iconográfico da visualidade ocidental. A produção de imagens ainda é uma área da cultura na qual o olhar masculino é dominante.

O olhar masculino construiu e mapeou uma pedagogia visual do poder patriarcal baseada na imagem da mulher como fetiche. Essa identidade se tornou um estado fugaz e idealizado, regulando a maneira pela qual as mulheres se acostumaram a se ver e a se relacionar, deixando muito frágil a fronteira entre a expressão de uma individualidade e a personificação de uma introjeção. A auto-imagem da mulher realizou o episódio do mito bíblico de Adão e Eva, pois constituiu-se a partir do olhar masculino – como Eva das costelas de Adão.

Em termos bastante amplos, a panorâmica de imagens sobre as mulheres pode organizar-se em cinco grandes categorias. Na primeira, a iconografia feminina relacionada ao belo tem imagens da sexualidade, enfatizando a beleza como poder de atratividade. O nu feminino leva uma conotação demoníaca, aludindo à repressão da sexualidade e ao silenciamento do poder social. Mesmo na Grécia, onde sua representação foi mais livre, a situação da mulher foi de total submissão. Ao contrário, o nu masculino teve uma visibilidade exuberante e representou a exaltação espiritual da beleza. Durante o Império Romano a produção de nus, como toda sua produção artística, foi dessacralizada e difundida. No entanto, sofreu uma repressão gradual, à medida que certos círculos da religião monoteísta, em especial os evangelistas, começaram a ganhar força, determinados a destruir a imagem dos "falsos deuses". Isso prosseguiu com a Idade Média, junto com a difusão do cristianismo, e trouxe noções como culpa e pecado associados a toda manifestação da sexualidade. O corpo humano nu perdeu a naturalidade e a mulher que demonstrasse o seu potencial sedutor era execrada. Sua função foi permanecer no inconsciente cultural como sinônimo de uma proibição deliciosa.

O belo erotizado, na perspectiva da expressão do prazer, dissociou-se do afeto e tomou ares de perversão. A mulher tornou-se o objeto do desejo disfarçado por véus de preconceito. Foi também iniciativa masculina criar roupas e ornamentos para cobrir a nudez. A representação dos mistérios e da sedução, mais uma vez, utilizou ícones de poder. Jóias e véus narraram o prestígio e a estratificação social do contexto do feminino. Apenas na primeira metade do século XIII reencontramos a representação de um nu livre de pecado. A Renascença recuperou a sensualidade das esculturas greco-romanas. Giotto pintou nas paredes da capela Arena o que é considerado, atualmente, o primeiro nu sensual da pintura européia. A partir do século XVI, o nu tornou-se gênero artístico importante. Romantizado no século XIX, no século XX tornou-se estratégia capitalista de venda.

A segunda categoria de imagens expressa um sentido mais interiorizado da mulher, seu papel materno. A partir da Idade Média sua exaltação deu-se em paralelo à melhoria da condição de sobrevivência da mulher. O cultivo de alimentos ricos em ferro, perdido nos ciclos menstruais, reservou boa parcela do contingente feminino da morte por desnutrição. Retratadas com seus filhos, as mulheres, agora saudáveis, passaram a espelhar a transmissão do poder pela herança da linhagem patriarcal. Há um certo vigor nessa produção, um tipo de beleza que remete à memória das famílias e define o feminino, com os filhos, como participante de um poder reconhecido. Um certo ar de majestade na concepção da beleza das madonas emana para além de seu recato. A inspiração da figura da Virgem Maria permitiu que a imagem feminina resistisse às tentativas de ser banida do imaginário ocidental. A piedade e o perdão em torno da Virgem recuperaram um estilo afetivo que se contrapôs ao estilo patriarcal. A majestade referida à capacidade de gerar é metáfora da beleza do divino poder de criação. A identificação da mulher com a maternidade remonta à pré-história e apresenta-se como uma das mais fortes possibilidades de autoconceito positivo pela iconografia, sublinhando a parcela instintiva de seu psiquismo a serviço da preservação da espécie.

O avanço do período patriarcal não destruiu os ecos do valor ancestral que vincula o feminino ao mistério. Beleza e fertilidade são atributos fortemente relacionados com as deusas cujos cultos escaparam do desaparecimento. O mito de Afrodite, por exemplo, tem sua origem na civilização suméria, sistema social de matriarcado. Seu culto, durante a Grécia antiga, implicou uma série de práticas sexuais secretas dirigidas por sacerdotisas. A mulher, mais do que o homem, manteve um contato fluente com o mistério e a sabedoria ligada ao ciclo de vida e morte. Foi o cristianismo que modificou a versatilidade feminina das práticas mágicas. Ele elegeu a maternidade virginal de Maria, aprisionando a pluralidade que os ritos pagãos conferiam à mulher. Enquanto a mulher pagã foi plural e expressou sua beleza como um atributo da sua esfera mágica de poder, a mulher cristã ficou reduzida a mostrar sua identidade pelo poder de geração.

A terceira categoria apresenta imagens da mulher que habitam uma esfera paralela da realidade das decisões, criando para ela um mundo particular idílico. Narram seus hábitos: costura, leitura, cozinha. São, em geral, mulheres ricas, excessivamente idealizadas e infantilizadas, para quem a beleza, montada e artificial, é confirmada pelo gosto de época. A obras do rococó, em geral, representam a imagem feminina desmaterializada. Símbolo de uma época preciosista, teatraliza a figura da mulher até a afetação. A beleza pueril e superficial dos retratos de nobres esposas e senhoritas em paisagens idílicas, ou em cenas de interior, contrasta com a virilidade dos retratos masculinos. O valor da beleza da fragilidade feminina se identifica com a sua situação social. O rococó, o classicismo e o romantismo perpetuaram sua passividade, mesmo tendo havido uma consciência feminina mais ativa entre as classes mais abastadas, reconhecidamente expressa pela literatura. Mas a maioria das artistas mulheres se escondeu atrás de pseudônimos masculinos. Os talentos e os modos de agir, no que tinham algo de mais caracteristicamente femininos, eram muitas vezes desconsiderados. Sob a proteção masculina, a passividade foi recompensada com uma quietude quase melancólica, que deveria poupá-la de sofrimentos. Seduzida para a impossibilidade de crescer, a idealização da mulher romantizou seu alheamento, tornando-o o padrão de comportamento e identidade.

As mulheres que escolheram caminhos diferente e usaram a criatividade e a imaginação a serviço da ampliação de sua consciência pessoal foram tachadas de excêntricas. A quarta categoria reúne este grupo de imagens e apresenta mulheres diferentes de seu tempo, ou porque foram santas cultuadas, personagens poderosas, personalidades memoráveis ou por terem sido transgressoras. Emergiram de um fundo de submissão para exceder sua condição social. Sua beleza diferenciada fugiu aos estereótipos, se individualizou e emanou força expressiva. Suas imagens são metáforas do que poderia ser uma representação que reverte a tradicional exposição da figura feminina como objeto de desejo. Elas introduzem a mulher no universo de criação, na interferência da ordem social, no poder do verbo. O conceito de imagem feminina aqui celebrado preserva sua privacidade e mostra uma mulher de posse de si. Partilha do poder social, do poder de reflexão, está inserta na esfera da cultura mais valorizada, é consciente de si mesma como agente de mudança, sem perder sua poesia. Essa é a tônica das imagens de mulheres feitas por mulheres.

Como quinta e última categoria, a mulher autora/artista tem uma história de criação não proclamada pela história da arte oficial. Se essa produção se intensifica no século XX, desde a Antigüidade as mulheres estiveram nos ateliês de pintura e escultura. Suas obras, porém, não foram admitidas em sua autonomia, e foram avaliadas ou como exceção ou como produção de segunda classe. Todo um monopólio masculino do mercado de arte, das discussões sobre filosofia da arte, do ensino de arte dificultou o acesso e o desenvolvimento do conjunto de obras dessas artistas. Muitas carreiras foram interrompidas por casamentos, nascimento dos filhos. Além disso, suas obras foram subavaliadas como se portassem um ingrediente exclusivo de "sensibilidade feminina" ou de "coisa de mulheres", absolutamente desvalorizado pelo reconhecimento da crítica, também masculina. Em síntese, é muito desse diálogo com a trajetória histórica da criação feminina que está expresso nas obras das artistas atuais. A arte feminista tem sido um dos mais importantes e controvertidos agentes de mudança na cultura contemporânea, desde a década de 1970. Multimídia, ela procura um reconhecimento igualitário da produção feminina e masculina e centra sua temática não mais em uma questão estética, mas em uma abordagem social do papel da mulher.

Questionando e dando novo significado ao imaginário cultural que substituiu a complexidade feminina por seu simulacro jovem e sexualmente atraente, essa arte genericamente caracterizada como "feminista" vem em socorro do investimento psíquico da imagem de mulher num mito da cultura ocidental. A beleza, culturalmente associada a um valor de poder, fez da mulher seu objeto mais excelente. Inconsciente contido e espelhado da ordem de manipulação do desejo, os signos desse padrão entranhado de comportamento se cristalizaram como uma construção misógina. Não permitem a inclusão de diferenças. É essa sua faceta mais dolorosa. As mulheres que envelhecem são vítimas dos comentários mais desabonadores, perdem chances de trabalho, chances de novos relacionamentos. Ficam impedidas de buscar os novos significados exigidos por sua maturidade e, muitas vezes, se violentam na intenção de personificar um determinado ideal social de beleza. A par do período de transformação física aguda e de sintomas desconfortáveis intensificados pela angústia existencial do envelhecimento, a mulher que amadurece confronta um preconceito cultural apoiado na parcialidade iconográfica. Não encontramos, com facilidade, os símbolos que estruturam a maturidade emocional e cronológica da mulher. O belo, que tem uma profundidade conceitual muito maior do que a banalização do marketing a que vem sendo exposto, se torna, culturalmente, uma característica alheia da imagem da mulher madura. Por quê?

Beleza, amadurecimento e cultura

A mulher que envelhece perde o direito à vaidade e à beleza, maltratando-se em relação ao que poderia ser uma beleza singular. Os depoimentos colhidos em minhas entrevistas afirmaram a questão do belo como reflexo da crise da estima. Mulheres independentes, muitas delas profissionais liberais, avaliaram a imagem feminina e sua capacidade de escolha, o paradoxo entre se despojar de sua vaidade e tentar se assegurar do prazer. Elas sublinharam as transformações físicas como o principal motivo da crise em seus investimentos pessoais. Na verdade, esse estranhamento tem dois alicerces definidos: a imagem corporal individual e as representações da imagem cultural. Inicialmente, a partir de um primeiro momento, especular e imaginário, do desenvolvimento psíquico, a constituição do eu está ligada à representação do próprio corpo. A imagem de si é relativa ao corpo. Portanto, quando se fala na importância da boa forma física, essa dimensão corporal não se perde. A seguir, ela é alimentada pela cultura como um valor de aparência, o que torna a dificuldade de reverter e equilibrar determinado quadro hormonal um sinal de decadência.

A possibilidade do autoconhecimento aliada ao cuidado físico pode melhorar essa vivência de impotência, mas é a consciência crítica de contexto cultural, exercida por meio de uma "alfabetização" visual, que lhe devolverá a força de sua dignidade. É mais do que uma experiência de ateliês, é a proposta de desenvolver, pelo ensino de arte e da história da arte conjugados, uma inserção cultural e um conhecimento profundo das mudanças históricas que capacitem a mulher a decodificar o sentido ideológico implícito nas imagens que ela consome. Dessa maneira, ela poderá pretender conquistar uma conduta ativa diante da realidade. Os problemas seculares da descoberta de novas perspectivas para a mulher pedem renúncias de hábitos antigos e um novo repertório crítico, em um esforço criativo em direção à superação de um espelhamento narcísico referendado culturalmente.

A mulher que envelhece não precisa se sentir bela para se sentir mulher, mas pode se sentir bela e recuperar o prazer desse consentimento. O movimento feminista e a contracultura da década de 1960 tentaram reaver a pluralidade de sua individualidade. A visualidade oferecida pela mídia, feita das montagens de simulacros, construiu um objeto feminino como consumo, testemunhado pela história da arte. A beleza da mulher ultrapassa o campo da metáfora visual e adentra um consumismo social, para o qual tudo tem de ter um preço e um valor. A recuperação da identidade feminina está na difícil desconstrução psíquica dessa coisificação visual. A questão de poder nela contida não é a do belo, mas a do "mais belo" – medida do embotamento da sensibilidade contemporânea que confunde excesso e intensificação.

Por trás dessa ideologia do consumo está a evidência de que a maturidade psíquica, aliada à maturidade física, pode ser uma condição essencial de sabedoria. A ampliação do repertório vivencial implicada no amadurecimento da personalidade permite maiores chances de abertura de contato com a vida, e, portanto, chances mais profundas de autonomia e de contato com experiências da ordem do sensível e do belo. Essa é sua via isomórfica, recuperada do viés cultural; supõe um questionamento complexo de ideologias, mas, maturidade, creio, é um desses termos que implica justamente o movimento em direção a uma condição de diferenciação e a escolhas existenciais, que, dialeticamente, podem levar a um renascimento. Do ponto de vista funcional, a crise é o caldeirão criativo de onde a renovação pode constituir-se. Buscar o belo não é evitar a dor, é incluí-la na potencialização da vida.

O belo

A experiência da beleza, como qualidade estética, é isomórfica a um estado psíquico de especial abertura perceptiva. Tem uma via contextual e outra estrutural. Contextualmente, espelha a configuração particular dos valores de uma sociedade. Estruturalmente, é uma das experiências humanas capaz de promover um estado de intensa abertura perceptiva, associada ao que Diderot, no século XVIII, chamou de "circunstâncias raras e maravilhosas". É sua qualidade de deslumbre, semelhante ao "êxtase místico" de Plotino. O senso do que é habitualmente apreendido pela percepção fica suspenso e é deslocado para uma magnitude intensamente carregada de "particularidade". Suspende a noção de tempo e constitui-se como intensamente única, abrindo as portas para a consciência de uma aparição fortemente carregada de energia afetiva.

Nesse momento de plenitude, a percepção é arguta, revelam-se meandros nunca vistos, afeto e cognição se mantêm unidos. Há uma tendência integradora singular que emerge como profunda harmonia entre elementos e vivifica o sentido de forma, ordem e equilíbrio daquilo que se desoculta nessa relação. A atratividade mobiliza a atenção, desperta o interesse, impulsiona o contato. Abre possibilidades de conhecimentos que comumente não merecem investimento afetivo. É um movimento de identificação que insere as partes em uma comunicação intensa e torna possível o contato como comunhão. Qualidades como proporção, simetria e boa forma, elementos estruturais da percepção, ressoam como intensidade da sensação psíquica de particularidade do contato. Eles produzem um estado de *awareness* como consciência do absoluto sentido. A presença sensorial do mundo aviva, assim, o sentido da existência humana. O belo, como Gestalt, possibilita a contemplação de uma essencialidade.

Essa idéia do acesso a uma qualidade fundante do ser está em Platão. Ele via o belo como recurso para alcançar o bem, virtude fundante desse ser que, dialeticamente, dele emana e nele se configura. Estando o belo na essência dessa unidade, sentimo-nos impelidos a encontrá-lo. Sua força de atratividade traduz um encontro ideal com a vida e, portanto, com o amor. Amor e beleza potencializam a vida, permitindo as condições de um contato transcendente. O sujeito apaixonado vê tudo mais bonito, pois a energia amorosa intensifica a atratividade e a propriedade de tudo. A relação beleza–amor é espelho e experiência de um desejo de identidade eterna, metáfora e vivência que orientam a trajetória humana.

Da mesma natureza é a relação beleza–mulher madura. O belo para essa mulher é resultado de uma diferenciação construída no processo de viver, pelo amor a si mesma. Não há padrão para a configuração da individualidade. A partir da maturidade, a mulher despede-se de uma certa imagem de si mesma, retirando dela o alimento necessário para renascer simbolicamente. O que envolve a mítica e o preconceito desse momento está no discurso de poder contra a autonomia e a consciência crítica feminina. Como todos os valores que compõem nosso escopo de avaliação, o belo é uma interpretação, um modo de mediar nossa relação com o fenômeno que privilegia os sentidos e se refere à transcendência da relação comum e cotidiana com o mundo. Desse ponto de vista, a beleza da mulher madura pode espelhar uma possibilidade de relação que se irradia por caminhos, por onde o sentido de uma unidade, originalmente concebida como relação amorosa, nos toca e transforma.

Perguntar sobre a função e a estrutura do belo, no âmbito da imagem da mulher, é atravessar regiões de mistérios, na contramão de uma cultura racional e patriarcal. O discurso da beleza que serviu para mascarar diferenças e desigualdades, ao longo da história, deslocou o sentido de uma experiência simbólica, e de qualidade transcendente, em favor da materialidade física e do movimento de coisificação do espírito. A reificação do encanto tornou-se manipulação ideológica, tentativa de personificar um arquétipo que, evidentemente, opera na antítese da cisão sujeito–objeto. Beleza e identidade confluem como consciência de unidade, como *awareness* do sentido de comunhão, potenciados pela intensa percepção da dialética do ciclo da vida. Beleza e imagem feminina falam da fertilidade simbólica contida nessa dialética, atributo de uma natividade interior que pode alimentar uma compreensão mais nítida e necessária da cultura, do psiquismo e da história.

Referências bibliográficas

ADORNO, T. *Teoria estética*. São Paulo: Martins Fontes, 1970.

ARNHEIM, R. *Arte e percepção visual: uma psicologia da visão criadora*. São Paulo: Pioneira, 1992.

AUMONT, J. *A imagem*. Campinas: Papirus, 1995.

BAYER, R. *História da estética*. Lisboa: Editorial Estampa, 1978.

BERGER, J. *Ways of seeing*. Londres: Penguin Books, 1976.

CASSIRER, E. *Linguagem e mito*. São Paulo: Perspectiva, 1972.

CHADWICK, W. *Woman, art and society*. Londres: Thames and Hudson, 1996.

CIORNAI, S. Arteterapia gestáltica: um caminho para a expansão da consciência. São Paulo, *Revista de Gestalt*, v. 1, n. 3, 1994, p. 5-31, Instituto Sedes Sapientiae de São Paulo.

_____. *Da contracultura à menopausa: vivências e mitos da passagem*. São Paulo: Oficina de Textos, 1999.

DONDIS, A. D. *Sintaxe da linguagem visual.* São Paulo: Martins Fontes, 1997.

DUBY, G.; Perrot, M. *Power and beauty: images of woman in art.* Londres: Tawris Parke Books, 1992.

ENGELMANN, A. (coord.) *Köehler – Psicologia.* São Paulo: Ática, 1978.

ESTÉS, C. P. *Mulheres que correm com os lobos.* Rio de Janeiro: Rocco, 1994.

FOSTER, H. *Recodificação: arte, espetáculo e política cultural.* São Paulo: Casa Editorial Paulista, 1996.

HAUSER, A. *História social da literatura e da arte.* São Paulo: Mestre Jou, 1982.

HEIDEGGER, M. *O que é metafísica?* São Paulo: Duas Cidades, 1969.

HESFODO. *Teogonia, a origem dos deuses.* São Paulo: Massao Ohno/Roswita Kempf, 1981.

JANSON, H. W. *História da arte.* São Paulo: Martins Fontes, 1992.

KNILL, P. "The place of beauty in therapy and the arts", In: *The arts in psychotherapy,* v. 22, n. 1. Nova York, Elservier Science Lt, 1995, p. 1-7.

MANKOVITZ, A. *Menopausa: tempo de renascimento.* São Paulo: Paulinas, 1986.

MAY, R. *Minha busca da beleza.* Petrópolis: Vozes, 1992.

MERLEAU-PONTY, M. *Fenomenologia da percepção.* São Paulo: Freitas Bastos, 1971.

OSTROWER, F. *Universos da arte.* Rio de Janeiro: Campus, 1978.

PAREYSON, L. *Estética: teoria da formatividade.* Petrópolis: Vozes, 1993.

PLATÃO, "Diálogos", In: *Os pensadores.* São Paulo: Abril Cultural, 1979.

POUND, E. *ABC da literatura.* São Paulo: Cultrix, 1978.

SCHILLER, F. *A educação estética do homem numa série de cartas.* São Paulo: Iluminuras, 1995.

SHEEHY, G. *Passagens.* Rio de Janeiro: Francisco Alves, 1991.

SORIAU, E. *Chaves da estética.* Rio de Janeiro: Civilização Brasileira, 1973.

VERNON, M. D. *The psychology of perception.* Baltimore: Penguin Books, 1974.

A arteterapia na preparação psicológica de atletas

Fabiola Matarazzo

Quando ouço a torcida gritar, já é hora de entrar... Aqueço o corpo, a alma e piso no campo esperando o apito soar. Sinto a emoção da galera vibrar e fico feliz quando um gooooooooool consigo marcar!!!! Quando encontrei a arteterapia no meio de um jogo, dei a ela a chance de se mostrar e agora posso escalá-la sempre como titular.

A Psicologia do Esporte é um campo de atuação da psicologia e uma das disciplinas das ciências do esporte que estuda as manifestações psicológicas dos envolvidos com a prática da atividade física e esportiva. Direcionada para o esporte competitivo, tem por objetivo auxiliar o grupo esportivo no desenvolvimento e no aperfeiçoamento do trabalho realizado em busca de melhor desempenho, crescimento e bem-estar.

Thomas (1983) nomeia a Psicologia do Esporte como disciplina científica que estuda as causas, os efeitos e os processos psíquicos do ser humano antes, durante e depois da atividade física e esportiva. Já Cox (1994) relata que a Psicologia do Esporte não está interessada apenas em aprimorar o desempenho do atleta, uma vez que o esporte pode ser usado como veículo de grande importância para o enriquecimento humano.

No mundo dos esportes, para uma preparação adequada ao atleta, devem ser harmonizadas as quatro formas de treinamento: física, técnica, tática e psicológica.

A técnica psicológica a serviço do esporte é um processo de desenvolvimento que faz parte do planejamento dos atletas que objetivam um determinado resultado esportivo. Para Martini (2000), essa preparação faz parte da preparação geral – que objetiva obter o máximo do potencial atlético e utiliza intervenções sistemáticas realizadas dentro de um programa que acompanha e considera a sucessão de acontecimentos esportivos. Thomas concorda com essa concepção, dizendo que:

> É preciso eliminar perturbações da alma que possam influenciar os resultados de *performances*. O atleta tem de ser preparado para suportar a carga psíquica de uma competição com perfeição, de modo a ser capaz de mobilizar todas as suas reservas de forças no momento decisivo. Além disso, deve ser motivado ao máximo. O treinamento não se limita apenas à melhora das *performances* físicas, mas deve alcançar o homem em seu todo e em todas as áreas relevantes à *performance* (1983, p. 8).

Os esportistas têm de suportar e superar sistematicamente cargas físicas e emocionais, sendo o aspecto psicológico fator determinante na sua preparação.

O emprego da arte como ferramenta de trabalho na preparação psicológica de atletas tem por objetivo possibilitar o desenvolvimento de espontaneidade, autoconhecimento, espírito de grupo, flexibilidade, criatividade, motivação, autoconfiança e imaginação, fazendo que os atletas percebam seus recursos internos e saibam usá-los em momentos de treino e competição.

Trabalhar a arte no esporte significa descobrir o "artista" dentro do atleta, desenvolvendo seu potencial criador e transformando suas "obras de arte" em verdadeiras conquistas na busca de suas metas esportivas.

"DO FAZER ARTÍSTICO AO FAZER ESPORTIVO"

Este foi o nome dado ao projeto que desenvolvi como trabalho de conclusão do curso de arteterapia. O projeto tinha por objetivo demonstrar a importância da arteterapia no processo de preparação psicológica de um grupo de atletas. Foi desenvolvido com uma equipe de ginástica olímpica competitiva, do sexo feminino, categoria juvenil, com idades entre doze e quinze anos. Os encontros foram em grupo, uma vez por semana, com duração de aproximadamente uma hora e trinta minutos, em local próximo ao ginásio de treinamento das atletas. A comissão técnica caracterizou a equipe como tendo bom potencial técnico, embora as atletas não conseguissem aplicar tudo que sabiam em competições, precisando ser melhoradas sua auto-estima e confiança.

No início de cada encontro havia um momento de conversa, em que as atletas falavam da semana, dos treinos e me contavam o que tinham vontade; eu considerava esse momento um "aquecimento" para o trabalho psicológico. Depois, havia um momento de tranqüilidade, em que era feito um relaxamento para mudar o nível de energia que elas traziam do treino e para que se preparassem para a atividade e aprendessem a relaxar e respirar. No final de cada encontro, fazíamos um fechamento, em que as atletas falavam sobre o que tinham feito e refletíamos sobre o que havia sido vivenciado no dia. Em todas as vivências havia música de fundo, a fim de proporcionar um clima mais agradável, acolhedor e convidativo à atividade proposta. A música era considerada facilitadora no processo, e permitia que as atletas se sensibilizassem e se tornassem mais atentas e mais *aware* com a atividade a ser realizada.

No início desse projeto, tive a intenção de construir o vínculo grupal, possibilitando que cada atleta pudesse se expressar e se sentir à vontade (acolhida) comigo e com o grupo. Pensando que para a formação do vínculo se faz necessário um espaço acolhedor e propício, direcionei essa etapa na criação de um local fértil para futuras colheitas, como se estivéssemos arando a terra para a plantação.

O objetivo desse momento inicial foi me apresentar e esclarecer a proposta do trabalho, além de definir as características da ginástica olímpica e os aspectos psicológicos que a equipe achava que precisavam ser melhorados.

As dificuldades relatadas pelas atletas foram: excesso de nervosismo, pressão (externa e interna), pensamento negativo, medo de errar e de se machucar, falta de concentração, de confiança e de motivação em alguns momentos e preocupação em esquecer a seqüência dos exercícios na hora da competição. Diante dessas características, definiram como gostariam de se sentir: com mais tranqüilidade, pensamento positivo, confiança, concentração e acreditando mais em si.

A fim de conhecer melhor as atletas e identificar seus pontos fortes e fracos, seu potencial e suas necessidades de desenvolvimento, propus uma vivência sobre a *história do nome*. Elas confeccionaram um crachá e cada uma se apresentou ao grupo como se fosse o primeiro contato entre elas. O grupo se manifestou interessado pelas atividades propostas e motivado para utilizar os materiais existentes.

O processo de criação artística ajudou na relação empática e facilitou a construção do vínculo inicial. Por meio da produção expressiva foram identificadas características pessoais que, muitas vezes, na comunicação apenas verbal, exigem mais tempo para que esse contato e envolvimento se estabeleçam.

Em um segundo momento, propus a livre expressão, realizando a *atividade do rabisco* para "convidar" as atletas a experimentarem as diferentes formas possíveis de contato do giz de cera com o papel. O rabisco, as garatujas ou os traços sem direcionamento são usados como facilitadores, como "aquecimento" para o trabalho expressivo, além de propiciarem a emergência de dados diagnósticos. Qualquer um sabe rabiscar, não sendo necessária nenhuma habilidade artística – o que deixa a pessoa, no primeiro contato com o material, mais à vontade, longe do "não sei desenhar" e motivada a participar da proposta. Gosto de começar um trabalho com esse tipo de atividade (de explorações e experimentações) como "apresentação de um caminho" sem regras e cheio de possibilidades. Como disse Oaklander (1980), por ser um método menos ameaçador e proporcionar uma forma de expressão dos conteúdos internos, o uso do rabisco ajuda o indivíduo a se expressar mais livremente.

Cada atleta escolheu um lugar ao redor da mesa (que estava forrada com papel *kraft*) e, em pé, explorou os movimentos com um giz de cera, experimentando as formas diferentes de rabiscar. Depois de um certo tempo, pedi que olhassem o que tinha sido feito, perguntando quais eram as semelhanças percebidas. Várias falas vieram, porém o que percebi de mais importante não foi identificado pelo grupo. Cada uma fez a atividade utilizando apenas o espaço da folha à sua frente, sendo que a proposta era explorar toda a folha e não ficar limitada ao espaço à frente de cada uma. Conversamos a respeito e pedi, mais uma vez, para que as atletas explorassem todo o espaço, de forma realmente descontraída e ampla; aí sim elas se soltaram.

Depois, olhando para o que fizeram, a proposta foi encontrar imagens, figuras, formas, objetos, qualquer coisa que conseguissem "ver". Usando o giz de cera elas deveriam ressaltar, contornar, tentando pôr em evidência essas imagens (Figura 1).

Figura 1

As atletas nomearam as imagens encontradas e montaram uma história coletiva. No início acharam estranho, não sabiam como dar continuidade à frase da outra. Depois se tornou divertido: elas começaram a "brincar" com a hipótese de inventar algo sem conexão e sem regra. Na história do grupo apareceram temas relacionados com o contato com o outro, o lúdico, o aconchego, a rigidez, o reconhecimento pessoal, os momentos cíclicos de desempenho e o equilíbrio. Pude refletir sobre e relacionar essas primeiras imagens com as potencialidades presentes (as sementes existentes) e as necessidades do grupo. Como disse Bernardo (1994), todo início, todo processo de criação, envolve a passagem do caos ao cosmo; a atividade expressiva aqui também se iniciou com o indefinido, o indiferenciado, para chegar às possibilidades ou às formas mais definidas.

Com a atividade seguinte, recortar as imagens encontradas no papel *kraft* e fazer uma montagem colando-as na cartolina (Figura 2), identifiquei, mais uma vez, que o grupo estava manifestando potencialidades e conteúdos a serem atualizados e trabalhados. O grupo falou sobre as insatisfações com os resultados, sobre o fato de as atletas ficarem muito ansiosas, com medo antes de competir, e não conseguirem fazer tudo aquilo que sabiam e haviam treinado. Desde esse dia, nos momentos de tranqüilidade, sempre eram realizadas *técnicas de respiração e visualização*, com o objetivo de fortalecer e criar na atleta o hábito de respirar nos momentos importantes e de saber imaginar e pensar naquilo que desejava.

Figura 2

No esporte é muito clara a comparação com o outro, com o de fora, mas, se o referencial está sempre fora (no outro), tudo que vem do outro se torna melhor, e o que vem de dentro torna-se sempre negativo e ruim. Havia no grupo certa competição que apontava para um referencial externo muito claro e forte. Por isso as atletas estavam insatisfeitas com as conquistas alcançadas, sentindo como se sempre faltasse algo para ser melhorado. Se havia muita tensão e ansiedade na busca de um objetivo, o caminho se tornava difícil e sofrido, trazendo rigidez e pouco prazer, afastando as atletas da flexibilidade necessária para um desempenho esportivo adequado.

Aos poucos percebi a importância de recuperar a qualidade do indivíduo, o valor existente em cada atleta, para que elas tivessem melhor desempenho nas competições. Era preciso trabalhar o crescimento individual de cada uma, e não a comparação ou a competição entre elas. Para que começasse a surgir a sensação de evolução, o referencial teria de ser a própria atleta.

A respiração é uma forma simples de alterar estados emocionais, por ser uma função fisiológica e estar presente o tempo inteiro no indivíduo. Reyo disse que:

> [...] a respiração equilibrada cria ou mantém um veículo físico equilibrado por meio da equalização dos lados esquerdo e direito do corpo, do cérebro e do sistema nervoso. O fluxo estável de oxigênio simplesmente limpa obstruções, fixações ou bloqueios que possam existir na mente, nos sentidos e no próprio corpo. Após alguns minutos de respiração equilibrada, você se sente mais relaxado e, portanto, mais receptivo às percepções mais refinadas (1996, p. 109).

A visualização ou imaginação ativa, como é chamada por alguns profissionais, é a habilidade de formar uma imagem mental. Essa técnica tem sido muito utilizada na preparação psicológica de atletas como ferramenta valiosa para alcançar o resultado desejado. A mente não distingue uma experiência vivida de uma experiência imaginada; portanto, trabalhando a imaginação é possível desenvolver condições favoráveis para o melhor desempenho do atleta na competição. Rossi afirma que "a mente constantemente cria mensagens que podem ser transformadas em imagens mentais para que se possa atingir um nível de excelência" (1995, p. 12).

A equipe preencheu um *questionário* para que eu pudesse ter mais informações sobre cada atleta, como histórico esportivo, objetivos e expectativas futuras, além de uma *auto-avaliação* de cada uma com relação a alguns aspectos psicológicos importantes para o esporte. Esse mesmo questionário de auto-avaliação foi respondido pelo treinador, para que eu pudesse identificar como as mesmas características eram percebidas por ele. Conversamos sobre esse *questionário* comparando semelhanças e diferenças encontradas e discutimos as diferentes respostas. A maioria das respostas do grupo foi mais bem avaliada pelo treinador do que pelas atletas; conversamos sobre isso tentando verificar qual seria o motivo e o que elas achavam desse resultado. Falamos sobre o fato de o grupo não acreditar no potencial que possuía e sobre quanto tinham um bom desempenho nos treinamentos mas não conseguiam competir da mesma forma. Quando perguntei de que mais precisavam para melhorar na competição, responderam: "mais tranqüilidade", "acreditar mais que somos capazes", "arriscar e tentar fazer sem medo de errar".

Com o objetivo de trabalhar a flexibilidade das atletas, foi realizada uma *vivência com o barbante*, em que elas tinham de explorar todo o espaço da sala amarrando o barbante. Usando a flexibilidade corporal (característica dessas atletas), elas tinham de descobrir maneiras diferentes de "passar" entre aqueles fios sem encostar neles. Cada uma foi caminhando e explorando o espaço à sua maneira e se envolvendo com aquela "brincadeira", criando assim a possibilidade de adotar uma postura mais solta e flexível. Depois, cada uma delas escolheu um canto e com uma folha colorida e o giz de cera tiraram as impressões dos entrelaçamentos possíveis entre os barbantes. No final, cada atleta, olhando para sua folha, tentou encontrar formas ou imagens nas impressões feitas, e definiu uma frase.

A palavra flexibilidade foi aqui utilizada com dois sentidos: como flexibilidade corporal e como postura mais flexível e menos rígida. Flexibilidade é "[...] a qualidade do flexível, elasticidade, destreza, agilidade [...] aptidão para variadas coisas ou aplicações, disponibilidade de espírito, compreensão, complacência" (Ferreira, 1995, p. 300). Como as atletas se colocavam de forma muito rígida (o que foi percebido na postura delas na atividade do rabisco e nos treinamentos observados), a idéia foi desenvolver a flexibilidade (mental). Pensando na flexibilidade (corporal) como característica importante para os exercícios da ginástica olímpica, comecei a trabalhar esse aspecto, o mais conhecido delas, para chegar a outro aspecto da flexibilidade, aquela da disponibilidade de espírito.

Achei lindo o que surgiu das impressões das atletas nessa vivência, e fiquei surpresa com o fato de ninguém ter gostado e nem ter-se surpreendido como eu. Concluí que, quando o indivíduo se encontra com a auto-estima baixa, dificilmente acha bonito o que produz, nenhum fruto seu é valorizado. Características como o medo de experimentar coisas novas, o perfeccionismo e excesso de autocrítica são comuns nessas pessoas. Comecei a perceber que além da abertura, da leveza, da possibilidade ao novo e ao diferente, o grupo precisava trabalhar a auto-estima para crescer. Alguns encontros foram realizados com o intuito de trabalhar a soltura, a flexibilidade e o relacionamento das atletas, que se diziam unidas mas não se mostravam da mesma forma.

Quando o vínculo se torna possível dentro do grupo começam a surgir as formas. Iniciam-se aí as trocas e atualizam-se as possibilidades grupais. É quando começamos a ver os brotos saindo da terra.

A atividade com a *argila* teve um significado valioso para o processo desse grupo. Cada uma começou a explorar a argila do jeito que quis. A idéia foi que explorassem as diferentes possibilidades de contato com esse material: furando, batendo, jogando, amassando, acariciando, cortando, atentas à temperatura, ao cheiro, ao contato com os olhos fechados e com as duas mãos. Lentamente, cada uma deu uma forma e depois apresentou sua peça, dizendo "Eu sou ...", enumerando características e dizendo seu nome. Segundo Stevens, "esse método de identificação é a base da idéia budista de que a concentração total e a meditação sobre alguma coisa podem levar a um conhecimento total da natureza interior" (1971, p. 48). Pelo que o grupo mostrou, pude ter "o retrato do momento" e das questões a serem trabalhadas. Surgiram conteúdos referentes ao potencial e ao relacionamento do grupo. Pude perceber que a equipe tinha um potencial interno que precisava ser reconhecido e como a relação do grupo era valorizada e precisava ser trabalhada. Cada atleta definiu uma característica da sua peça e um aspecto dela que gostaria de doar ao grupo, e encerramos falando sobre a relação das peças com as características pessoais e o momento do grupo.

Segundo Allessandrini (1996), a argila possui uma ligação com a fecundação e com o feminino, tem um caráter transformador das atitudes e das ações humanas, buscando um estado de equilíbrio. Foi a primeira vez que as atletas gostaram de sua produção; elas se surpreenderam com o resultado obtido daquele pedaço de barro. Ficou muito claro que o grupo estava "inteiro" nesse dia, que houve uma sintonia entre o grupo e entre cada atleta e seu pedaço de argila. O formato moldado, a característica pessoal encontrada e a parte "doada" ao grupo naquele momento puderam explicitar a forte relação estabelecida.

> A flexibilidade e maleabilidade da argila adaptam-na às necessidades mais variadas [...]. Promove a manifestação ativa de um dos processos internos mais primários. Proporciona a oportunidade de fluidez entre material e manipulador como nenhum outro [...], ela aproxima as pessoas de seus sentimentos (Oaklander, 1980, p. 85).

O indivíduo que amassa o barro, que entra em contato com o material, possibilita a concretização de imagens e desejos ainda desconhecidos, inconscientes. O grupo nesse dia saiu "mexido", parece que algo realmente havia "tocado" as atletas. Elas comentaram que, durante a atividade, quando não estavam gostando do que faziam, podiam amassar a argila e dar-lhe outra forma, começando de novo – enquanto na ginástica olímpica isso não era possível. "[...] se a gente pudesse começar de novo um aparelho ou um determinado movimento na competição, como aqui na argila [...] seria muito diferente se existisse mais uma chance, com certeza o resultado seria muito melhor." Conversamos tentando encontrar a diferença no desempenho delas na segunda chance e terminamos definindo as características de que precisavam (mais tranqüilidade, confiança e acreditar mais em si próprias).

A argila tem uma relação com o corpo, com a matéria, com a forma e com a concretização de algo. Modelando a argila e percebendo suas mudanças, podemos nos dar conta da nossa capacidade diante da realidade e da transformação de nós próprios e de uma dada situação. Fizemos a relação da flexibilidade do material, proporcionando um resultado plástico significativo e ressaltando a importância da flexibilidade pessoal para o resultado esportivo.

Pude identificar, mais uma vez, que a auto-estima, a confiança e a tranqüilidade desse grupo realmente precisavam ser trabalhados para que o desempenho esportivo aparecesse.

Toda quinta-feira se tornou dia de competição! A avaliação semanal passou a fazer parte do treinamento. Tudo se transformava: o clima do ginásio, o treinador e sua assistente em árbitros e a equipe em torcida. Tudo com a intenção de parecer ao máximo uma competição. As atletas recebiam uma nota e as meninas torciam umas pelas outras. Essa idéia surgiu com a intenção de fazer o clima competitivo ser percebido como mais natural e familiar às atletas, tornando-se menos ameaçador e fazendo que as atletas conseguissem render também em situação competitiva.

Pensando no esporte como um recurso expressivo, pudemos entender a rigidez que o grupo apresentava e ver, com base nisso, a importância de trabalhar a flexibilidade e a espontaneidade dessas atletas. A Gestalt-terapia valoriza a espontaneidade e a autenticidade humana, dando grande importância ao envolvimento das experiências vividas. Jung também dizia que se aprendêssemos a dialogar com nossas imagens internas, compreendendo os sonhos e as fantasias, escutaríamos a sabedoria do corpo.

Por meio do desenvolvimento da flexibilidade tínhamos por objetivo trabalhar a atleta por inteiro, a fim de que ela pudesse entrar em contato consigo mesma e com suas potencialidades. Para que um atleta consiga render e obter um desempenho satisfatório é importante que esteja "solto" e inteiro no momento do esporte. Para Huang (1992) a mensagem do Tao Te Ching é clara: confie no poder interior e use-o. Lao-tsé acreditava que quando as pessoas não sentem esse poder (integridade), sentem medo. O medo gera tensão, ansiedade e estresse, que limitam o desempenho. O Tao ensina as pessoas a tornar-se conscientes de sua força interior e de sua integridade, que lhes darão um desempenho excelente e constante.

Para caracterizar o "atleta ideal" realizamos a seguinte atividade: o corpo das atletas foi contornado no papel *kraft* e foi feita uma colagem com imagens e palavras de revistas. Determinou-se um perfil ideal da atleta de ginástica olímpica em que eu pude perceber, pelos símbolos trazidos, os caminhos que foram apontados para o crescimento do grupo.

Toda grande equipe tem patrocínio. Então, era isso que estava nos faltando! Essa foi a grande idéia: organizar um livro, um *book*, com biografia, fotos, etapas da carreira, melhores resultados, potencial individual, momentos especiais, expectativas futuras e tudo que estivesse relacionado com a ginástica olímpica e ajudasse a obter um patrocínio. Para isto, cabia a cada atleta confeccionar seu material de apresentação, que seria desenvolvido no decorrer dos encontros. Essa atividade começaria a nutrir concretamente o que a equipe mais necessitava: fortalecer a auto-estima e assim regar as sementes!

Para Ferreira (1995), o patrocínio está relacionado com a proteção, o amparo e o auxílio, além de ser o custeio de um programa para fins de propaganda. Refletindo sobre conceitos como amparo, necessidade de acolhimento e proteção, era realmente disso que o grupo estava precisando para lembrar de suas qualidades e deixar surgir daí a melhora no rendimento.

Com o objetivo de fazer cada atleta começar a identificar suas características e entrar em contato com seu lado positivo, cada uma delas *escreveu uma carta* para o patrocinador, contando suas habilidades, pontos fortes e fracos na ginástica olímpica, o porquê de estarem procurando um patrocinador e em que este poderia se beneficiar. Nesse dia, o grupo também escreveu o que mais admirava em cada atleta. A intenção era que cada uma olhasse para seus potenciais percebidos pela outra, além de ter uma página do livro escrita pela equipe de treinamento.

Em outro dia, véspera de uma importante competição, conversamos sobre as expectativas que as atletas nutriam e os medos existentes. Estes foram trabalhados por meio da *atividade com a vela*. "Os alquimistas conservam em especial o sentido dado por Heráclito ao fogo como 'agente de transformação', pois todas as coisas nascem do fogo e a ele retornam. É um símbolo de transformação e regeneração" (Cirlot, 1984, p. 258). Pensei sobre quanto a vivência das possibilidades de mudanças e transformações poderia ajudar a atleta a alcançar o objetivo desejado na competição. Cada uma recebeu um copo cheio de água, escolheu as cores e acendeu as velas. Olhando a chama da vela, e sempre em contato com as sensações que fossem surgindo, a proposta era identificar como gostariam de se sentir para aquela competição. Enquanto olhavam os "pingos" da vela caindo na água, iam pensando nas características que gostariam de mudar, o que poderia ser queimado e transformado. Elas preencheram todo o espaço possível com os pingos da vela, e quando não foi mais possível ver a água, tiraram a camada que se havia formado de dentro do copo. As atletas surpreenderam-se quando viram o resultado obtido. Acharam lindo, não imaginaram que ficaria daquele jeito. Conversamos sobre com o que aquela forma se parecia, e várias possibilidades foram aventadas: "Talismã, medalha, olho, força, magia..." (Figura 3). Cada atleta definiu uma palavra que representou a característica de que mais precisava para aquela competição, sendo este o nome dado à "medalha" de cada uma.

Figura 3

Podemos pensar que a forma (círculo) encontrada e o contato do fogo com a água proporcionaram e trouxeram "algo especial", premiando as atletas antes mesmo da participação naquela competição. O que elas ganharam dessa vivência foi a construção de uma mandala que representou a auto-aceitação e a conquista do que são capazes. "O fogo também foi utilizado por diversas culturas como forma de fazer contato com o plano divino. Os fogos de artifício e os balões tinham como intuito chamar a atenção dos deuses ou levar-lhes algum pedido ou mensagem" (Bernardo, 1994, p. 79). Finalizamos esse encontro fortalecendo a importância do fazer algo concentrado e com envolvimento (sem a preocupação do que iria acontecer) como valioso ao resultado inesperado e surpreendente, e sobre como o competir sob pressão (interna ou externa) não proporcionava o resultado desejado na competição.

No caminho em busca do patrocínio, foi repensado o significado de "ser atleta" e o *caminho esportivo* percorrido desde o começo – com que idade começaram a praticar o esporte, onde, quais foram os momentos importantes (positivos ou negativos), os momentos fáceis e difíceis, os melhores resultados, o que mais as incentivou em tempos difíceis, o que as faz estar na ginástica olímpica até hoje –, identificando as qualidades atléticas, pessoais, sociais e pensando as características que gostariam de mudar, desenvolver e melhorar. A idéia foi que representassem simbolicamente toda essa história utilizando papel canson, giz de cera, lápis e canetas hidrocor de várias cores. A *história de vida* recuperou o porquê de estarem na ginástica olímpica até hoje – não pelo fato de competirem, mas pelo sentido pessoal, encontrando o vínculo delas com o esporte.

Em outro momento, elas refletiram sobre o momento atual no esporte, suas glórias e conquistas, e identificaram qual seria *o grande sonho*, as expectativas e o que mais gostariam de alcançar como atletas. Sobre um tecido, usando guache de várias cores, pintaram o sonho para começar a visualizar o que desejavam.

Em seguida, foi realizado um encontro só com os pais, com o objetivo de falar sobre o trabalho que estava sendo desenvolvido e proporcionar uma atividade em que pudessem, além de vivenciar o trabalho expressivo, participar do livro confeccionado pelas atletas. Conversamos inicialmente sobre o que existia de comum aos pais, como era ser pai/mãe de uma atleta, o que isso significava, o que era mais difícil e o que era mais gratificante para cada um deles, permitindo que viessem à tona os sentimentos, as fantasias e as expectativas com relação à filha/atleta.

Após a leitura do conto "Uma história de carícias" (Shinyashiki, 1987, p. 15), empregado como aquecimento para o trabalho expressivo, os pais identificaram as principais características e os aspectos mais importantes que percebiam e acreditavam ser o mais valioso da sua filha/atleta. Usando guache, cola, linhas e lãs de várias cores, pincéis, potes com água, agulhas e tesouras, eles representaram sobre um tecido essas características, simbolizando e tornando visível o que haviam pensado. No final, cada um escreveu o que tinha feito, como se fosse uma carta à filha.

Em outro encontro, recorrendo a dez fotocópias (em preto e branco) de uma foto de que gostavam, além de tesoura e várias cores de lápis, giz de cera, durex, cola, cola *glitter*, caneta hidrocor, papel laminado, purpurina e *glitter*, elas fizeram uma colagem e confeccionaram a capa do *book* (Figura 4). Foi divertido para elas montar a capa com as fotos; algumas pediram uma parte do corpo da outra emprestado (no xerox) para conseguir fazer a posição que desejavam.

Figura 4

O trabalhou procurou ligar os lados interno e externo do ser atleta por meio das atividades expressivas, do contato profundo e íntimo com sua essência, visando encontrar o prazer e o sentido de estarem no esporte. A idéia de realizar um *book*, de ir atrás de patrocínio, recuperou as qualidades, o amor-próprio, a autoconfiança e o processo de cada uma no esporte.

No último encontro do semestre combinamos que o treinador estaria presente e traríamos (eu e ele) uma mensagem para que cada atleta pudesse incluir no livro. O treinador trouxe uma avaliação de cada uma delas, escrevendo seu parecer com relação à evolução esportiva do ano e o que percebia que precisava ser melhorado; da parte psicológica quis que as atletas levassem uma mensagem positiva, otimista, para que acreditassem nos sonhos e desejos no ano que começaria. Nesse dia foi feita uma *avaliação do trabalho psicológico* utilizando papel canson, lápis, giz de cera, caneta hidrocor, cola *glitter*, *glitter*, purpurina de várias cores, fitas e fios de vários tamanhos, durex, cola branca, grampeador e furador de papel. Em seguida, as atletas fizeram a montagem do livro. Entreguei todo o material produzido durante o semestre e juntas fizemos uma retrospectiva do que havia sido vivenciado. Conforme eu devolvia os trabalhos, íamos nos lembrando do que fora mais significativo em cada dia. A proposta era que cada atleta organizasse as páginas de seu livro do jeito que quisesse e lhe fizesse mais sentido.

A Gestalt, o processo de dar forma, completa-se quando cada atleta termina de *montar o seu livro* (*book*), depois de encontrar suas potencialidades e possibilidades de sucesso. A casca não é o conteúdo, aquilo que se tem dentro. Era necessário encontrar o que existia dentro do "ser atleta" para cada uma e, assim, fazer surgir algo do lado externo, o resultado. Por isso a capa foi uma das últimas atividades, que conferiu muito mais valor a tudo que estava dentro do livro (dentro delas).

Encerramos o trabalho, cada uma com seu *book* na mão, identificando como aquele material revelava a atleta que cada uma delas era – ou poderia ser –, e a importância de cuidarem com amor e muito carinho do que estava representado como sendo elas mesmas.

Tentei unir os passos de todas as vivências, visualizando o processo pelo qual o grupo tinha caminhado, começando com a história do nome de cada uma e terminando com sua história de vida, o que cada uma delas estava vivendo no momento esportivo. Acredito que cada atleta pôde retomar o que lhe era próprio, porém agora transformado, podendo se relacionar com o outro, com o mundo e consigo própria de uma nova forma. Nesse percurso (do crachá à confecção do livro) o "quem sou eu" ganhou nova dimensão, outro sentido, uma integração com a vontade, com os sofrimentos e com os sonhos de cada uma.

Acredito que as atletas puderam se olhar, se ver de um jeito diferente, de uma forma menos rígida e negativa para uma forma mais aberta e otimista. Percebi que esse trabalho "ensinou" cada uma a se olhar, a se cuidar, a chegar perto do brilho ou até alcançá-lo! O trabalho desenvolvido por meio da arteterapia fez muito sentido para as atletas por valorizar o processo e não o produto final.

A preparação psicológica as ajudou a valorizar o processo, a tentar fazer o seu melhor, a ter prazer nos treinamentos e realizações advindas da competição, além de ter favorecido a conquista de objetivos da equipe. A constante expansão de *awareness*, facilitada pelo trabalho com a arteterapia, foi fundamental para que cada atleta se responsabilizasse por esse desenvolvimento. Por meio de recursos artísticos, as atletas aprenderam a identificar seus sentimentos, sensações, emoções, fantasias, pensamentos e vontades, conseguindo integrar o sentimento à atuação esportiva – em que o pensamento e a ação podem se apresentar de maneira mais coesa.

Perls (1997) já dizia que o organismo cresce ao assimilar do ambiente o que precisa para o próprio crescimento; Rhyne (1987) afirma que o ser humano é dotado de um impulso inato de sobrevivência e potencial, sendo que cada um se direciona ao crescimento utilizando os recursos disponíveis para essa assimilação.

De acordo com a teoria junguiana, o crescimento psicológico do ser humano se processa pelo intercâmbio significativo entre a consciência e o inconsciente, sendo importante para a saúde mental uma relação produtiva e criativa entre essas instâncias. O processo de individuação, nome dado por essa teoria ao desenvolvimento psicológico do indivíduo, consiste em uma tendência instintiva que visa equilibrar a unilateralidade da consciência mediante a integração de conteúdos inconscientes. Alcançar a totalidade psíquica significa estabelecer um equilíbrio entre os opostos (resultado dessa integração), levando o indivíduo a construir uma estrutura de personalidade única, individual, tornando-se o que realmente é, atualizando suas potencialidades.

Tentei nesse trabalho recuperar o lado criativo do "número 1", posição tão almejada por qualquer atleta competitivo, mas de forma que cada uma pudesse encontrar o que lhe era único e singular. Percebi que competir pode facilitar a confrontação do atleta com suas tendências e potenciais inconscientes, ajudando-o a encontrar um equilíbrio interno, algo especial e individual em seu crescimento pessoal, percorrendo um caminho de busca de sua essência. Assim como cada um é especial, tem luz própria. Mas, muitas vezes, só percebemos nosso brilho quando nos olhamos e nos relacionamos com o nosso "eu" interno. Tal como acredita a Gestalt no potencial humano, na capacidade de cada um de explorar e desenvolver algo que é só seu. E reforça Ciornai (1989), acreditando na fé da capacidade humana e na relação divina existente dentro do indivíduo, fazendo que este seja o artista da própria existência.

Posso confirmar depois dessa partida, que a arteterapia é valiosa no trabalho com atletas e, nesse time, muitos gols poderão ser marcados.

Referências bibliográficas

ALLESSANDRINI, C. D. *Oficina criativa e psicopedagogia.* São Paulo: Casa do Psicólogo, 1996.

BERNARDO, P. P. "O processo criativo como veículo de transformação do arco-íris em ponte-mandala – A utilização de recursos artísticos no trabalho terapêutico". São Paulo, tese de mestrado, Universidade de São Paulo, 1994.

CIORNAI, S. "Arteterapia Gestáltica: uma abordagem fenomenológico-existencial". XII Congresso Internacional de Psicopatologia da Expressão. Rio de Janeiro. 1988.

_____. "Em que acreditamos?" In: II Encontro Nacional de Gestalt-terapia, Caxambu, 1989.

CIRLOT, J. E. *Dicionário de Símbolos.* São Paulo: Moraes, 1984.

COX, R. H. *Sport psychology: concepts and applications.* Dubuque, Iowa: Brown & Benchmark, 1994.

CRATTY, B. J. *Psicologia no esporte.* 2. ed. Rio de Janeiro: Prentice-Hall, 1984.

FERREIRA, A. B. de H. *Dicionário Aurélio básico da língua portuguesa.* Rio de Janeiro: Nova Fronteira, 1995.

GONZALEZ, J. L. *Psicologia y deporte.* Madri: Nueva, 1992.

HALL, J. A. *A experiência junguiana: análise e individuação.* São Paulo: Cultrix, 1986.

HUANG, C. A. e LINCH, J. *Tao do esporte.* São Paulo: Best Seller, 1992.

MARTINI, L. A. Fundamentos da preparação psicológica do esportista. In: *Psicologia do esporte: interfaces, pesquisa e intervenção*. São Paulo: Casa do Psicólogo, 2000.

MATARAZZO, F. "A arteterapia na preparação psicológica de atletas". Monografia apresentada para obtenção do título de especialista em Arteterapia. São Paulo: Instituto Sedes Sapientiae, 2000.

_____. "Uma investigação das características psicológicas em atletas de voleibol com base na tipologia de C. G. Jung". Monografia apresentada para obtenção do título de especialista em Psicologia Analítica. São Paulo, Universidade São Francisco, 1997.

OAKLANDER, V. *Descobrindo crianças: a abordagem gestáltica com crianças e adolescentes*. São Paulo: Summus, 1980.

PERLS, F., et al. *Gestalt-terapia*. São Paulo: Summus, 1997.

PHILIPPINI, A. *Cartografias da coragem: rotas em arteterapia*. Rio de Janeiro: Pomar, 2000.

REYO, Z. *Alquimia interior*. 12. ed. São Paulo: Ground, 1996.

RHYNE, J. "A arteterapia gestáltica". In: RUBIN, J. A. *Approaches to art therapy*. Nova York: Brunner/Mazel, 1987. (Capítulo traduzido por Mônica Guttmann e Maria de Betânia Paes Norgren para o curso de Arteterapia do Instituto Sedes Sapientiae.)

RIERA, J. *Introducción a la psicología del deporte*. Barcelona: Martínez Roca, 1985.

RIERA, J.; CRUZ, J. *Psicología del deporte: aplicaciones y perspectivas*. Barcelona: Martínez Roca, 1991.

ROSSI, A. M. *Visualização: o sucesso através dos olhos da mente*. Rio de Janeiro: Rosa dos Tempos, 1995.

SAMULSKI, D. *Psicologia do esporte: teoria e aplicação prática*. Belo Horizonte: Imprensa Universitária – UFMG, 1992.

SANTOS, C. C. dos. *Individuação junguiana*. São Paulo: Sarvier, 1976.

SHINYASHIKI, R. *A carícia essencial*. São Paulo: Gente, 1987.

SILVEIRA, N. da. *Jung: vida e obra*. Rio de Janeiro: Paz e Terra, 1990.

SINGER, R. N. *Psicologia dos esportes: mitos e verdades*. São Paulo: Harbra, 1977.

STEVENS, J. O. *Tornar-se presente: experimentos de crescimento em Gestalt-terapia*. São Paulo: Summus, 1971.

THOMAS, A. *Esporte: introdução à psicologia*. Rio de Janeiro: Ao Livro Técnico, 1983.

Parte III

Integrando Trabalhos Plásticos e Linguagens Expressivas

Transitando por diferentes "mundos"... dançando com diferentes linguagens: oficina educacional e terapêutica integrando arteterapia, musicoterapia, psicodrama, corpo e literatura

Eloisa Quadros Fagali

A busca da integração no movimento do "renascer" e o movimento de "integrar" sempre foram meu tema de vida, presentes nas imagens infantis mais remotas e persistentes, nas buscas constantes, pessoais e profissionais. Procuras que incessantemente culminaram com encontros que revelaram novas descobertas, expressas em diferentes formas, cores e musicalidades. Considero o clímax dessa experiência um momento existencial em que mergulhei nas metáforas, com ajuda de cores, imagens e sons, em busca das facetas do feminino: um encontro da "Mulher-Sol" com a "Mulher-Lua".

Reencontros...
Sou Lua? Busco o sol!
Quem morre... quem vai viver?
Encontros ou desencontros?
Sou Só? Busco a Lua!

Por que não incluir,
o ir e vir do existir?
Por que não permitir,
na dança eterna do ser,
Lua e Sol conviver?

Esse jogo de palavras e metáforas, associado a cores, formas, sons e sentimentos, expressa um momento de síntese das descobertas pessoais. São articulações que transcendem outras experiências e momentos anteriores, carregados de polarizações e reduções. No movimento de alternar e aproximar qualidades, ora frágeis, ora fortes, num jogo rítmico e circular entre o suave e o agressivo, emergiram novas melodias, numa composição em que poderiam coexistir o Sol e a Lua (Figura 1).

Figura 1

Considero essa experiência pessoal a "mola propulsora" do desenvolvimento de projetos que denomino de "oficinas integrativas",[1] visando à formação de educadores, à orientação vocacional e ao autoconhecimento com crianças, adolescentes e mulheres de terceira idade. Essas oficinas se constituíram tendo como processo básico a integração das diferentes artes e, como eixo principal, a arteterapia.

O movimento de oposição e complementaridade entre as metáforas, como a do sol e da lua, conduziu-me para o aprofundamento em trabalhos de cunho terapêutico, na busca do autoconheci-

1. Oficinas integrativas: espaços criativos inspirados nas práticas da Gestalt-terapia e de Frenet, de cunho terapêutico e educacional, em que se experienciam as articulações entre arteterapia, musicoterapia, literatura, psicodrama e abordagem corporal.

mento. Mobilizou-me também para construções de projetos com propósitos psicopedagógicos, associados a bloqueios no aprender, articulando a psicopedagogia e a arteterapia. Dialogava, então, com crianças e adolescentes que se encontravam pulverizados ou fragmentados diante de si próprios, de suas construções verbais e do seu pensamento. Construía com eles um espaço fronteiriço entre psicopedagogia e arteterapia.

O QUE É, O QUE É? SOU SOL, OU SOU LUA?

Sou Sol,
Forte, quente
Tenho medo de queimar
Pareço com um rei
Gosto de ser sol, agitado.

Sou Lua. Sou fraca
Não tenho quase luz
Não queimo como o sol
Pareço com uma fada
Sou Lua tranqüila

Essa construção poética de uma criança de nove anos de idade foi sua primeira manifestação verbal, em que recuperou a possibilidade de satisfação no escrever. Foram construções derivadas do conto "Casamento do Sol com a Lua", gerando imagens e sentimentos associados com a expressão plástica. As criações manifestavam-se mantendo, como fundo, movimentos musicais que variavam entre o introspectivo-suave e o agitado-explosivo (Figura 2).

Figura 2

O diálogo entre oposições se ampliou, buscando novas metáforas, novos sentidos, novas formas de expressão. Descobri, nessas possibilidades de encontros entre múltiplas facetas do ser, que transitar por diferentes linguagens facilitava esse diálogo entre os opostos e as diferenças.

As experiências em arteterapia foram essenciais nessa construção, graças às preciosas contribuições mediadoras da professora e arteterapeuta Selma Ciornai, fundamentais nesse momento de descoberta. A experiência de ampliar movimentos e cores na tela, encorajada, em ateliê, por Iraci Saviani, e de mergulhar na abordagem da Gestalt-terapia foram fatores marcantes nesse período de criação.

O clímax de todo esse processo aconteceu quando procurei integrar as novas possibilidades e descobertas àquelas já vividas e aprofundadas anteriormente, no diálogo com a música, o psicodrama e as contribuições de Jung.

No passado eu já buscava a compreensão dos símbolos e da literatura, inspirada na abordagem junguiana, e já trabalhava esses aspectos associados às expressões plásticas, teatrais e musicais. Sem dúvida, essas reflexões e experiências ampliaram as possibilidades de diálogo entre as múltiplas formas de ser e as oposições. Mas as buscas continuaram...

Prossegui nas criações, indo ao encontro da abordagem corporal, baseada em estudos que articulam o conhecimento da bioenergética com as sabedorias milenares sobre chacras. Procurei ampliar essas práticas e reflexões com as contribuições da cinesiologia, estudo sobre a terapêutica corporal desenvolvido pelo psiquiatra Pethö Sandor (1974).

E foi assim, no contato com minhas próprias construções e com as dos outros, que percebi quanto facilitava, para essas descobertas e transformações, transitar por diferentes mundos. Descobria em cada passagem, de uma linguagem a outra – do poético ao plástico; das imagens em torno da história mitológica às construções musicais; dos tons cromáticos às formas e aos toques corporais – as possibilidades e as concretizações de ser no mundo.

Gostaria de enfatizar, neste texto, quanto esse diálogo com os opostos e com as diferenças se torna ainda mais expressivo e intenso nos momentos que poderíamos caracterizar de "transição", na mudança de um ciclo existencial ao outro.

Nessas passagens para o novo ciclo, para outros níveis de existir e novas concepções de mundo, deparamos com o caos, muitas vezes sentido como fragmentação ou mesmo morte. Mas também constatamos a necessidade de novas integrações, de novos resgates do todo, em um diálogo entre a ordem e a desordem, em busca de novas organizações.

O "integrar" facilita o "renascer"... O "renascer" mobiliza novas necessidades de "integrar"... Considero fundamental perceber, sentir, intuir e compreender, de maneira mais "total" essa "aprendizagem da transição" e seu sentido, na busca de "integração".

A APRENDIZAGEM DA TRANSIÇÃO E SUAS DIMENSÕES

Sentimos as transições, tanto na dimensão particular e singular do existir quanto no nível coletivo e cultural, em seu processo evolutivo. No nível "macro", coletivo, "planetário", contemplamos o que estamos vivendo no momento histórico contemporâneo.

Como grandes ondas turbulentas, lidamos atualmente, no coletivo, com sentimentos confusos mas criativos, na busca de renascimentos, associados ao fim e ao começo de ciclos e de existências, à vinda de novos tempos. Neste início de milênio, em que se questionam os paradigmas e as identidades já construídas da época moderna, vivemos esse desafio da *transição*. São movimentos em busca de novas identidades e valores, novas bases além daquelas já construídas. Vivemos a angústia do novo, do desconhecido, e deparamos, coletivamente, com os sentimentos de morte e vida nessa transição entre passado, presente e futuro.

Boaventura de Souza Santos, em suas reflexões sobre a crise da ciência, fala com muita propriedade e sensibilidade sobre o aspecto psíquico da transição. Põe em destaque os sentimentos e as percepções na passagem para novas bases do saber, em que entram em jogo as incertezas sobre as identidades culturais, as verdades científicas e as referências epistemológicas já reconhecidas.

> Vivemos num tempo atônito que ao debruçar-se sobre si próprio descobre que os seus pés são um cruzamento de sombras, sombras que vêm do passado que ora pensamos já não sermos, ora

> pensamos não termos ainda deixado de ser, sombras que vêm do futuro, que ora pensamos já sermos, ora pensamos nunca virmos a ser...[...]
> Tal como outros períodos de transição, difíceis de entender e de percorrer, é necessário voltarmos às coisas simples, à capacidade de formular perguntas simples, perguntas que, como Einstein costumava dizer, só uma criança pode fazer, mas que depois de feitas são capazes de trazer uma luz nova a nossa perplexidade (1988, p. 20).

Nesses momentos de transição, em que nos sentimos no "mar" de incertezas e mudanças, considero realmente importante o olhar de perplexidade de uma criança, como se descobrisse o mundo pela primeira vez, com o movimento "entusiasmante" na identificação de novas configurações. É um momento mobilizador que nos convida a aguçar sensações, percepções e criatividade. Situações que nos propiciam libertar-nos do pensar e do olhar viciado, nos permitindo viajar no imaginário possível e impossível.

Considerando essa "aprendizagem da transição", parece-nos que algumas condições nos ajudam a dialogar, diferenciar e dar novo significado a esse momento:

- Abrir-se para o ato criativo da transformação, em um movimento não controlado pelo previamente determinado.
- Desapegar-se do já construído e fechado, aprendendo a lidar com os diferentes sentidos de morte e dialogando com os diferentes poderes e limites.
- Exercitar-se para olhar as possibilidades de novas formas de aprender e criar. Lidar com o imaginário que transcende o já conhecido e instituído.
- Dialogar com as diferenças que nos inspiram para o novo, buscando novas sínteses.
- Brincar com os opostos, o paradoxal, enfrentando os desafios do movimento dialético ou das simultaneidades dos fatores que parecem se contrapor.
- Buscar a inclusão, no lugar da exclusão, lidando com a relatividade diante das perdas e dos ganhos nas escolhas.

Jung, em suas reflexões sobre arquétipos – movimentos inconscientes coletivos da humanidade – destaca o arquétipo da iniciação "[...] como uma busca inconsciente do homem, nestas infindáveis transições de ciclos. Este movimento é necessário para o homem criar seu 'existir no mundo'" (Jung, 1987, p. 128).

Considerando essa transição na esfera "existencial-pessoal", no nível mais "micro" do desenvolvimento humano, deparamos com uma diversidade de momentos que se caracterizam por esse desafio de aprendizagem. São mudanças de ciclos existenciais em que se constelam os fatores biológicos, psíquicos e sociais, em transformação. São situações em que os conflitos se dilatam, e os indivíduos se manifestam enfraquecidos e bloqueados diante dos valores vigentes de uma cultura que resiste à mudança.

Os estudos da psicologia evolutiva ressaltam as transições cíclicas do bebê, quando este começa a falar e caminhar; da criança quando esta amplia sua capacidade de inserção na cultura, indo além da experiência familiar; do adolescente, quando este vive a transformação biológica, psíquica e mental; e do adulto na busca de novos significados para sua identidade em mudança.

Geralmente as teorias refletem sobre as grandes transições que marcam a evolução do indivíduo. Mas, atualmente, sem deixar de considerar essas grandes mudanças, tenho focado minha atenção nas sutis transformações, implícitas nas pequenas transições.

Observo esses aspectos no trabalho educacional e terapêutico com crianças, adolescentes e adultos, na formação de profissionais e no diálogo com a terceira idade. Nessa "conversa" com as mudanças sutis, observamos muitas vezes paralisações que se intensificam, dependendo das experiências desses indivíduos ao lidar com as transições e os conflitos. Os próprios valores e mitos culturais, em um determinado contexto, devem ser considerados elementos facilitadores ou dificultadores da transição num momento histórico.

Mas quais seriam os recursos educacionais e terapêuticos que nos ajudariam a passar por essas transições, de forma criativa e transformadora?

A BUSCA DE UM PROJETO INTEGRATIVO COMPONDO O MUSICAL, O PLÁSTICO, O CORPORAL, O LITERÁRIO E O JOGO DRAMÁTICO

Lidar com as diversidades de caminhos e direções parece fazer parte da natureza da "aprendizagem da transição". Esta, por sua vez, nos desafia a descobrir novas possibilidades de criar diante dos conflitos. É um momento propício para dialogar com a pluralidade, com diferentes formas de processar e conhecer o mundo e com as diversidades das linguagens expressivas.

Nessa perspectiva, tenho desenvolvido projetos educacionais e terapêuticos que enfatizam a utilização das diferentes formas de expressão: musical, visual plástica, corporal, literária e psicodramática. À medida que transitamos de uma linguagem a outra, descobrimos novos sentidos e novos ângulos da realidade.

Constatamos, nessa experiência de "transitar" por linguagens diferentes, que exercitamos a nossa flexibilidade de descentrar de um ponto a outro, de uma figura a outra, de um símbolo ao outro, buscando um diálogo entre a diversidade e a constância. Essa dança entre o "deslocar de figuras" e o "focar", a busca da "descentração" e das "convergências" é condição necessária para lidarmos com qualquer situação de transição.

Em minhas práticas educacionais e terapêuticas com crianças, adolescentes, adultos e instituições, percebo quanto esse transitar pelas diferentes expressões artísticas e formas de contato flexibiliza o indivíduo, um grupo ou uma instituição, e leva-os a descobrir novos caminhos, novas identidades e valores, ampliando sua consciência diante dos conflitos e das estagnações.

Tendo em vista essas reflexões, gostaria de focar, no presente texto, os "projetos terapêutico-educacionais" que tenho desenvolvido para ajudar pessoas e grupos que vivem conflitos intensos, próprios desses momentos de significativas mudanças.

Com base nas referências da psicologia evolutiva, inspirada numa abordagem holográfica[2] e encorajada pelos novos paradigmas sobre o conhecimento psicológico e educacional da pós-moderni-

2. Holográfica: as partes refletem o todo e o todo configura-se com uma constelação de todos e de partes que não se somam.

dade, tenho procurado construir uma síntese própria. Tento aproximar as contribuições de Jung às da Gestalt-terapia, sem deixar de incluir algumas referências da sabedoria oriental, destacadas por Jung, pela Gestalt-terapia e pelos estudos da Psicologia Transpessoal. Consciente dos princípios que norteiam essas abordagens, procuro respeitar suas bases filosóficas e epistemológicas, mas busco, humildemente, em um movimento de inclusão desses enfoques teóricos, aproximar alguns conceitos – sem reduzir uns aos outros – na procura de novas construções.

Esses projetos foram enriquecidos pelas contribuições da arteterapia, da musicoterapia, da literatura e do psicodrama, a fim de possibilitar a ampliação da aprendizagem de pessoas, grupos e instituições, tanto em uma perspectiva educacional e preventiva quanto em uma perspectiva terapêutica clínica. Procurarei, como ilustração, destacar alguns dos projetos que tenho desenvolvido, os quais denominei:

1. *Identificando-se com o herói e entrando na cultura*

Oficina integrativa para as crianças desenvolverem suas capacidades criativas e sua auto-imagem. Procuro integrar, nessas experiências, os recursos da arteterapia, da musicoterapia e o trabalho com os chacras.

2. *Em busca do fogo – Trilhando os caminhos de Prometeu*

Projeto para adolescentes sobre autoconhecimento, canalizando para a orientação vocacional.

3. *A psique em busca dos "eus" e da sua essência*

Projeto visando ao autoconhecimento, à formação de profissionais, à ampliação do feminino em mulheres e a novas reconstruções da terceira idade.

Mas, antes de destacar alguns aspectos significativos desses projetos, ressaltarei determinadas considerações sobre as construções teóricas que embasaram essas práticas e dizem respeito à integração de linguagens expressivas e de abordagens terapêuticas.

O VALOR TERAPÊUTICO NA INTEGRAÇÃO ENTRE ARTETERAPIA, MUSICOTERAPIA, PSICODRAMA E ABORDAGEM CORPORAL

A música, as artes plásticas e teatrais, assim como a expressão corporal, têm o poder de cura. Cura no sentido de possibilitar ao indivíduo ou ao grupo a expressão de suas sensações, percepções e de seus sentimentos. Essas ampliações no perceber e expressar podem libertar o indivíduo da rigidez e dos aprisionamentos que se caracterizam como doenças. No exercício de expressar, diferenciar, organizar, ampliar e transformar como ser no mundo, esses indivíduos buscam a criação nas possibilidades de ser.

Cada uma dessas expressões tem força própria para as superações das paralisações e dos enrijecimentos do homem. Procurarei, portanto, destacar cada uma dessas forças que tomam dimensões maiores ao se integrarem.

A força da música e suas associações com outras expressões e sensações

A música como cura é tão antiga quanto a humanidade. A sonoridade e a musicalidade como terapia sempre foram uma constante na vida do homem desde suas origens, presentes nos diferentes povos e culturas, distantes e próximos no tempo e no espaço. No Egito a música era usada para promover a fertilidade da mulher. Na China usava-se a musicalidade, associada a cada estação do ano, para tonificar o órgão interno relacionado a essa estação. Em muitas culturas primitivas, a alma era identificada como uma forma sonora com um ritmo essencial.

O selvagem busca, no primeiro grito primitivo da criança que nasce, no timbre e no ritmo de sua voz, a melodia pessoal e do antepassado, associando-a a um tipo de animal que será então seu guia e sua essência. Este som e guia animal determinam a escolha de um nome secreto que será revelado apenas na iniciação. O púbere, para receber a proteção do espírito, deve imitar a voz, o timbre e o ritmo do animal, a fim de conversar com esse guia interno que lhe dará muitos poderes.

Nas pesquisas sobre o xamanismo, percebe-se que os povos que o praticam utilizam os efeitos sonoros para a cura. No Oriente, os mantras, sons sagrados emitidos pela voz humana, mobilizam as vibrações energéticas do corpo (chacras), gerando os equilíbrios necessários para os contatos com diferentes emoções e necessidades.

Muitas pesquisas têm buscado as possíveis relações entre sons, melodias, harmonias e vibrações energéticas corporais (movimentos sutis de energia em pontos do corpo que os orientais denominam de chacras). Esses pontos de energia, com diferentes freqüências de vibrações, se manifestam em um espectro de cores. Na nossa cultura ocidental moderna, há reflexões sobre o valor da música, na cura no século XVII, mas as pesquisas e o reconhecimento da música como terapia se intensificam no século XX (Benenzon, 1975, p. 36), associando-se com uma terapêutica específica de medicina. A música remete-nos a cheiros, toques, personagens, e atualiza, assim, sensações e sentimentos. Atualmente, sabemos que, em uma perspectiva holística, a música, no ambiente terapêutico, pode ser potencialmente capaz de harmonizar a atividade dos hemisférios cerebrais direito e esquerdo e de estimular níveis integrativos de consciência relativos ao corpo, à mente e ao espírito. Os sons e as melodias podem nos sugerir cores. Estas, por sua vez, podem nos remeter a sabores e sensações, levando-nos a dialogar com sentimentos opostos que poderão se complementar: dor–prazer, expansão–contenção, atividade–passividade.

O valor do jogo dramático associado às expressões corporais e plásticas: o psicodrama

O teatro é tão antigo quanto as outras artes. O teatro grego expressava as projeções do homem em suas ansiedades, desejos, na ampliação do humano, em busca do divino e do que transcende às limitações humanas.

Observando o comportamento das crianças, constatamos quanto o jogo dramático favorece a expressão das emoções e das fantasias. Foi o jogo da espontaneidade, no teatro, que inspirou J. L. Moreno a criar uma forma terapêutica denominada psicodrama.

Historicamente o psicodrama se originou do Teatro Espontâneo ou Teatro da Improvisação, fundado por Moreno em Viena em 1921. Nesse teatro espontâneo tudo era improvisado e criado no momento. "Cada ator que improvisa é, de fato, o criador de seu personagem e o produtor da improvisação... deve sintetizar os processos de cada personagem em uma nova totalidade" (Moreno, 1979, p. 33).

Geralmente ocorrem catarses, iluminações e *insights* durante as representações improvisadas das situações de vida na criação e na troca de papéis. Essas descobertas, que levam à clareza de sentimentos, podem ocorrer enquanto experienciamos viver personagens, nas diferentes situações, no diálogo consigo próprio (solilóquio) ou com o outro.

Tais representações podem ser articuladas com outras formas de expressão que ajudam nas diferenciações e nas descobertas necessárias: as expressões corporais, em busca de imagens representativas; as expressões plásticas e cromáticas desencadeadas pela representação dramática; o desenho ou as composições visuais que consolidam o que foi descoberto no jogo dramático; os recursos sonoros e musicais que ajudam na identificação de papéis.

Articulações entre as expressões plásticas e as vibrações corporais e sonoras

Sabemos que a arteterapia, apesar de abarcar o emprego de diferentes recursos artísticos em contexto terapêutico, utiliza as artes plásticas como expressão predominante. Não pretendo detalhar a riqueza da arteterapia, pois muitos outros capítulos serão dedicados, com maior profundidade, a seus recursos e fundamentos.

Minha intenção é destacar alguns aspectos, como cor, construções tridimensionais e configurações, associados aos sons e às vibrações corporais, ressaltando a integração de linguagens expressivas.

No diálogo com a expressão cromática, não podemos esquecer de que a *cor* é uma parte da *luz* e esta surgiu antes de todas as coisas criadas, segundo os livros sagrados. A luz é energia, a principal fonte geradora da vida. A luz refratada e dispersa pela nuvem, depois de passar por reflexão, dentro das gotículas de água, é projetada em suas diversas cores com suas matizes. Podemos contemplar então o arco-íris tantas vezes simbolizado como integração e aliança. Em todos os tempos e povos, a procura da cor esteve sempre presente: nas tentativas de reproduzi-la pela alquimia das plantas, das substâncias químicas e dos metais. Essa alquimia conduz a novas criações multicromáticas, que expressam as diversidades infinitas de emoções, fantasias e humores. As cores estão presentes nos acontecimentos e rituais. Aparecem em diversas situações, associadas a uma conotação religiosa e simbólica, em busca da cura, da excitação, da expressão da alegria ou da tristeza, da vida, da morte e da harmonia. (Rousseau, 1995).

Há muitas pesquisas que buscam uma aproximação entre o cromatismo, a sonoridade e o movimento corporal, sem se preocupar com relações lineares de causa e efeito. Procuram associações de significados que fazem sentido para uma pessoa ou um grupo, na expressão de suas fantasias e criações.

Com relação aos recursos tridimensionais, vemos quanto estes possibilitam o diálogo com o orgânico, o concreto, mobilizando as sensações cinestésicas e táteis. O barro, associado às origens, ao nascimento, ao contato com experiências primordiais, pode nos conduzir à progressiva diferenciação de sentimentos, fantasias e significados. Algumas pesquisas têm mostrado como a percepção cinestésica, no contato com o barro, mobiliza as energias no corpo daquele que se comunica com este material. Por outro lado, a troca sensorial, buscando a força, ao lidar com o ato de esculpir na pedra ou de construir em madeira nos remete a outras qualidades de emoções e imagens, associadas à agressão, à força, ao contato com a resistência.

Da mesma forma, podemos destacar as representações figurativas, as configurações geométricas, as representações visuais dos elementos da natureza, de animais, associadas a desejos, fantasias, identidades e projetos de vida.

Enfim, em uma abordagem fenomenológica, sem deixar de respeitar as simbologias coletivas – derivadas das experiências e dos significados acumulados na memória de uma cultura –, é fundamental dialogar com o sentido que as pessoas atribuem a cada uma dessas expressões. São diálogos com os significados singulares atribuídos por quem os expressa, relacionando-os às suas vivências e a seu imaginário.

Sem pretender fechar articulações possíveis de significados e sem querer buscar verdades absolutas em torno de significados generalizadores, gostaria de destacar algumas associações entre cores, diferentes expressões plásticas, pontos energéticos do corpo (chacras) e qualidades psíquicas possíveis. São hipóteses levantadas com base em observações e minhas próprias experiências, articuladas com reflexões teóricas que pesquisei. Considero essas articulações de significados meras referências para desenvolvermos outras possibilidades associativas no contato com o outro, nas suas criações.

Nas práticas e reflexões em que busquei as relações entre os chacras, os recursos sonoros e musicais e as artes plásticas, observei que os diferentes pontos energéticos estão associados a cores e sons. Também tenho percebido que certas atividades plásticas ativam de forma diferente esses chacras.

Gostaria de destacar algumas entre diferentes associações que descobri com a ajuda dos parceiros de trabalho e das reflexões teóricas sobre o assunto:

1. Muitas pesquisas destacam quanto o contato com material resistente, como a pedra, a madeira, o metal, o arame, mobiliza uma relação maior com o sensorial, o concreto e o cinestésico no diálogo com a força. Observo, em meus clientes e alunos, que o sentido do "duro" nos remete psicologicamente ao diálogo com a força da "ação sobre", com o estruturante que se impõe, com a resistência vinda de fora. São sensações que parecem se associar, em relação ao corpo, às vibrações que chamamos de telúricas, relacionadas com as forças do chacra básico. Esse ponto energético, localizado na parte inferior do corpo, na região da pelve, das pernas e dos pés, garante o contato com o chão, nos faz "ficar de pé", em estado de alerta, ancorados em terra. Essas forças se associam à concretização, ao contato com a ação e com a realização.

Percebo que as músicas com ritmos bem marcados, com instrumentos de percussão, assim como as "bélicas" (de guerra), em forma de marcha, e as agitadas, nos mobilizam para a ação e a força extroversiva, para a projeção em direção ao mundo. Geralmente, as cores quentes se associam a esses movimentos e mobilizam esse chacra básico.

Em atividades de musicoterapia, percebe-se que as músicas harmônicas, orquestradas sem um instrumento solo, mostrando apoteoses, nos remetem a essas forças básicas. Nas reflexões junguianas, elas se relacionam com os significados psíquicos do patriarcado, da função paterna, ligados à necessidade da ordem, das regras, das diferenciações e do poder ativo e controlador.

2. O diálogo com o aquoso, com cores frias, com tons pastéis, com anilina, aquarela, areia, e mesmo com o barro pode nos levar à experiência de expansão e nos possibilita um contato com o concreto, com as forças básicas, mas com outra qualidade: a de soltar-se e entregar-se. Sugerem momentos, segundo Jung, "introversivos" em direção ao interno, à introspecção, à suavidade, ao fluido, relacionados com o que ele denomina de qualidade feminina e matriarcal. Os tons graves ou as melodias com sons da natureza se "casam bem" com esse diálogo com a terra, com o concreto, de forma mais regressiva, buscando o primordial, as origens, a expansão. Algumas pesquisas em musicoterapia demonstram que os ritmos repetitivos, os mantras, contribuem para regressões, levando o indivíduo ao estado de indiferenciação, de entrega, revivendo as origens.

Essas sensações de origens, associadas ao melódico, à música romântica, nos possibilitam uma integração entre as qualidades do "chacra básico" e as qualidades de dois outros chacras: um bem abaixo do umbigo, associado à sexualidade, ao prazer e ao desprazer, e o outro situado na região do peito, relacionado com os sentimentos de afeto e de amorosidade. A música melódica e suave, com um instrumento solando, nos remete a essas relações de afeto, associadas ao colo e à atenção materna.

3. Outro aspecto que merece atenção é o do trabalho com o imaginário, a abstração que transcende o concreto. Poderíamos associar essas experiências com as qualidades intuitivas e a abstração do pensamento fluido. Transcendendo

> as percepções e as sensações, buscando o imaginário, o fictício, o onírico e o fantástico, dialoga-se com outros níveis de expressão; com o etéreo, o onírico. As artes surrealista e abstrata podem favorecer o contato com esse nível de criação. No nível dos chacras, essas qualidades intuitivas se associam às vibrações, no ponto medial entre os olhos (o terceiro olho).

O fogo, a queima, as transformações, assim como as expressões abstratas, possibilitam-nos o contato com imagens mais etéreas e fluidas. O concentrar-se nas chamas nos conduz ao mistério, ao fantástico e nos mobiliza para viagens a mundos imaginários e oníricos. As músicas *new age*, futuristas, assim como alguns clássicos de Tchaikovsky nos remetem a esse nível de contato.

Enfim, enfatizar ora um nível, ora outro, sem se enrijecer em nenhum deles gera flexibilidades e maiores possibilidades de criar e transformar as diferentes realidades.

Essas tentativas de integração entre linguagens e significados foram possibilitadas pelas articulações entre diferentes referências teóricas. Em um movimento holístico em que procuro respeitar as diferenças, busco tentativas de articulações, ampliando experiências e reflexões. Com humilde ousadia, envolvo-me nesse movimento apaixonante sem fixações definitivas e certezas absolutas e generalizadoras.

Uma tentativa de aproximação entre abordagens teóricas: Gestalt-terapia, análise junguiana, teoria dos chacras

Considerando como ponto de referência as distintas funções de contato do indivíduo com o mundo ressaltadas por Jung, farei, apoiada na Gestalt-terapia, algumas considerações sobre níveis de resistência e bloqueios. Em seguida, procurarei fazer algumas aproximações dessas constatações com o trabalho com os chacras, tendo em vista as qualidades psíquicas de suas vibrações.

O diálogo com a função intuitiva e considerações sobre as defesas de contato

Segundo a análise junguiana, temos pelo menos quatro funções de contato com o mundo: intuição; percepção ou sensação; sentimento; e pensamento lógico. Essas funções são constituídas no movimento de introspecção (introversão) ou de extrospecção (extroversão).

Procuro evitar classificações fechadas e generalizadoras ao inspirar-me na tipologia de Jung. O próprio autor ressalta, nas suas reflexões, esse cuidado para não se fixar em determinações classificatórias. Mantendo um olhar fenomenológico, considero essas funções manifestações com qualidades diferentes, entre muitas outras, que não se esgotam nelas próprias e não definem personalidades de forma determinada e estática.

Nos contatos com meus clientes e alunos, percebi certa associação entre as funções de contato de Jung e algumas defesas de contato, segundo a Gestalt-terapia. Nessas análises diferenciaram-se mais – no que diz respeito a duas funções destacadas por Jung – as funções intuitiva e perceptiva. A função *intuição,* associada ao uso do imaginário, na busca do futuro e do que transcende ao Aqui-e-Agora, possibilita-nos lidar com a livre associação diante de novas possibilidades de ser. Se considerarmos o movimento introversivo, deparamos com o diálogo intenso com os fantasmas e as imagens internas. A intuição ajuda no desenvolvimento ao possibilitar a fluência e a flexibilidade na mudança de foco, no jogo de associações livres de imagens, não se fixando ou se aprisionando a nenhuma figura. Ela amplia possibilidades de sentir, criar e ser no mundo.

Considerando o ângulo das fronteiras de resistência do ponto de vista da Gestalt-terapia, observei que as pessoas que usavam, em demasia, os processos intuitivos, tendiam a mobilizar resistências de natureza deflectiva, gerando deslocamentos e desvios do foco de contato e do vínculo, no Aqui-e-Agora.

Constatei também que há recursos sonoros que ajudam a mobilizar movimentos opostos à deflexão, propiciando concentração e mergulho no ponto. A busca da harmonia, da convergência, requer uma vinculação a uma figura permanente, por meio da constância de ritmo e de timbre, nos envolvendo em uma linha melódica previsível. Os mantras, as melodias harmônicas que recuperam um estado de constância e totalidade, de paz, da ausência de conflitos, possibilitam esse movimento energético, que percebo como oposto à deflexão. Tenho desenvolvido, nas expressões plásticas, os trabalhos com mandalas em busca de um centro, de um núcleo. Em atividades que consistem em composições visuais, cromáticas, em torno de um ponto, elas ajudam a movimentar a energia para uma direção oposta ao movimento caracterizado como deflexão.

A natureza própria do processo intuitivo é o movimento de descentração de figuras, provocando livres associações sem preocupação de hamonização e de convergências. A mudança de ritmo e a imprevisibilidade sonora parecem muito favoráveis à intuição, pois favorecem o "pipocar" de novas imagens, o sair do previsível, aspecto importante para intensificar o processo intuitivo. Nas atividades plásticas, lidar com abstrações, imagens oníricas e futuristas, assim como o contato com o elemento fogo, na busca das transformações, mobilizam o imaginário para além das formas já existentes. Porém, quando esses processos se exacerbam, há necessidade de se trabalhar os movimentos opostos. Sons e harmonias que propiciam a convergência de direções podem colaborar para integrar esse descentrar com o centrar, o que não destrói o movimento intuitivo, mas amplia, pela complementaridade, a busca de essências e sínteses.

O diálogo com a percepção e os movimentos de resistência

A função *perceptiva* é a de contato, que se caracteriza pelo uso das sensações visuais, auditivas, sonoras, olfativas e táteis. Pelas sensações, busca-se a concretude no Aqui-e-Agora, a realização, a funcionalidade, a ação. A percepção, ao contrário do imaginário-intuitivo-futurista, busca o concreto, a observação, o presente. No movimento mais introspectivo, isto seria trabalhar no nível do contato primordial com as sensações, com o indiferenciado, até chegar às discriminações sensoriais, carregadas, progressivamente, de sentimentos, desejos e emoções. As músicas de sons da natureza seriam propícias a esse processo, associadas ao trabalho com o barro e com o aquoso. Os trabalhos de dramatização seriam em torno de identificações com papéis, para buscar as diferenciações progressivas. Muitas vezes, a música introspectiva, de estilo concreto ou impressionista ou mesmo *new age*, possibilita a ativação da sensorialidade (Debussy).

Considerando a função sensorial-perceptiva, percebi, nas experiências associadas à musicoterapia, que os recursos musicais e sonoros que mobilizavam o movimento extrovertido envolviam as pessoas para esse contato de natureza mais perceptiva e objetiva. Os exercícios rítmicos, os instrumentos de percussão, os sons da natureza são grandes mobilizadores dessa função de contato, assim como as atividades plásticas, o lidar com cores, formas, movimentos e a arte concreta e impressionista possibilitam maior contato com ela.

A função perceptiva favorece o foco no presente e na relação direta com o outro, mas pode se manifestar, muitas vezes, como rigidez de foco, se intensificada e dilatada. Nesse sentido, torna-se exacerbada a busca de convergência, centrando tudo para um mesmo ponto, negando qualquer deslocamento exploratório para outras figuras. Por causa desse movimento, parece haver uma tendência a não dialogar com as diferenciações e a valorizar apenas as convergências e o que é idêntico.

Nas observações que tenho feito, esses movimentos me remetem a algumas características de resistência que os estudos da Gestalt-terapia denominam de confluência. São características opostas à deflexão. Em algumas crianças enrijecidas, que focam um único ponto sem buscar diferenciações, percebo que variações rítmicas ajudam a deslocar-se dessas figuras fixas. Movimentos sonoros do agudo ao grave, do lento ao rápido, do harmônico ao desarmônico parecem quebrar o previsível, possibilitando o deslocamento do olhar para outras figuras, saindo da convergência aprisionadora e da conseqüente indiferenciação.

As atividades plásticas que requerem alterações de cores, figuras, e mesmo de formas de expressão (do bi para o tridimensional), exigem muitas descentrações e certa agilidade em buscar essas diferenças em uma composição. Transitar de uma linguagem para outra, de um ponto energético do corpo para outro, exige certa descentração que nos instrumentaliza para maiores flexibillidades diante dos diferentes ângulos da realidade e das diferentes necessidades de expressão.

Nas demais funções, o pensamento lógico e o sentimento, não percebi diferenciações tão marcantes em relação aos tipos de resistência considerados nos estudos da Gestalt-terapia.

No entanto, gostaria de ressaltar alguns outros aspectos sobre os recursos das diferentes linguagens, que ajudam no diálogo com as funções de contato e com as resistências.

A função *pensamento* vai em busca da explicação, das antecipações, do planejamento dos projetos, dos significados. Necessita de concentração e da elaboração mental na diferenciação das idéias e das etapas a serem percorridas em um projeto de ação. Algumas pesquisas em musicoterapia destacam as composições de Mozart como facilitadoras da concentração e da mobilização dos processos mentais. Nas artes plásticas essa função pensamento é mobilizada quando se buscam temas significativos anteriores à representação destes, fazendo antecipações, projetos visuais, espaciais, focando as adaptações desses projetos às realidades específicas.

A função *sentimento* possibilita, ao indivíduo, no nível introspectivo, o contato com as emoções, discriminando-as, diferenciando-as em relação ao que é próprio do indivíduo e do outro. Trabalhar com diferentes estados emocionais (tristeza-alegria, amor–ódio) pode ser associado a diferentes musicalidades e sonoridades, com distintas expressões cromáticas. Essas experiências poderiam ajudar a pessoa nas diferenciações necessárias entre desejos, fantasias, sentimentos, papéis, desenvolvendo a identidade.

Entretanto, não percebi nenhuma característica própria da musicalidade associada à função sentimento, pois qualquer sonoridade e musicalidade poderiam remeter aos processos afetivos, dependendo da emoção e do desejo em jogo. O que mobiliza mais essa função é o próprio convite associado à música e às próprias necessidades associativas do cliente ao entrar em contato com os próprios afetos, sejam amorosos, agressivos, suaves e lentos, excitantes ou relaxantes.

Com relação à função *sentimento extrovertida*, percebo que o diálogo tende a se manter na relação intersubjetiva, na avaliação do sentir, no contato com o outro, na troca de papéis. O psicodrama, nesse momento, ocupa um espaço fundamental, entre as instrumentalizações terapêuticas.

Acumulei também algumas experiências associando modalidades de música e atividades plásticas aos movimentos de resistência para o contato.

Há melodias, harmonias e timbres sonoros que possibilitam uma abertura para a entrega e a receptividade, mobilizando um movimento introspectivo. Percebi que esses recursos ajudavam o indivíduo a se deslocar de processos voltados para fora, em busca de projeções, para o mundo interno, em busca do olhar para si próprio, diferenciando seus sentimentos.

Nas experiências em oficinas de musicoterapia, as músicas *new age*, ou mesmo as melodias mais lentas e românticas, possibilitavam uma abertura para a entrega e a receptividade favorecedoras do movimento contrário ao excesso de projeção. São músicas associadas à qualidade "água" que penetram em nosso mundo interno e nos levam a essa forma de receptividade, de "estar consigo próprio". Parece-nos que essas melodias nos possibilitam o mergulho em um "oceano" interno. É possível vivermos então, inicialmente, o estado da indiferenciação, nos permitindo contatar de modo progressivo com novas figuras, sem medo, como se fôssemos crianças nascendo para o mundo, com o olhar de "ver pela primeira vez". As atividades plásticas que requerem o uso de tintas mais aquosas levam igualmente a essa expansão e flexibilidade, sem delimitações excessivas de contornos, e possibilitam esse diálogo com o soltar-se, com a espera sem controles e predeterminações voltadas para o externo.

Por outro lado, há sons que nos mobilizam para a manifestação externa de nossas sensações e emoções. São sons fortes, estridentes, com ritmos acelerados que geram esse estado de "pôr para fora". Melodias e ritmos com essa qualidade mobilizam o sujeito para a ação e o movimento do corpo, ativam a circulação e geram a extroversão na comunicação com o meio externo. As músicas mais frenéticas e agitadas são grandes mobilizadoras desses movimentos. Percebo, em atividades plásticas, que os recursos que exigem o uso da força, como "bater o martelo", "esculpir uma pedra", "bater a argila" ou "rasgar o papel", tendem a mobilizar, com mais intensidade, esse movimento para fora.

Este se colocar para fora, em contraponto com os mecanismos rígidos de introjeção, poderá possibilitar a experiência do "esvaziar-se" e buscar progressivamente as diferenciações entre o "eu" e "tu", o "interno" e o "externo".

Do ponto de vista da Gestalt-terapia, a retroflexão é um movimento de retroalimentação que impede o contato: eu sou o complemento de mim mesmo, eu me supro, eu dou e recebo. Este é um movimento que gera enrijecimentos de conduta levando à auto-suficiência, à autopunição, impedindo o crescimento.

Considerando, do ponto de vista da saúde e do desenvolvimento, é muito importante experienciar dialogar com os diferentes "eus", seus poderes e limites, complementando-se com o outro. Percebo que, muitas vezes, as associações entre múltiplas facetas e capacidades, entre sons, cores, formas, movimentos e ritmos, na troca com o outro possibilitam a experiência das compensações e do apoiar-se diante das múltiplas possibilidades minhas e do outro que se integram e se complementam.

O CONTATO COM A LITERATURA POR INTERMÉDIO DOS HERÓIS E DOS MITOS E OS RECURSOS PSICODRAMÁTICOS

Durante o desenvolvimento dos projetos integrativos das expressões artísticas, aprofundei-me na literatura, trabalhando o mito do herói, pois a proposta era desenvolver as identificações, tendo em vista as diferentes qualidades de heróis e a diversidade de suas tarefas.

Para pessoas com defesas introjetivas procuro trazer, para o diálogo, heróis projetivos, com tarefas que exigem essas qualidades. Assim foram realizados alguns trabalhos considerando as diferenciações das qualidades de heróis. Com estes foram desenvolvidas expressões plásticas e dramáticas, buscando trabalhar as resistências (introjeção–projeção, deflexão–confluência e retroflexão) e ampliar, de forma mais integrada as funções intuitivas-perceptivas, pensamento-sentimento. Essas reflexões mais aprofundadas não serão desenvolvidas neste texto, mas procurarei ilustrá-las com alguns projetos.

O psicodrama, desenvolvendo dramatizações nas trocas de papéis, associadas a contos, lendas e mitos tem possibilitado descobertas que ampliam os contatos dos indivíduos consigo mesmos e com o mundo. Mas quando esses recursos são associados à música e às construções plásticas, intensificam as descobertas dos indivíduos durante as expressões de seus mitos pessoais, idealizados e projetados, gerando as mudanças e as transformações necessárias.

O projeto em busca do herói

Luiz estava com dez anos e foi encaminhado para a arteterapia com queixa de que divagava, não concretizando e não realizando o que se pedia a ele nas situações de aprendizagem. Procurei ampliar o trabalho psicopedagógico que ele havia feito, buscando uma abordagem mais terapêutica por meio do que chamo de "oficinas integrativas". Considero essas oficinas espaços em que focalizo os processos psíquicos da criança, ampliando suas funções de contato, no diálogo consigo mesma e com o outro, por meio da articulação música–artes plásticas–literatura-corpo.

Luiz, em suas formas de contato com o mundo, manifestava-se com movimentos retroflexivos, buscando isoladamente seus recursos para sair das situações, sem pedir ajuda e complementaridade. Extremamente crítico e auto-suficiente, perdia-se nessa auto-exigência, não executando o que lhe era solicitado pelo meio e pelos outros, o que aparecia de maneira gritante na escola. Tendia também à deflexão, quando solicitado a construir e se ater a qualquer atividade que exigia concentração e vinculação em determinado ponto. Seu olhar vago e indefinido desviava-se do meu, buscando várias direções e pontos do espaço, sem se concentrar em uma figura do fundo. Mas esse mesmo olhar mostrava-se cheio de vida no contato com imagens, por exemplo: quando ouvia histórias fantásticas, brincava de imaginação, buscava incessantemente associações e construía histórias sem fim. Eu percebia o quanto a função intuitiva era poderosa para Luiz como forma de contato com o mundo.

Observei, então, que a música capturava esse olhar "dançante" sem deixar de possibilitar também a concentração necessária para a configuração dos fenômenos, sobretudo quando associada ao uso da intuição, mobilizado pelas histórias fantásticas.

Procurei, por meio das reflexões da Gestalt-terapia, lidar com as fronteiras de resistência, na tentativa de relativizar o excesso de movimentos retroflexivos. Propus, então, atividades que tinham como condição para sua execução a complementaridade de um ao outro companheiro, buscando as composições espaciais e sonoras no coletivo.

Outro enfoque terapêutico foi valorizar seu imaginário, em que ele contatava o poder de sonhar e criar. Procurávamos juntos articular esse imaginário, gradativamente, com a concretude e o estruturante que Luiz precisava conquistar. Do ponto de vista junguiano, era necessário intensificar o contato pelo canal intuitivo, muito ampliado em Luiz, e mobilizar, a partir dele, a transição para o perceptivo-sensorial, para a concretização do seu imaginário.

Percebi, também, que lidar com o ritual e com a regularidade era condição importante para integrar o todo muito fragmentado e construir no real o que Luiz fantasiava. Descobri com Luiz que o ritual o ajudava a se concentrar, a se organizar, sem aprisionar sua imaginação.

Criamos, juntos, uma rotina que consistia em retomar processos, organizá-los, sem comprometer a criatividade e o novo. Essa experiência da "repetição" dos momentos ritualísticos abria espaços para que ele centrasse e trabalhasse a constância dos vínculos, no diálogo com a permanência de sensações e imagens.

O processo ocorria da seguinte forma:

- Ouvir sons: mediante esses sons procurava trabalhar os pontos energéticos equivalentes a cada chacra, fazendo massagem nesses pontos. Essas massagens, associadas aos sons, baseavam-se na "harmonização" inspirada pelo sistema Goldman, que trabalha a integração de diferentes qualidades psíquicas, articulando o trabalho com os charas e os sons (veja Figura 3).
- Um desses sons era escolhido por Luiz para ser associado a uma história imaginária, fantástica, lidando com seu poder imaginário intuitivo.
- Voltávamos em seguida para a concretude e a sensorialidade, trazendo as sensações do corpo e as imagens para a argila. Ora usava como elemento mobilizador o toque nos chacras, acompanhado de sons, buscando posteriormente a expressão no barro; ora buscava nos contos a experiência mobilizadora associada às expressões na argila.

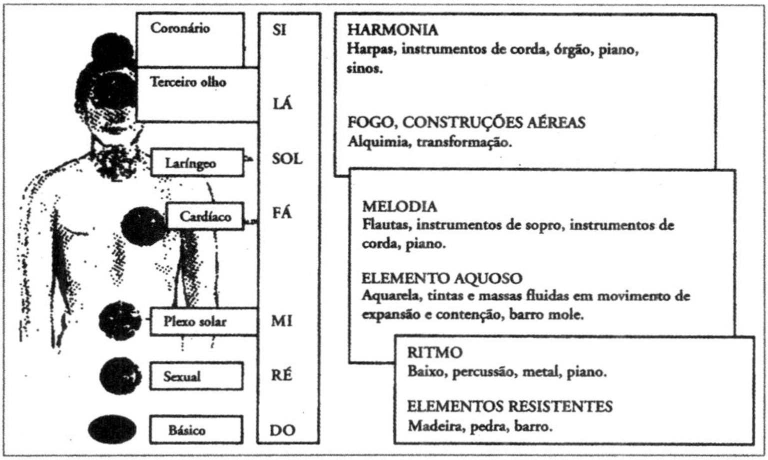

Figura 3 Chacras e os sons.

Em cada sessão alteravam-se as histórias e os recursos das construções em barro e da escultura em pedra-sabão ou madeira. Lidando com a "dureza" desses materiais possibilitava-se o diálogo com o concreto, com a força diante da resistência do material. O trabalho com o duro, o concreto e com material de resistência foi desenvolvido para que Luiz fizesse uma articulação do imaginário com a concretude, possibilitando maior centramento e realização.

Os recursos de harmonização dos chacras foram sendo alterados, concentrando-se em pontos variados associados a aspectos diferentes do psiquismo: ora buscava-se a base e o concreto (chacra básico da pelve), lidando com o diálogo, com os pés, com o andar e usando recursos plásticos associados a essas partes do corpo (carimbo dos pés em várias posições, montando diferentes configurações, personalizando os pés, construindo-os com argila e dialogando com eles como se fossem personagens). Em outros momentos, Luiz centrava-se no chacra peitoral, associado ao afeto, ao uso das mãos, à respiração com o movimento do diafragma. E assim focávamos outros pontos e outras qualidades de relação com o mundo.

As histórias foram se modificando de acordo com os pontos trabalhados. Nelas dialogamos com as questões em torno da identidade. Trabalhamos, então, a identidade com os heróis, cujas tarefas se associavam a diferentes qualidades relacionadas aos pontos energéticos. Por exemplo, ora destacávamos o herói que concretizava, que agia, ora o herói que tinha o poder de se relacionar afetivamente, ora com aquele que buscava a sabedoria e a astúcia, e assim por diante. Dessa forma, transitávamos do imaginário para o real, destacando todas essas dimensões de contato com o mundo por intermédio do mito dos heróis. Associávamos os sons com aquela qualidade heróica, o toque relacionado a esses significados e as atividades plásticas que mobilizavam as características psíquicas trabalhadas.

Luiz começou então a expressar suas emoções, a discriminar seus desejos, a organizar sua percepção e ações e a planejar e concretizar seus projetos. Nessas conquistas, não deixou de continuar a mostrar seu poder de imaginar, usando, com menor intensidade e freqüência os movimentos de deflexão e retroflexão. Ele agora obtinha maiores ampliações nas suas construções, centrando-se e se vinculando na tarefa e complementando-se com o outro. Depois da alta, deu-se continuidade ao trabalho com o encaminhamento a um ateliê de arte, para alimentar suas qualidades de imaginação e aperfeiçoar suas construções com o outro.

O projeto Prometeu e a tomada de decisão

Esse projeto é desenvolvido pela integração de artes plásticas–música–literatura–dramatização, objetivando fazer o jovem lidar com os mitos sobre seus poderes e dificuldades. Nossa proposta é possibilitar que o jovem descubra suas forças, diante das diferentes formas de contatar e processar no mundo.

Nesse momento de grandes mudanças, próprias do adolescente, tudo se confunde diante das indiferenciações dos seus desejos e poderes em relação aos valores culturais e aos mitos familiares.

Vivemos, então, um momento de transição, semelhante ao mito de Prometeu, que alimenta o poder dos homens, roubando o fogo divino de Júpiter para dar a estes. Prometeu precisa tirar esse poder do "divino" e colocá-lo na dimensão humana, marcada pelos limites do próprio homem. Para trazer esse poder, no nível humano, precisa trair o imaginário divino, roubar o poder dos deuses, o fogo, que transforma e leva à civilização o fogo que possibilita ao homem transpor seus limites.

Esses jovens, tal como Prometeu, vêm buscar seu fogo, seu poder, diferenciando-se do domínio dos mitos do pai, da família, do imaginário idealizado. Para isso, lidam com o medo, a dor e com uma dose de risco e ousadia.

Em busca do autoconhecimento, das diferenciações e das descobertas de seus poderes, para a tomada de decisão, o jovem vivencia nesses laboratórios questões existenciais em vários contextos. Entre essas situações, focalizamos com mais intensidade aquelas associadas à atuação profissional.

Este projeto, portanto, constitui-se em vários momentos, cuja ordem não necessariamente segue esta seqüência:

- *O que se busca?* Identificação do pedido de ajuda por sons e músicas.
- *Diálogo com a auto-imagem*: mobilizações em busca daquilo que ele sente e pensa de si mesmo, mediante viagens imaginárias e representações de mandalas.
- *Encontros com diferentes eus*: descoberta de personagens internos associados às identidades por meio da apresentação de diferentes músicas que expressam variações de qualidade e formas de ser.
- *Colocando lentes: "zoom in – zoom out"*: trabalho com diferentes focos perceptivos, buscando o micro no diálogo com os detalhes ou o macro em direção à ampliação e à recuperação do todo, dependendo das necessidades do cliente.
- *Dialogando com os medos e com os mitos*: após a expansão ou o detalhamento, no movimento para o desbloqueio, focalizamos os valores e os sentimentos diante das procuras e das necessidades de escolha, identificando as dores, os impedimentos e as feridas.
- *Descobrindo os Poderes*: trabalhar as diferentes funções de contato, associadas a diferentes inteligências e aptidões pela diversidade de situações-problema, em que o cliente desempenha vários papéis, em uma dramatização, associados a essas fun-

ções de contato. É um momento em que são enfatizadas as descobertas associadas ao prazer e ao desprazer, ao que foi facilitador e dificultador.

- *Experienciando os processos afetivos e cognitivos em torno das decisões*: vivências de experiências em que são colocadas em jogo escolhas e decisões, mediante recursos psicodramáticos, atividades plásticas, contos e situações-problema.

Esse projeto será descrito em detalhes em livro específico sobre orientação vocacional, em que me aprofundarei em relatos em torno dessas experiências e da fundamentação teórica que norteou essas práticas.

Embora não seja nossa intenção tratar em detalhe desse projeto aqui, gostaríamos, apenas como ilustração, de citar um momento muito significativo que se refere ao trabalho com os medos e os mitos associados à decisão, em que dialogamos também com o mito de Prometeu.

Numa das experiências com uma jovem que veio em busca de orientação vocacional, vivemos algumas descobertas em relação à escolha: após o relaxamento, dialogamos e viajamos pelo corpo, usando a música apenas como fundo (Aurio-corrá-oxigênio). Em busca de imagens ela se identificou com um pássaro voando para algum lugar e, no diálogo com ele, chegamos a um momento induzido em que ela precisava decidir que direção tomar naquele vôo.

Progressivamente, ela buscava localizar em que parte do corpo havia um impedimento (Figura 4). Quais eram esses pontos do corpo que estavam muito presentes? O que ela percebia sobre as direções para as quais o pássaro deveria ir? A jovem expressou um pássaro ferido nas asas, como um ponto de interrupção entre o coração e os braços. A indecisão era: "Para onde ir? Para o coração ou para os braços?"

Ela descobriu, então, que gostaria de ir para o coração, ao lidar com crianças, com sentimentos. Mas a ida para o coração implicava abrir mais seus sentimentos. Ela demonstrava muito medo da crítica dos outros ao expor suas emoções. Trazia um valor da família, no sentido de nunca agredir e expressar o incômodo provocado pelas pessoas. Era difícil falar de agressão.

Figura 4 O pássaro ferido.

E a jovem, ao mesmo tempo, se perguntava: "Como falar de sentimentos sempre bons?" Isto era muito difícil!

Conversamos, então, sobre a importância da agressão na comunicação e ela pecebeu como era mais leve poder sentir as coisas sem tanta censura, aprendendo a lidar com o leve, o pesado, o alegre, o triste, o amor, o ódio. Assim, era mais fácil dialogar com o coração. Achava que o diálogo com as crianças talvez ajudasse a lidar com essa espontaneidade diante das emoções. Propus, então, primeiro um diálogo com a sua criança, aspecto que ela aceitou prontamente, apesar do medo.

A cliente percebia que outro caminho despontava: ela poderia ir para outra parte do corpo: para os braços, fazer coisas, concretizar, sem precisar sentir. Aí, segundo suas fantasias, não havia muito risco de sentir raiva. Conversamos sobre essas cisões e essa fuga no fazer automático. Trabalhamos, em seguida, conteúdos mitológicos associados a raivas transformadoras, conversamos sobre o mito de Prometeu e buscamos nesse mito as associações a sentimentos e ações, ao amor e à raiva.

Uma das suas conclusões, no diálogo com sua criança, foi considerar que uma das grandes feridas de sua vida havia sido provocada pelos cortes e desrespeitos diante das "exigências" do outro (pai, mãe) para não sentir raiva. Nesse momento a cliente tinha de lidar com a raiva da criança que existia dentro dela.

Desse modo, essa jovem pôde ressignificar o quanto era importante lidar com os sentimentos e suas polarizações. Daí em diante, abriram-se grandes perspectivas para o trabalho com sua criança e com outras, buscando o afeto e a comunicação, sobretudo daquelas que se sentiam feridas ou exigidas em sua comunicação com o mundo.

Em sua escolha profissional, ela optou pelo trabalho com linguagem, comunicação verbal, com crianças bloqueadas, e viu na fonoaudiologia a possibilidade de realizar seu sonho.

O projeto em torno das tarefas de Psiquê

Trata-se de projetos desenvolvidos com adultos em busca do autoconhecimento e dos processos de transformação, em determinado momento de mudança existencial.

Tenho desenvolvido esses projetos com professores e profissionais em geral, a fim de ressignificar e procurar novos sentidos para suas atuações como pessoas e profissionais. Desenvolvo, também, esse projeto com a terceira idade, em busca de renascimentos e recuperação de antigos poderes esquecidos.

Para desenvolver este projeto, associo música, trabalhos corporais relacionados a toques nos pontos energéticos (chacras), respiração, relaxamento e expressões plásticas. Juntos, procuramos associar as qualidades psíquicas, desencadeadas por essas experiências, com o mito de Psiquê. A história dessa personagem mítica traz à tona o diálogo com quatro tarefas da Psiquê. Associamos, então, essas tarefas às quatro funções de contato (Jung), com suas qualidades significativas que ajudam no processo de desenvolvimento humano (individuação):

- *Primeira tarefa:* o trabalho da formiga de separar as diferentes ervas positivas e negativas, tarefa essa que se associa à capacidade de discriminação; um trabalho paciente e perseverante de diferenciação nas pequenas coisas. Nele dialogamos com a discriminação de sons, ritmos, cores, imagens, figuras, associada às diferenciações de emoções, desejos, capacidades, pensamentos. Trabalhamos, neste momento, com o processo introspectivo e com as construções externas (extrospectivo).

- *Segunda tarefa:* saber esperar o momento para pegar a lã de ouro dos bravos carneiros do vale. Trabalhamos o tempo, a espera, seja por meio de música, pausas, seja mediante atividades plásticas que requerem paciência, não-impulsividade, cautela e espera. Associamos então esses símbolos às ações na vida, na existência, nas escolhas. Nesse momento, a proposta é lidar com as fronteiras de resistências que podem emergir, impedindo a ampliação da consciência, associada à espera–impulsividade, contatos diretos–indiretos.
- *Terceira tarefa:* colher a água da vida, auxiliada pela águia que, com seu olho penetrante, mergulha no vale e busca a água para Psiquê. Trabalhamos, neste momento, a procura pela complementaridade, pela ajuda do outro. Ao mesmo tempo, dialogamos com as capacidades de olhar a distância em busca do todo. Saber conter a água da vida, carregando-a de um espaço a outro, torna-se uma proposta para o crescimento nessa tarefa. Todas as atividades são associadas ao trabalho de "fazer com o outro", ao exercício de contenção e da não-dispersão. Músicas relaxantes, ritmos lentos, trabalho com o controle nas atividades artísticas favorecem o desenvolvimento dessas qualidades sugeridas pela terceira tarefa da Psiquê. Discutimos juntos, em seguida, em que momentos da vida torna-se importante usar essa qualidade.
- *Quarta tarefa:* aprender a "dizer não" para manter firme o propósito de realização e respeitar as necessidades de auto-realização. É uma tarefa que nos fala de renascimentos, da busca do desconhecido, do desvelar os mistérios, do enfrentar os desprendimentos e mortes para novas descobertas. Trabalhar, nas artes, a transformação, as mudanças; descobrir nas manchas novas configurações; lidar com a redução dos sons, dos traçados, a reorganização das composições; dialogar com o perder e o ganhar nas criações de composições plásticas. Todas essas experiências são condições que ajudam o desenvolvimento dessa tarefa para o crescimento.

Nesse momento de realizações da Psiquê, ela abre a caixa de Pandora, desobedecendo a ordem de Afrodite, transgredindo a lei. Enfrenta, então, o risco do novo. Descobre o que é destrutivo e construtivo nesse processo, e morre para a primeira vida (o primeiro ciclo da psique, um momento existencial), podendo nascer para outra dimensão em que encontra Eros, o amor perdido. Esse momento é crucial para a recuperação do amor por si próprio e para o encontro com outras facetas do ser. São experiências em que se fala de passagens, da transição de um ciclo ao outro, buscando o contato com os sentimentos e as sensações.

Gostaria de relatar, para concluir este texto, as expressões geradas nessas experiências, de uma mulher da terceira idade que passou pelas três tarefas e de um educador em seu processo de ampliação profissional. Ambas são construções poéticas acompanhadas de construções plásticas e musicais:

Eu e a Instituição...
Diante daquela personagem pálida e triste,
Posso também olhar o quanto ela é firme e forte.
Nela me sinto um braço...
Mas braço que está preso e não abraça...
Não há tempo...
Há pressa...

Mas diante da quarta tarefa
Vejo que preciso respirar,
Soltar o braço...
Mas falta oxigênio... coragem...
E o que faço...
Sou ainda um braço, duro, pesado, parado...
Morro... perco o braço, o braço duro, pesado.
Vivo...
Achei um lugar...
Um outro lugar para respirar...
Um outro braço para movimentar...

(A. Z., 35 anos)

O Velho Novo...

Árvore velha e seca?
Ou
Árvore sábia e sagrada?
Morro pro velho seco...
Que dor! Que alívio!
Vivo...

(V. D., 69 anos)

Referências bibliográficas

ACHTERBERG, Jeanne. *A imaginação na cura: xamanismo e medicina moderna*. São Paulo: Summus, 1996.

ADOUM, Jorge. *A magia do verbo ou o poder das letras*. São Paulo: Pensamento, 1985.

ANDREW, Ted. *Sons sagrados*. São Paulo: Mandarim, 1996.

BACHELARD, Gaston. *A água e os sonhos: ensaio sobre a imaginação da matéria*. São Paulo: Martins Fontes, 1989.

_____. *O ar e os sonhos: ensaios sobre a imaginação do movimento*. São Paulo: Martins Fontes, 1990.

BENENZON, R. O. *Musicoterapia x educación*. Buenos Aires: Paidós, 1975.

BASSANO, Mary. *A cura pela música e pela cor*. São Paulo: Cultrix, ,1996.

BLOFELD, John. *Mantras, palavras sagradas do poder*. São Paulo: Cultrix/Pensamento, 1995.

BONAVENTURE, Jette. *O que conta o conto*. São Paulo: Paulinas,1992.

CAVALCANTI, Raíssa. *O casamento do sol com a lua: uma visão simbólica do masculino e feminino*. São Paulo: Cultrix, 1990.

_____. *O mundo do pai: mito, símbolos e arquétipos*. São Paulo: Cultrix, 1995.

_____. *Mitos da água*. São Paulo: Cultrix, 1998.

CARVALHO, Maria Margarida M. F. *A arte cura? Recursos artísticos em psicoterapia*. São Paulo: Psy II, 1995,

CIORNAI, S. "Em que acreditamos?". Trabalho apresentado no II Encontro Nacional de Gestalt-terapia, Caxambu, 1989.

DAHLKI, Rudiger. *Mandalas, formas que representam a harmonia do cosmos e a energia divina.* São Paulo: Pensamento, 1995.

FAGALI, Eloisa Q. "Uma janela para um olhar mais holístico..." *Revista Construção Psicopedagógica,* 2, cap.1, São Paulo: Sedes Sapientiae, 1994.

_____. "Oficinas integrativas: musicoterapia, arteterapia, literatura, *Revista Arte-tereapia: Reflexões,* 2, São Paulo: Sedes Sapientiae, 1997/1998.

_____. "Múltiplas faces do aprender: novos paradigmas da pós-modernidade". São Paulo: Unidas, 2001.

FILHO, Pedro Paulo. *A revolução da palavra.* São Paulo: Siciliano, 1997.

FREGTMAN, Carlos D. *Holomúsica, um caminho de evolução transpessoal.* São Paulo: Cultrix, 1995.

GOLDMAN, Jonathan. *Os sons que curam.* São Paulo: Siciliano,1994.

HAMEL, Peter Michael. *Autoconhecimento através da música.* São Paulo: Cultrix, 1989.

HAUSCHKA, Margarethe. "Natureza da tarefa da pintura terapêutica". *Terapia Artística,* v. II, São Paulo: Antroposófica, 1987.

HEIDE, Paulo Von Der. "Introdução aos fundamentos da pintura terapêutica". *Terapia Artística,* São Paulo: Antroposófica, 1987.

HUNT, Roland. *As sete chaves da cura pela cor.* São Paulo: Pensamento, 1984.

KARAGELLA, Shafica, M. D., KUNZ Dora van Gelder. *Os chakras e os campos de energia humana.* São Paulo: Pensamento, 1995.

KAST, Verena. *A imaginação como espaço de liberdade.* São Paulo: Loyola, 1991.

JUNG, C. G. *Tipos psicológicos.* Rio de Janeiro: Guanabara, 1987.

_____. *O homem e seus símbolos.* Rio de Janeiro: Nova Fronteira, 1964.

MORENO, J. L. *Psicoterapia de grupo e psicodrama.* São Paulo: Mestre Jou, 1979.

MOTOYAMA, Hiroshi. *Teoria dos chacras.* São Paulo: Pensamento, 1993.

MÜLLER, Marina. *Orientação vocacional.* Porto Alegre: Artes Médicas, 1988.

NAFFAH Neto, Alfredo. *Psicodrama, descolonizando o imaginário.* São Paulo: Plexus, 1997.

NEUMANN, Erich. *Amor e psique.* São Paulo: Cultrix, 1996.

NISENBAUM, Esther. *Prática da musicoterapia.* Rio de Janeiro: Enelivros, 1990.

OSTROWER, Fayga. *Criatividade e processo de criação.* Petrópolis: Vozes, 1977.

PAIN, Sara; GLADYS J. *Teoria e técnica da arte-terapia.* Porto Alegre: Artes médicas, 1996.

PERLS, F. *Gestalt-terapia explicada.* São Paulo: Summus, 1979.

_____. *A abordagem gestáltica e testemunha ocular da terapia.* Rio de Janeiro: LTC, 1988.

POLSTER, Erving; POLSTER, Miriam. *Gestalt-terapia integrada.* São Paulo: Summus, 2001.

QUEIROZ, Gregório J. P. de *O equilíbrio do temperamento através da música.* São Paulo: Cultrix,1997.

RASCHE, Jorg. *Prometeu, a luta entre pai e filho.* São Paulo: Cultrix, 1995.

RIBEIRO, Jorge P. *Gestalt-terapia: refazendo um caminho.* São Paulo: Summus, 1993.

ROUSSEAU, Lucie René. *A linguagem das cores.* São Paulo: Pensamento,1995.

RUBY, Paulo. *As faces do humano, estudos da tipologia junguiana e psicossomática.* São Paulo: Oficinas de textos, 1998.

RUUD, Even. *Caminhos da musicoterapia.* São Paulo: Summus, 1990.

_____. (org.) *Música e saúde.* São Paulo: Summus, 1991.

SANDOR, Pethö. *Técnicas de relaxamento.* São Paulo: Vetor, 1974.

SANTOS, Boaventura de Souza."Um discurso sobre as ciências na transição para uma ciência pós-moderna". *Estudos avançados,* n. 2, v. 2, São Paulo: USP, ago. 1988.

STEWART, R. J. *Música e psique.* São Paulo: Cultrix, 1989.

STEVENS, John O. *Isto é Gestalt.* São Paulo: Summus, 1977.

TUCCI, Giuseppe. *Teoria e prática da mandala.* São Paulo: Pensamento, 1993.

VIGOTSKI, L. S. *Psicologia da arte*. São Paulo: Martins Fontes, 1998.

VON FRANZ, Marie-Louise. *O feminino nos contos de fadas*. Petrópolis: Vozes, 1986.

VON FRANZ, Marie-Louise; JUNG, Emma. *A lenda do Graal do ponto de vista psicológico*. São Paulo: Cultrix, 1997.

VON FRANZ, Marie-Louise; HILLMAN, James. *A tipologia de Jung*. São Paulo: Cultrix, 1990.

WATSON, Andrew: DRURY, Nevill. *Musicoterapia*. São Paulo: Ground, 1990.

WOOLGLER, Jennifer Barker; WOOLGLER, Roger J. *A deusa interior*. São Paulo: Cultrix, 1992.

ZINKER, Joseph. *Creative process in Gestalt therapy*. Nova York: Vintage Books, 1987.

CONTOS DA TRADIÇÃO SUFI

Histórias da tradição sufi. Rio de Janeiro: Dervish, 1993.

Histórias de Narusdin. São Paulo: Attar, 1994.

A criação literária na arteterapia (nas páginas das histórias e da poesia)

Mônica Guttmann

Pensamentos, sentimentos, sensações e intuições necessitam de espaços para voar; caso contrário, rapidamente perdem sua essência, seu sentido, seu poder. A vida, pela própria natureza, é um livro de páginas soltas que vão se fazendo e se encaixando à medida que são vividas... Páginas que exigem, de seu criador, o comprometimento e a responsabilidade de transformá-las em algo que lhes dê sentido e valor. Páginas que também já trazem no corpo a essência de suas histórias e de seus segredos.

Nessa eterna criação, em que cada ser humano é responsável por ocupar-se de suas páginas, somos determinados e limitados por um de nossos maiores desafios e mistérios: o tempo físico. Este, da mesma maneira que organiza o sentido que damos à existência, limita os vôos de nossas ações. O tempo físico, de alguma forma, nos obriga a compartilhar uma realidade cronológica comum a todos, e não há como fugir disso, a não ser, talvez, com a morte.

É dessa luta contra ou dentro do tempo que a arte entra como necessidade, solução e transformação. A arte transcende o tempo, devolvendo ao ser humano sua natureza atemporal e ilimitada. A arte é uma das máximas expressões do homem sobre o tempo, a permissão e a necessidade do ser humano de transcender os limites físicos da vida, explorando e ampliando o poder de sua capacidade criativa, transformando e recriando novas realidades.

O processo criativo contém dois atributos que estão na base de sua qualidade imaginativa: flexibilidade e capacidade transformadora. A arte dá origem a outras formas de arte e é uma grande expressão do poder criativo do homem, tornando-o parceiro e cúmplice de seu próprio tempo.

A criatividade é a porta que o ser humano encontra para alcançar a si mesmo, o outro e sua própria natureza. Não existe vida sem criação e não existe criação sem a possibilidade de transformação; é aí que residem nossos desejos e nossa necessidade de estar constantemente buscando e dando novos sentidos à vida.

A arte – como reflexo da necessidade criativa do ser humano de transcender os limites do tempo e do espaço e de sobreviver a ele – é terapêutica por natureza. E a arteterapia, reconhecendo essa qualidade da arte e dos processos criativos, trouxe-a para o contexto terapêutico, transformando-a em um grande e forte recurso inserido em várias linhas psicoterapêuticas clínicas, educacionais e institucionais. E é dentro desse leque de possibilidades artísticas que escolhi a literatura como base para este trabalho.

DESCOBRINDO PÁGINAS...

Partindo de minhas vivências e crenças pessoais, e da metáfora de que a vida é como um livro de páginas a serem conhecidas, criadas, exploradas e transformadas, acredito na criação literária como instrumento de autoconhecimento, crescimento, criatividade e desenvolvimento pessoal.

Poesias e histórias podem ser criadas com base em qualquer estímulo, desde que os canais estejam abertos para isso. A vida oferece estímulos a cada instante, ou melhor, a vida é estímulo, e estar vivo implica estar aberto a eles.

Este trabalho visa explorar os recursos da criação de histórias e da poesia no contexto terapêutico, tentando explorar as várias possibilidades que eles oferecem a fim de ajudar as pessoas a ser mais criativas na vida. Criar é abrir espaço para o Ser, é mostrar ao tempo que ele tem poder até certo ponto, pois a vida e o ser humano são parceiros eternos na criação.

A palavra e o escrever: gerando sementes, raízes e asas...

Traduzir emoções, sentimentos e pensamentos por meio de palavras é uma arte das mais difíceis e, muitas vezes, impossível. As palavras vão até certo ponto, a partir do qual cabe à sensibilidade e à imaginação do escritor ou leitor deixá-las voar pelos limites e fantasias da experiência humana. Assim como os outros símbolos, a palavra pode aproximar as pessoas da realidade, mas, por ser algo tão abstrato, pode ter a força e a magia de tocar dimensões bem amplas. A palavra é um dos instrumentos mais antigos e profundos, ligando um ser humano ao outro, assim como ligando-o a si mesmo. Sem esse instrumento simbólico, teríamos dificuldades de expressar, comunicar nossas percepções e sentimentos em relação à vida.

As palavras podem ser pensadas, escritas, ditas e ouvidas, mas os significados e as imagens que elas adquirem são únicos para cada indivíduo. Palavras nomeiam sentimentos, emoções, pensamentos, que geram outras palavras e outras imagens... Escrever é um meio de expressar imagens, sentimentos, emoções e pensamentos por meio de palavras. Quando escrevemos, expressamos o que somos ou o que imaginamos ser em uma linguagem que tenta alcançar a necessidade de nos comunicarmos com os outros e com nós mesmos. Para muitos, escrever é uma forma de sobreviver; é a melhor maneira que encontram de conhecer a vida, ao outro e a si mesmos. Em geral, as pessoas que fizeram da escrita seu meio mais forte de expressão buscam na palavra seu verdadeiro e autêntico caminho.

Depoimentos de escritores sobre o significado de escrever e criar histórias em sua vida

Em seu depoimento no livro *Escrever*, Marguerite Duras fala da necessária e inevitável solidão do processo criativo. Solidão no sentido de o escritor isolar-se do mundo exterior e entrar em contato genuíno com suas emoções, pensamentos e sentimentos:

> Guardei essa solidão dos primeiros livros. Ela me acompanha. Minha escrita, eu sempre a levo comigo, aonde quer que eu vá. Paris.

> Trouville. Ou Nova York... A solidão da escrita é uma solidão sem a qual o texto não se produz, ou então a gente se acaba, exangue, de tanto procurar o que escrever. Sem sangue, o autor não reconhece mais o seu texto [...]. É sempre necessária uma separação da pessoa que escreve livros em relação às pessoas que a rodeiam. É uma solidão. É a solidão do autor, a solidão da escrita [...]. Essa real solidão do corpo transforma-se na inviolável solidão da mente. Escrever, essa foi a única coisa que habitou minha vida e a encantou. Eu o fiz. A escrita não me abandonou nunca (1994, p. 14).

Rainer M. Rilke fala da escrita para o escritor como algo orgânico e fundamental. É pela escrita que o escritor expressa sua maneira de compreender e viver o mundo.

> Aproxime-se então da natureza. Depois procure como se fosse o primeiro homem a dizer o que vê, vive, ama e perde [...] relate suas mágoas e seus desejos, seus pensamentos passageiros, sua fé em qualquer beleza – relate tudo isso com íntima e humilde sinceridade. Utilize, para se exprimir, as coisas de seu ambiente, as imagens de seus sonhos e os objetos de suas lembranças. Se a própria existência cotidiana lhe parecer pobre, não a acuse. Acuse a si mesmo, diga consigo que não é bastante poeta para extrair as suas riquezas. Para o criador, com efeito, não há prisão cujas paredes impedissem todos os ruídos do mundo de chegar a seus ouvidos, não lhe ficaria sempre sua infância, essa esplêndida e régia riqueza, esse tesouro de recordações? [...] Uma obra de arte é boa quando nasceu por necessidade. Neste caráter de origem está o seu critério, – o único existente: entrar em si e examinar as profundidades de onde jorra a sua vida; na fonte desta é que encontrará a resposta à questão de saber se deve criar (1989, p. 24).

Fernando Sabino descreve, com muita sutileza e profundidade, a inocência do processo criativo. Ele apresenta o momento da criação como algo extremamente espontâneo, em que o artista surpreende-se a si mesmo. O ato de criação é um ato de amor e não um parto. Na cópula é que se está criando. O parto, quando muito, seria a publicação do livro. O artista, no momento da criação, em geral é um ser indefeso, tão possuído, tão entregue, tão dominado pelo que está fazendo, que pode ser comparado ao homem e à mulher no ato de amor. Tem de ser espontâneo, o que der e vier, tudo pode acontecer.

Já Lygia F. Telles descreve valores e sentimentos que o escritor deve ter para realizar e testemunhar a própria criação:

> Escrever é uma luta. Uma luta que pode ser vã, mas que lhe toma a manhã. E a tarde. Até a noite. Luta que requer paciência. Humildade. Humor. Paixão. A insatisfação pode se chamar busca. O escritor é um testemunho deste mundo. Testemunho e participante. O duro ofício de escrever – ponte que se estende tentando alcançar o próximo – requer amor – o amor e a piedade que o escritor deve ter no coração (1981, p. 96).

NAS PÁGINAS DAS HISTÓRIAS

As histórias, como a arte em geral, trazem imagens que se passam dentro de nós, que refletem a alma de nossa realidade humana, com nossos valores, buscas, conflitos e necessidades. Elas atualizam as dimensões pessoais de cada um, possibilitando a consciência e a transformação.

Várias tradições religiosas e culturais têm nas histórias uma grande fonte de conhecimento, integração e transformação. A religião judaica, da qual faço parte, usa histórias para contribuir com o crescimento espiritual das pessoas. Os chamados *Midrashim* são histórias e lendas baseadas na Bíblia, cujo objetivo é, além de familiarizar as pessoas com os acontecimentos e as interpretações bíblicas, ajudá-las a elaborar sua vida. Assim como nossa vida emocional pode ser expressa por mitos antigos ou contos de fadas, no judaísmo as histórias bíblicas fazem que as pessoas ampliem sua visão de si mesmas e do mundo. Nas cerimônias religiosas, os rabinos geralmente têm o hábito de recorrer às *Midrashim* como instrumentos de transmissão de suas mensagens. E, muitas vezes, quando escutamos determinadas histórias em momentos nos quais estamos abertos a elas, temos a sensação de que alguma percepção aconteceu e algo se transformou.

> Um rabi, cujo avô fora discípulo do Baal Shem Tov, foi convidado a contar uma história. Disse ele: "Uma história deve ser narrada de tal forma que, em si mesma, ela constitua auxílio". E contou: "Meu avô era paralítico. Certa vez, pediram-lhe que contasse uma história sobre seu mestre. E ele pôs-se a contar como o santo Baal Shem Tov costumava saltitar e dançar enquanto rezava. Ao contar a história, meu avô ergueu-se, a narrativa o arrebatou sobremaneira e, sem perceber, pôs-se a saltitar e a dançar, como seu mestre fizera. A partir daquele momento, curou-se da paralisia. É assim que se conta uma história!" (Buber, 1967, p. 63).

A função terapêutica das histórias pode ocorrer quando se lê, se escuta, se cria ou se conta uma história, e, no caso desta pequena história, o poder curativo estava na emoção que acompanhou o contar. Os sufis são outro exemplo. Eles fazem parte de uma tradição que tem nas histórias grande fonte de conhecimento e transformação. Baseadas no Corão, livro sagrado dos muçulmanos, as histórias sufi têm como objetivo tocar, conscientizar e transformar o interior das pessoas. E os sufis também têm o hábito de se reunir em grupos para ler e contar histórias de sua tradição.

A tradição das histórias como fonte de conhecimento e transformação é milenar. Talvez, desde que a vida transformou-se em histórias, elas tenham passado a fazer parte das tradições e do desenvolvimento cultural e pessoal.

Clarissa Pinkola Estés (1995, p. 11) inclui uma bonita bênção em seu livro *O jardineiro que tinha fé*, em que consegue transmitir a grandeza das histórias: "Quem ainda estiver acordado ao final de uma noite de histórias, sem dúvida irá se tornar a pessoa mais sábia do mundo".

Nossa memória transformou-se em histórias... Nossos sonhos sintetizam antigas e ganham novas histórias a cada dia... Nossa realidade luta por reconhecer, apropriar e salvar nossas histórias pessoais... E o futuro está sempre aí, nos esperando com suas desconhecidas histórias...

Das pessoais às coletivas, elas se fazem e transformam as pessoas e o mundo. Vão contando-se e sendo contadas, indagando-se e sendo indagadas, transformando-se e sendo transformadas... Fechando e abrindo páginas das infinitas perguntas da vida.

"E assim a lenda se escorre a entrar na realidade e fecundá-la..." (Pessoa, 1980, p. 185).

Ao contemplarmos uma história, estamos contemplando facetas de nosso ser, e de alguma forma estamos trocando e transformando experiências. Estar aberto a uma história é estar aberto ao seu sentido, em todos os seus movimentos, contradições, vazios e celebrações. Realidade e fantasia interagem em seus caminhos, tornando-se cúmplices nas descobertas e no crescimento. Nesse momento o ser humano encontra-se em contato com o que há de mais emergente em seu interior, sentindo a força de seu Ser e o poder que tem de abraçar e transformar a realidade.

Meu trabalho com histórias em terapia

Apresentarei nesta parte do texto exemplos de algumas técnicas e exercícios que costumo fazer durante o processo terapêutico: trabalhos para grupos, indivíduos ou famílias, independentemente da faixa etária.

Trazendo minhas próprias histórias

Todos os exemplos aqui descritos visam trazer à tona questões da própria pessoa, que por meio das histórias e de seus personagens, contextos e ações, projetam as particularidades de cada um.

Invento uma história (oral, escrita ou por meio de objetos, bonecos, desenhos e outros tipos de imagens) que tenha relação com o tema que estamos trabalhando, em que as pessoas gostariam de entrar ou que eu acharia interessante trazer. Com essa história, podemos fazer um trabalho que percorre todas as emoções e sentimentos despertos, usando recursos de pintura, desenho, música, modelagem, teatro e conversas.

Peço que:

a) criem outras histórias com esses personagens ou troquem os personagens usando a mesma história;
b) sintetizam essas histórias em uma frase;
c) façam uma capa para as histórias.

Trazendo histórias e contos da literatura

A literatura, em geral, e os contos tradicionais, infantis ou adultos, trazem conteúdos que falam sobre o ser humano, seus conflitos, buscas, valores e necessidades. Esses exercícios visam conectar as pessoas a seu mundo interno e externo, estimulando seu potencial criativo para lidar com o próprio imaginário e, conseqüentemente, com a própria vida. Podem ser trabalhados de muitas maneiras, como:

- recriar os contos e histórias com outros recursos artísticos, como pintura, desenho, modelagem, teatro (vivo ou de bonecos) e música;
- escolher o personagem com quem mais se identifica e reconstruir a história em sua visão, ou seja, a pessoa se torna o próprio personagem, técnica característica da Gestalt-terapia;
- escrever palavras soltas que lhe ocorrem da leitura dos textos e criar outra história usando essas palavras;
- expressar em pinturas e desenhos todos os sentimentos que lhe ocorrerem a partir desse texto. Criar outra história baseada nessas imagens;
- destacar partes de uma história e pedir para que criem o conteúdo dela mediante várias expressões artísticas.

As pessoas inventam suas próprias histórias (com base em suas emoções no momento)

Das emoções mais fortes no momento (que podem ser provocadas por estímulos artísticos, visuais, auditivos e olfativos), as pessoas podem inventar as próprias histórias. Tudo pode ser estímulo para a criação de histórias, mas quando exploramos todos os sentidos e dimensões do ser humano a vivência é mais profunda. Como exemplos:

- tocam-se *sons* ou músicas e por meio deles sentimentos são trabalhados e expressos com vários recursos. As histórias são criadas com base nisso;
- apresenta-se uma imagem fotográfica, plástica ou algum objeto e com base nos significados dessas imagens ou objetos, histórias podem ser criadas;
- com uma viagem imaginária a outros tempos e espaços *cheiros* do passado são lembrados e revividos e, por meio deles, histórias podem ser inventadas;
- pelo toque em diversos materiais, objetos e pessoas as sensações *táteis* que foram despertadas podem ser geradoras de muitas histórias.

Autobiografia criativa

Com a elaboração de um "diário de vida" criativo, as pessoas contam suas histórias de vida usando a escrita e outras formas de expressão artística que representem suas lembranças, fantasias e emoções. Esse diário pode ser feito de forma mais solta, apenas estimulando as pessoas a retomarem sua história recorrendo às lembranças, ou pode ser feito de maneira mais dirigida, dividindo o diário em etapas que abordem temas específicos da história e das emoções das pessoas. Exemplos:

- com o auxílio de músicas específicas, as pessoas são estimuladas a retomar sua vida passando por todas as fases (infância, adolescência, juventude e maturidade);
- peço para que busquem em uma dessas fases *uma frase* com a qual gostariam de iniciar seu diário;
- em seguida, solicito que representem plasticamente *o tempo* no qual essa frase surgiu e, logo depois, que escrevam algo sobre essa imagem que acabaram de produzir;
- depois peço para que cortem cinco quadrados de cartolina e representem neles (utilizando o desenho), cinco fotografias de

momentos importantes de sua vida (podem ser fotos reais ou imaginárias) e peço para que colem essas fotos como quiserem em seus diários e escrevam o que tiverem vontade a respeito delas;

- o próximo passo é criarem um símbolo que represente um de seus medos. Em seguida, peço que criem um outro símbolo que possa transformar e libertar esse medo;
- por fim, peço que cada um "termine" seu diário da maneira que quiser, levando em conta que ainda serão vividas muitas e muitas histórias que poderão ser registradas ali;
- na última etapa, solicito que criem uma capa para seu diário e lhe dêem um título.

Jogo-diário (tabuleiro)

A idéia desse jogo-diário é trabalhar a história de vida das pessoas (trabalho sobretudo com crianças a partir de seis anos) de maneira lúdica e criativa.

- uma grande folha de papel é estendida no chão (papel *kraft*, por exemplo);
- são cortados vários pedaços de cartolina em tamanhos e formas diferentes;
- em cada um desses pedaços de cartolina será expressa artisticamente (pela escrita, por colagem, pintura ou desenho) uma parte da história de vida da criança. Vou fazendo perguntas e dando dicas para que a criança vá se lembrando dos momentos;
- em cada uma das cartelas haverá surpresas para fazer que os participantes desse jogo caminhem mais de uma casa para a frente ou mais de uma para trás, dependendo do "clima" desse momento da história. Por exemplo: Na cartela 1 está escrito: "Aqui começa minha história-jogo, pois é exatamente nesta cartela que nasci". Cartela 7: "Venha comemorar comigo meu aniversário de três anos. Portanto, fique duas rodadas sem jogar". Cartela 10: "Esta é minha mãe e o que ela mais gosta de fazer é andar de carro. Portanto, ande com ela sete casas para a

frente". Desse modo, o jogo-história vai acontecendo até o momento atual da pessoa.

Além de estimular a memória e as fantasias e fazer a criança expressar plasticamente sua vida, ela fica superentusiasmada por ter transformado sua existência na história de um jogo. E assim, caminhando pelas etapas do tabuleiro, encontramos uma lúdica oportunidade de trabalhar momentos importantes da vida da pessoa.

Gincana-história

Esta atividade ocorre da seguinte maneira:

- recorto dez quadrados de cartolina e numero-os de 1 a 10;
- no quadrado 1, começo uma história e peço para a criança participar de alguma forma – dando continuidade à história ou inventando cenas e personagens. Até o quadrado 10 a história se desenrola com a participação da criança. Estou sempre sugerindo idéias e fatos para que ela continue a história. Ela pode usar a escrita, a pintura, o desenho e a colagem;
- assim que elaborei os dez quadrados, eu os escondo em lugares diferentes, sempre dando dicas no quadrado anterior de onde poderá estar o seguinte.

Além de ter de encontrar os quadrados espalhados pela sala, a criança continua sendo estimulada a criar uma história.

OBJETIVOS E RESULTADOS DA CRIAÇÃO DE HISTÓRIAS EM TERAPIA

Partindo do princípio de que ao criarmos histórias estamos criando e expressando a maneira pela qual elaboramos nossa história pessoal, acredito que este trabalho é preciosíssimo por permitir que as pessoas se aproximem de si mesmas por meio de símbolos e metáforas vindas do mais íntimo de seu ser (inconsciente).

Ao criarem histórias, as pessoas exploram muitos de seus mecanismos criativos a fim de buscar e encontrar saídas para conflitos e encruzilhadas que aparecem no decorrer do caminho.

A escrita na criação de histórias

As histórias podem ser criadas oral ou visualmente, por meio de sons e de movimentos. Mas a palavra escrita, além de permitir a expressão visual (símbolos que podem ser lidos ao longo dos tempos), para determinadas pessoas é um canal mais fácil de expressão. O ato de escrever pode ser solitário, tendo no início apenas critérios como a emoção e o julgamento daquele que escreve. Determinadas pessoas expressam e organizam melhor seus pensamentos e emoções quando escrevem. Criar histórias mediante a escrita permite que as pessoas elaborem-nas e reelaborem-nas quantas vezes quiserem.

O escrever para alguns clientes

Reproduzo aqui o depoimento de dois adultos e de uma criança sobre o processo de escrever, durante a participação em minha oficina chamada "Autobiografia criativa":

Rodolfo

"Nunca consigo escrever e no início desta oficina achei que meus canais de expressão mais significativos seriam por meio das artes plásticas, por onde me sinto menos bloqueado, mais solto. Mas em determinado momento, quando determinadas palavras tomaram força dentro de mim, comecei a escrever e parece que um furacão tomou conta de meu ser [...], não queria mais parar, e naquele momento eu tinha a sensação de que somente as palavras serviam para expressar toda minha história e todas as emoções que a acompanhavam! Foi lindo, fiquei muito emocionado!"

Marlene

"[...] Eu faço diário há muitos anos, mas nem sempre sinto que as palavras saem sinceras de dentro de mim. Mas da maneira como foi conduzido este processo agora, senti que as palavras brotaram lá do fundo, acompanhadas de imagens supersignificativas. Eram como cenários de um filme de cinema que iam se formando e me mostrando histórias que havia muito tempo já moravam em mim."

Lucas (7 anos)

"Escrever é superlegal [...] eu adoro! Porque eu posso inventar o que eu quiser com as palavras! Só não gosto de ter que me preocupar em ter que escrever certo as palavras... porque elas vêm de um jeito tão rápido que não dá tempo para pensar se elas estão saindo certo ou errado. Mas eu adoro escrever!!!"

Estes depoimentos exemplificam como escrever pode ser um encontro terapêutico para algumas pessoas em determinados momentos. Nem sempre estamos abertos às palavras, nem elas são a melhor forma de expressar nossas histórias e nossas emoções, mas quando esse encontro acontece ele é extremamente rico e poético.

O FANTÁSTICO NA CRIANÇA E NO ADULTO

Personificar objetos e animais é uma capacidade criativa que usamos quando somos crianças e abandonamos quando nos tornamos adultos, a não ser que continuemos aproveitando-nos disso em nossos trabalhos criativos. O fantástico torna o mundo da criança mais atraente, mágico e transformador, porque ela vai se apropriando e transformando as coisas que vê e toca da maneira que tem vontade, conduzindo-as por todas as esferas da imaginação.

Quando nos tornamos adultos, podemos olhar para nossa realidade de maneira mais simbólica, separando o fantástico dos acontecimentos de nosso dia-a-dia. O fantástico torna-se aquilo que foge às regras e ao real passando a pertencer apenas à realidade imaginária.

Os sonhos como histórias da alma

Em várias noites somos surpreendidos por imagens e mensagens oníricas que muitas vezes parecem verdadeiras histórias criadas em nossa mente. Histórias com começo, meio e fim, que trazem sentido para a vida. Sonhos sem começo nem fim, que apresentam questões profundas a ser resolvidas ou lapidadas, sonhos que indicam o fim de alguma história e apresentam possibilidades de novas histórias. Nossa capacidade de sonhar indica o potencial criativo de todos nós e nossa vocação de estar abertos a várias histórias.

Quando sonhamos estamos criando, e, por meio dessa criação inconsciente, podemos também nos fortalecer e nos abrir cada vez mais a nós mesmos, ao outro e à vida.

Os sonhos noturnos levam-nos para dentro de nossas questões mais profundas e emergentes, já que os sonhos diurnos, que construímos conscientemente durante o dia, convidados por nossos desejos, transformam-se nas melhores histórias que queremos realizar e ver realizadas. Criar sonhos é criar objetivos, ampliar o tamanho da vida, dos outros e de si mesmo. É torcer e lutar por melhores e maiores histórias...

Nas páginas das poesias

Será só a alma do poeta que vê a vida com poesia, ou será que a vida traz em sua essência a necessidade poética da natureza? Uma coisa é certa: a vida sem poesia é uma vida que não vibra, não brilha, não vive. O olhar poético sobre a vida não depende de nível intelectual ou socioeconômico, de cultura ou tradição, depende apenas da luz do olhar de cada um. Mas esta luz às vezes falta... e como falta!

Não é fácil viver uma vida que a cada instante faz questão de nos mostrar que os sonhos devem ser adiados ou afastados, para abrir espaço ao grande e tão conhecido ditador chamado *medo*! A vida tem conseguido gerar tanto medo que, por mais poesia que possa existir, ela nem sempre consegue ser mais forte que o peso bruto da realidade.

A poesia, filha do amor, é a voz do coração do homem que a cada instante insiste em acreditar, amar e crescer. Poesia é luz e, sem ela, empobrecemos, entristecemos e morremos. A poesia na terapia é reflexo da própria necessidade de buscar esta luz.

Escrever ou ler uma poesia é o mesmo que abrir espaço para que os olhos sintam o que olham, através do coração. Ampliar o encontro das pessoas consigo mesmas através do coração é um grande passo poético a caminho do autoconhecimento, do equilíbrio e da cura.

> A poesia é conhecimento, salvação, poder, abandono. Operação capaz de transformar o mundo, a atividade poética é revolucionária por natureza; exercício espiritual, é um método de libertação interior. A poesia revela este mundo; cria outro. Pão dos eleitos; alimento maldito. Isola; une. Convite à viagem; regresso à terra natal. Inspiração, respiração, exercício muscular. Súplica ao vazio, diálogo com a ausência, é alimentada pelo tédio, pela angústia, pelo desespero. Oração, litania, epifania, presença. Exorcismo, conjuro, magia. Sublimação, compensação, condensação do inconsciente. Expressão histórica de raças, nações e classes. Nega a História: em seu seio resolvem-se todos os conflitos objetivos e o homem adquire, afinal, a consciência de ser algo mais que passagem. Experiência, sentimento, intuição, pensamento não-dirigido. Filha do acaso; fruto do cálculo. Arte de falar em forma superior; linguagem primitiva. Obediência às regras; criação de outras. Imitação dos antigos, cópia do real, cópia de uma cópia da idéia. Loucura, êxtase, *logos*. Regresso à infância, coito, nostalgia do paraíso, do inferno, do limbo. Jogo, trabalho, atividade ascética. Confissão. Experiência inata. Visão, música, símbolo... Pura e impura, sagrada e maldita, popular e minoritária, coletiva e pessoal, nua e vestida, popular e minoritária, coletiva e pessoal, falada, pintada, escrita, ostenta todas as faces, embora exista quem afirme que não tem nenhuma: o poema é uma máscara que oculta o vazio, bela prova da supérflua grandeza de toda obra humana! (Paz, 1982)

Meu uso da criação poética em arteterapia

Estimulando a criação poética – com recursos visuais, auditivos, olfativos e táteis as emoções das pessoas são estimuladas para que elas possam expressá-las pela poesia escrita, por poemas ou, ainda, por outros recursos, como a pintura, o desenho, a modelagem, a colagem etc.

Trazendo poesias – com base em situações e emoções do momento de cada um, poesias podem ser oferecidas para trabalhar determinados conflitos, necessidades e incompreensões. Dos autores clássicos aos modernos, nacionais ou estrangeiros, conhecidos ou desconhecidos, uma boa poesia é como uma semente de emoção que germina suas verdades no coração e na alma daqueles que a compreendem.

A poética dos sons – com músicas ou sons produzidos por diversos materiais, as pessoas são levadas a vivenciar várias sensações e, com base nelas, a buscar palavras soltas que as expressem. Dessas palavras soltas formam-se os poemas.

A poesia dos sonhos – trabalhar a poesia dos sonhos é interessante, pois muitas vezes suas imagens estão tão fortemente carregadas de poesias que a possibilidade de expressão delas é extremamente rica. A própria maneira de olhar o sonho com um retorno poético ao cliente.

Poesias que contam a poesia de grandes poetas

Trabalhar com poemas de poetas conhecidos ou não é uma forma muito interessante de conhecer o interior das pessoas e de estimular seu poeta interno. Por exemplo:

POÉTICA (Vinicius de Moraes, 1979)

De manhã escureço
De dia tardo
De tarde anoiteço
De noite ardo

A oeste a morte
Contra quem vivo
Do sul cativo
O este é meu norte.

Outros que contem
Passo por passo
Eu morro ontem

Nasço amanhã
Ando onde há espaço:
Meu tempo é quando.

Do livro *O eu profundo e os outros eus* (Fernando Pessoa, 1996)

[...] quando me sento a escrever versos ou,
passeando pelos caminhos ou pelos atalhos,
escrevo versos num papel que está em meu pensamento,
sinto um cajado nas mãos
E vejo um recorte de mim
No cimo dum outeiro, outeiro,
Olhando para as minhas idéias e vendo o meu rebanho
E sorrindo vagamente como quem não compreende o que se diz e quer fingir que compreende...

Nesse sentido, digo:

Na poesia, poesia,
o que existe,
É a própria vida tentando despertar
a cada instante,
O melhor poeta de cada um.

Sobre as ilustrações

As ilustrações de uma história ou de um conto, quando em fina sintonia com sua essência, complementam as mensagens e são fundamentais para o aprofundamento e a ampliação da história. Em livros infantis principalmente, as ilustrações são quase tão importantes quanto as palavras, pois ajudam e estimulam a fantasia das crianças para que estejam mais envolvidas e presentes no mundo daquela narrativa.

É por essa razão que trabalhar com ilustração de textos (do próprio "escritor" ou de outras pessoas) em terapia é um modo de aprofundarmos e ampliarmos as impressões e as emoções das pessoas em relação a determinados temas pessoais.

As ilustrações de textos podem ser feitas tanto com materiais plásticos e gráficos quanto pelo teatro, por bonecos, pela modelagem ou outras formas expressivas. Aqui estão alguns exemplos de como podemos trabalhar as ilustrações em terapia:

- Ilustrando as próprias histórias e poesias: a ilustração das próprias histórias e poesias pode ser feita durante a criação do texto, quando palavras e imagens se intercalam, uma inspirando a outra; antes da criação do texto, quando a própria imagem é fonte inspiradora; depois da criação do texto, pois inspiradas pelas palavras e pelo conteúdo do texto, as imagens se fazem; interagindo com o texto, pois palavras e imagens podem fundir-se para compor uma criação única e integrada.
- Ilustrando textos e poesias da literatura: ilustrar um texto é o mesmo que dar a ele uma interpretação pessoal. À medida que ilustramos um texto alheio, de alguma forma estamos registrando o que de mais forte nos tocou naquela mensagem.
- Reilustrando ilustrações: ao expressarmos nossa visão sobre ilustrações já realizadas, estamos de alguma forma reilustrando-as, e isso pode muito bem ser registrado como uma releitura pessoal de uma outra criação.

Em meu processo criativo, palavras e imagens nascem juntas em minha mente e, à medida que uma vai se formando, a outra também se faz. Em geral, sinto muita necessidade de complementar com imagens o que foi dito com palavras, como se uma linguagem fosse sustentada e alimentada pela outra.

FECHANDO PÁGINAS E ABRINDO OUTRAS...

Para a "geração televisão e computador" – para a qual o ritmo das informações e das imagens é tão acelerado e antinatural, transbordando a capacidade humana de assimilar e reter informações e conhecimento –, a criação artística torna-se cada vez mais importante, reaproximando as pessoas de si mesmas e permitindo que reconheçam, desenvolvam e ampliem seu potencial criativo e autêntico. Apenas a criatividade gerada pela coragem da autenticidade é capaz de tornar os indivíduos menos submissos e intoxicados pelo elevado congestionamento de informações a que são submetidos diariamente. A criação artística religa as pessoas ao que elas são, despertando sua capacidade de sentir e pensar por conta própria. A criação literária, tendo na palavra seu maior instrumento, conduz as pessoas a buscarem e organizarem dentro de si suas emoções e pensamentos, transformando-os em uma busca extremamente profunda e forte.

As histórias
trazem em suas linhas
melodias...
que expressam com brilho,
a alma daqueles que buscam.

Referências bibliográficas

ANDRADE, Carlos Drummond de. *Seleta em prosa e verso.* Petrópolis: Vozes, 1971.

BONAVENTURE, Jette. *O que conta um conto.* São Paulo: Paulinas, 1992.

BUBER, Rafael. *Histórias do rabi: as histórias hassídicas de Martin Buber.* São Paulo: Perspectiva, 1967.

DURAS, Marguerite. *Escrever.* Trad. Rubens Figueiredo. Rio de Janeiro: Rocco, 1994.

ESTÉS, Clarissa Pinkola. *O jardineiro que tinha fé.* Rio de Janeiro: Rocco, 1995.

HELD, Jacqueline. *O imaginário no poder: as crianças e a literatura fantástica.* Trad. Carlos Rizzi. São Paulo: Summus, 1980.

JULIANO, Jean Clark. *A arte de restaurar histórias: o diálogo criativo no caminho pessoal.* São Paulo: Summus, 1999.

MESERANI, Samir Curi. *Redação escolar: criatividade – Colégio 1.* São Paulo: Saraiva, 1977.

MORAES, Vinicius de. *Livro de sonetos*. Rio de Janeiro: José Olympio, 1979.

NUNES, Lygia Bojunga. *Livro: um encontro com Lygia Bojunga Nunes*. Rio de Janeiro: Agir, 1988.

OAKLANDER, Violet. *Descobrindo crianças: a abordagem gestáltica com crianças e adolescentes*. Trad. George Schlesinger. São Paulo: Summus, 1980.

OSTROWER, Fayga. *Criatividade e processos de criação*. Petrópolis: Vozes, 1987.

PAZ, Octavio. *O arco e a lira*. Trad. Olga Savary. Rio de Janeiro: Nova Fronteira, 1982.

PESSOA, Fernando. *Ficções do interlúdio/1: poemas completos de Alberto Caeiro*. Rio de Janeiro: Nova Fronteira, 1980.

______. *O eu profundo e os outros eus*. Rio de Janeiro: Nova Fronteira, 2002.

READ, Herbert. *A redenção do robô: meu encontro com a educação através da arte*. Trad. Fernando Nuno. São Paulo: Summus, 1986.

RILKE, Rainer Maria. *Cartas a um jovem poeta*. Trad. Paulo Rónai. Rio de Janeiro: Globo, 1989.

______. *A canção de amor e de morte do porta-estandarte Cristóvão*. Trad. Cecília Meireles. Rio de Janeiro: Globo, 1989.

RODARI, Gianni. *Gramática da fantasia*. Trad. Antonio Negrini. São Paulo: Summus, 1982.

SHUMAN, Sandra G. *A fonte da imaginação: libertando o poder da criatividade*. Trad. Marcello Borges. São Paulo: Siciliano, 1989.

STEEN, Edla Van. *Viver e escrever*. Porto Alegre: L&PM, 1981.

Contar histórias como possibilidade de tecer o invisível: as emoções

N. Alessandra M. R. Giordano

ESCREVER É UMA EXPERIÊNCIA DE CONTAR HISTÓRIA.

Minha avó, lá na fazenda, perdia um tempo retirando do armário a chaleira, o suporte de ferro e o coador já encardido pelo pó de café. Enquanto a água fervia, a conversa acontecia de forma mansa e prazerosa e vagarosamente os grãos eram moídos. Quando a água borbulhava, o pó era acrescentado e o cheiro de café invadia o ambiente. Na casa do caseiro até se dizia: "Cumadi Sinhá tá cum visita, contando histórias!".

E assim cresci, ouvindo minha avó contando histórias, principalmente nas noites escuras e frias. Naquela velha fazenda, ao lado do borralho, ela iniciava seu "Era uma vez...", dividindo com as pessoas seus saberes, seu conhecimento sobre a alma humana, sua estreiteza com a terra, a quem chamava de Grande Mãe. Assim era o jeito de ela contar suas histórias. Quando nos dávamos conta, nosso pensamento já divagava longe e absorto pelos bosques e castelos, embargado por sua voz carinhosa e segura. A narração era, para nós, ouvintes, um poderoso veículo de mistério. Que poder tinham aquelas palavras ao narrar aquelas histórias?

Ainda pequena, sentia que ao ouvir histórias alguma coisa preenchia-me (encantamento?), como um prazer, como o desencadear de uma disponibilidade para pensar sobre minhas questões. Tinha a sensação de que, por vezes, alguns contos apresentavam-se como instrumento organizador do meu pensar, do meu sentir. Era como se após ouvir a narrativa, um acalento sobreviesse, organizando minhas emoções, iluminando meus desejos, ajudando a nomear meus anseios e temores. O tempo passou, mas as histórias ficaram... Eram os contos ou a contadora? Hoje, reporto-me a Clarissa Estés, em seu livro *Mulheres que correm com os lobos*, em que "me" esclarece:

> Sempre que se conta um conto de fadas, a noite vem. Não importa o lugar, não importa a hora, não importa a estação do ano, o fato de uma história estar sendo narrada faz que um céu estrelado e uma lua branca entrem sorrateiros pelo beiral e fiquem pairando acima da cabeça dos ouvintes. Às vezes, ao final de um conto, o aposento enche-se de amanhecer... (1994, p. 567).

Que mágicos aqueles momentos! Eu nunca me esqueci...

Cresci, e era chegada a hora de escolher uma profissão. Era momento de decidir o que se quer ser para o resto da vida.

Sempre achei que minha avó era uma artista, porque sabia lidar com maestria com as pessoas. Talvez a arte fosse o meu caminho, já que a arte (contos) tinha sido e continua sendo, para mim, uma fonte de prazer e conhecimento de mim e também do mundo e dos outros. Mas a psicologia, com os mistérios do inconsciente e com um homem chamado Jung, várias vezes citado, com grande admiração, por minha mãe, me atraíam por demais. Havia também a pedagogia, que exercia sobre mim o fascínio da arte de ensinar! Contudo, meu desejo era aprender a aprender. Aprender como minha avó, que sabia contar aquelas belas histórias! Nesse tempo, eu já sabia que um contador de histórias tem uma importante função na sociedade. Uma função que está contida na pedagogia e também na psicologia. Um "poder" de, por meio dos contos, conhecer-se e conhecer o outro, em uma perspectiva de que o "Eu não existe sem o Tu". Então, escolhi!...

Ao longo do meu processo de aprendizagem, a arte, em suas diversas manifestações, sempre esteve presente, indicando novos caminhos e direções, ordenando conhecimentos e como instrumento facilitador da minha necessidade de expressão.

A minha vida como pessoa, como mulher e como profissional tem por objetivo principal o "aprender a aprender". Penso que esta é a minha questão central desde há muito. É o foco do meu trabalho e a minha fonte de prazer. Perguntei durante muito tempo: "Por que é importante para mim contar histórias? O que me move para fazê-lo? O que faz que eu vá aos livros em busca de histórias? Qual é natureza dessa experiência?" Para muitas dessas perguntas eu ainda não tenho resposta, e continuo à procura...

Como busca, na vida, e para a vida, escolhi, conhecer/experimentar/vivenciar/aprender arteterapia. Aqui estou, com tantas outras questões e perguntas processando a interminável anedota dos homens e do elefante, que minha avó me contava, ainda menina, e, hoje, permito-me utilizá-la como uma alegoria para a arteterapia.

Alguns hindus estavam exibindo um elefante num quarto escuro, e muita gente se reuniu para vê-lo. Mas como o quarto estava escuro demais para que eles pudessem ver o elefante, todos procuraram senti-lo com as mãos, para ter uma idéia de como era. Um apalpou a tromba e declarou que o animal parecia um cano de água; outro apalpou a orelha, e disse que devia ser um enorme leque; outro, a perna e pensou que fosse uma coluna; outro apalpou o dorso e declarou que o animal devia ser como um grande trono. De acordo com a parte que apalpava, cada um fez uma descrição diferente do animal. Um, por assim dizer, chamou-o de Alif e outro de Dal – Alif e Dal: primeira e quarta letras do alfabeto árabe (alifato).

Para o homem que toca a orelha do elefante, deve-se dizer arteterapia. Para outro que toca a perna do elefante, arte não se ensina; outro que toca a tromba do elefante pergunta: "Será que as pessoas sabem a diferença entre formar uma pessoa completa e uma pessoa esbelta?" Outro diz que a arte proporciona educação visual, outro mostra que ela é a redenção da humanidade, outro chama o elefante de educação da sensibilidade, outro o nomeia "desenvolvimento da criatividade".

Eu, como um ser humano a mais, me encontro alerta para mais uma caminhada por um universo que, por um lado, apresenta considerações que pretensiosamente me arrisco a tecer: a educação, pois, afinal de contas, escolhi esse caminho para minha vida e atuação profissional e, por outro, está a "terapia", que, apesar da especificidade que o termo requer, não deixa de exercer sua função (terapêutica) em muitos momentos da educação. Dessa forma, os limites entre uma e outra, a meu ver, são tênues, de modo que ambas estão presentes, reciprocamente, nas duas ações: educativa e terapêutica. E, certamente, essas áreas têm em comum sobreposições.

Há muito sentia que os contos, cada um de seu jeito, falavam da aventura humana de dar forma ao desconhecido. Por isso escolhi a arte narrativa como obra de arte articuladora de um processo metodológico, já que os contos, além de terem as mesmas características de qualquer verdadeira obra de arte – por trazerem formas ordenadas e estruturas simbólicas da relação do ser humano com o mundo –, permitem que o ouvinte conte a si a própria história e, ao recontá-la, concebe a si mesmo. Assim, também a arte de narrar "é uma linguagem individual em que signos e símbolos são escolhidos e/ou criados pelo próprio indivíduo..." (Ciornai, 1994, p. 60).

Apaixonada pelos contos de fadas, sempre quis saber onde nasceram as fadas, até porque, desde muito pequena, minha avó me dizia: "Fadas são criaturas que pertencem aos quatro reinos: ar, terra, fogo e água". Acreditei! Etimologicamente a palavra fada vem do latim *fatum*, que quer dizer destino, fatalidade, oráculo. Diz-se, ainda, que são seres fantásticos ou imaginários de grande beleza em forma de mulher.

Os contos de fadas mostram que as fadas são dotadas de poderes sobrenaturais e, sempre que necessário, interferem na vida das pessoas, auxiliando-as em situações-limite, quando nenhuma solução natural é possível.

Decidi, portanto, adotar a literatura infanto-juvenil como instrumento de interesse e de trabalho. Posso, então, recordar-me com clareza que, mesmo sendo primeiranista de psicologia, trabalhei em um grande hospital da cidade de São Paulo e lá, durante 24 meses, desenvolvi um trabalho de contar histórias para bebês que tinham até 36 meses, filhos de funcionários, usuários da creche da irmandade. Esse trabalho consistia em ensinar as pajens a contar histórias para os bebês, utilizando os movimentos corporais da criança.

Tudo começou com histórias/cantigas de ninar... Descobri que o significado afetivo desse ato reside na sedimentação dos sentimentos de uma geração a outra, de mãe para filho, tornando comum as emoções, mantendo o elo no compartilhar dos significados para que não se percam a magia e o encantamento da infância e os sonhos!

Escolhi a arte narrativa (contos) como obra de arte articuladora de um processo contínuo de autoconhecimento, já que estes são formas ordenadas e estruturas simbólicas da relação do ser humano com o mundo. Como já mencionamos ao ser narrada, a história permite que o ouvinte conte a si mesmo sua própria história e, ao recontá-la, em um processo criador, concebe a si mesmo, possibilitando a aventura humana de dar forma ao desconhecido. Assim a arte/contos é uma linguagem individual, o que significa dizer que os significados são individuais. Esse caminho é solitário, íntimo, particular – pois é verdade que não existem pessoas iguais – mas nem por isso é um caminho fechado em si mesmo e não-compartilhável.

Ouvir uma narrativa desperta/facilita a imaginação e a imaginação oferece a investigação do que *pode* ser e não do que *deve* ser. Esse oferecimento está presente em qualquer obra de arte. Mas em especial, privilegiadamente, no contar histórias, onde mora a possibilidade da meditação sobre o seu mundo, sobre você para com você mesmo (notícias de vocês). Os orientais dizem que a meditação se opõe à contemplação porque consiste, sobretudo, em considerações e processos mentais *discursivos*. Meditar significa submeter a um exame interior, ou seja, iluminar o seu próprio jardim interno, saber de você o que você pensa sobre as questões que o acometem, que clamam por você; porém, não de qualquer jeito, mas por uma concentração intensa do espírito. Ouvir histórias não é fácil, "gasta" neurônio e leva, às vezes, um tempo processual para se chegar a sentir prazer em ouvir uma boa história. E – como dizia minha avó – é necessário que você aprenda e goste de estar com você mesmo!

É sabido que a imaginação é componente essencial do *conhecimento* humano. Para Kant a imaginação contribui para a nossa consciência do mundo pelo seu poder *representacional* de formar imagens, idéias ou semelhanças na mente. É ela que nos permite ver além dos dados dos sentidos, fazendo a ponte entre simples sensações. A imaginação criadora é, então, a competência que o ser humano tem de compreender palavras na ausência dos objetos. A atividade da imaginação é produzir idéias e imagens na ausência dos objetos. É fazer florir o jardim interno de cada um, por meio do colorido das próprias imagens! Contar e ouvir histórias é como uma paisagem...

A FLORESTA DE SORTILÉGIOS

Desde que me conheço por gente, conto histórias – especialmente contos de fadas – em vários lugares: em minha casa, em escolas, livrarias, casas de cultura, praças... É um grande prazer! Então resolvi, voluntariamente, contar histórias para crianças e adolescentes em um grande hospital de São Paulo. No início, os médicos achavam estranho e quase não consentiram. Mas o tempo e as histórias me ajudaram a conquistá-los. Uma vez por semana, no final da tarde, lá estava eu contando histórias. Decorrido um certo tempo, não raro, estavam comigo alguns outros médicos que aderiram ao ato de contar histórias. Dividimos esse prazer e começamos a prestar atenção à resposta clínica que algumas crianças/adolescentes apresentavam em relação às que não ouviam histórias. Os diretores responsáveis pelo pavilhão várias vezes me chamaram para uma conversa sobre as histórias narradas a determinados pacientes. Queriam saber quais eram as histórias que eu contava. Eu respondia às indagações objetivamente, pois sabia do ceticismo da diretoria sobre os efeitos que os contos/arte poderiam proporcionar. Ademais, como explicar o sucesso desses contos a não ser pelo encantamento que exercem sobre as crianças? Eu só sabia dizer que as crianças que se tornam grandes – como eu – sentiam necessidade de continuar fazendo que seus próprios filhos acreditassem que os contos de fadas lhes são indispensáveis! E com isso o convite mais uma vez era reafirmado.

Minha proposta de contar histórias para as crianças/adolescentes internados não tinha como intuito ir além da possibilidade do sonho, da fantasia e do exercício para uma imaginação livre e criadora de outros significados. Na época, eu intuía, mesmo sem muita clareza, que as histórias funcionavam como, de acordo com Clarissa Estés, "bálsamos medicinais", principalmente considerando que aquelas crianças e adolescentes estavam internados porque estavam doentes e, muitas vezes, em situação de abandono pelos próprios pais. Mas a certeza do prazer em ouvir uma boa história, a certeza da possibilidade de portas abertas para o despertar da curiosidade, da imaginação, da beleza oferecida pela forma poética dos contos e pela beleza que se dá no ato de narrar histórias nunca me abandonou! Era uma certeza constante. Era o meu presente para essas crianças. Era, como diz Guimarães Rosa: "Contar histórias: um ato de amor".

Eu sabia que não era qualquer história que se podia contar. Elas deviam ser "escolhidas a dedo". Mas entre os contos de fadas é difícil não acertar. Por essa razão, algumas histórias eram apropriadas e até preciosas para aqueles momentos. Na verdade, eu sabia que o trabalho com arte é sempre propiciador de experiências significativas, já que "[...] imagens internas são a fonte expressiva de todo processo criador significativo", nos ensinou Selma Ciornai.

Como para mim sempre fora bastante significativo e um grande prazer contar e ouvir histórias, parti do princípio de que aquelas crianças e jovens também se beneficiariam desse prazer – ainda que inconscientemente; eu sabia do processo terapêutico que implicitamente se desencadeava quando da audição de um conto. Sabia também que muitas das crianças/adolescentes, quando não eram órfãos, tinham sido abandonados por pais que desapareciam, sem deixar sinal, de forma que era a Irmandade que se ocupava deles, mas esta já é outra história! Bem, a partir dessa realidade, ofereci uma oportunidade para o trabalho com a arte por meio dos contos de fadas.

Os objetivos eram cultivar o sonho, o prazer e o pacto com a vida, propiciando o exercício da fantasia, e, para além disso, oferecer uma oportunidade, que não fosse mero passatempo ou fuga da realidade cruel e infame que estavam vivendo, para escolher os príncipes e as fadas que transformam realidades rudes e difíceis em maravilhas. Mas, sobretudo, por acreditar que os contos ampliam imagens, abrem a visão, permitindo o novo, novas saídas, outros jeitos de ser e estar no mundo, propiciar um momento para estar consigo mesmo, observando a sua e as outras experiências, ou seja, eu queria mesmo oferecer a possibilidade de as crianças/adolescentes nomearem suas experiências, trazendo-as para a luz da consciência, no exercício e domínio das emoções, na oportunidade mágica da alquimia presentificada quando o imaginário está no poder. Sabia, por experiência própria, que imagens poéticas – como os contos de fadas apresentam – evocam pensamentos, emoções, intuições que provocam, intrigam, maravilham e até curam, produzindo um efeito quase inexplicável! Bachelard comenta a fenomenologia das ressonâncias e da repercussão que uma obra de arte poética tem sobre o homem:

> As ressonâncias se dispersam nos diferentes planos da nossa vida no mundo, *a repercussão nos chama a um aprofundamento da nossa própria existência.* Na ressonância, ouvimos o poema, na repercussão nós o falamos, pois é nosso. A repercussão opera uma revirada do ser [...]. Parece que por sua exuberância o poema desperta profundezas em nós. Para nos darmos conta da ação psicológica de um poema teremos pois de seguir duas linhas de análise fenomenológica: uma que vai à exuberância do espírito, outra que vai às profundezas da alma [...]. Assim, a imagem que a leitura do poema nos oferece *faz-se verdadeiramente nossa.* Enraiza-se em nós mesmos. Recebêmo-la, mas nascemos para a impressão de que poderíamos criá-la, de que deveríamos criá-la. A imagem se transforma num ser novo de nossa linguagem, exprime-nos fazendo-nos o que ela exprime, ou seja, ela é ao mesmo tempo um devir de expressão e um devir de nosso ser (1978, p. 187-8).

Bonaventure, por sua vez, em seu livro *O que conta o conto?* nos mostra que todos somos atraídos pela atmosfera do fantástico e do imaginário que as histórias transpiram, e ainda indaga: mas será que é apenas isso? Ou será que, sem que percebamos, essas histórias falam da realidade do ser humano, de sua busca, de seus traumas e dificuldades ao lidar com papai e mamãe, dos seus desejos de ser herói, dos monstros que às vezes temos de combater durante a vida? Será que quando leio um conto africano, indiano ou esquimó e me identifico com suas personagens, não é porque de alguma maneira existe uma semelhança entre todos os seres humanos quanto à maneira de enfrentar muitas situações de vida? Muitos contos falam-nos de reis e rainhas, príncipes e princesas, dos aspectos nobres do ser humano ou daquilo que rege a situação.

Diversas histórias contam não apenas episódios de uma história imaginária, mas muita coisa sobre nós mesmos. É comum que os contos apresentem um dilema existencial de forma breve e categórica e é, portanto, por meio dos contos que também há uma possibilidade de aprendermos mais sobre nossos problemas interiores, é a possibilidade de revisar a própria história, porém de outro jeito; assim como é possível também conhecer soluções. Só podemos enfrentar situações com um mínimo de sucesso a partir do que temos como recurso interno. Ouvir uma história e permitir-se, é entrar no reino das possibilidades, é entrar no "...e se fosse possível!" Daí a necessidade do exercício de idéias sobre como colocar ordem nos nossos sentimentos, no nosso pensar, nos nossos desejos, e os contos de fadas são de fato uma rica contribuição para essa ordem. O pensamento humano, que tem suas raízes no imaginário, fantasiar, imaginar, criar – dizem os contadores de histórias (minha avó) –, deve ser um dos antídotos necessários ao equilíbrio da razão/emoção.

Os contos de fadas lidam com problemas humanos universais, como todos sabemos, e validam especialmente questões que dizem respeito, não só, mas também, às lutas do crescimento, dos temores, medos e ansiedades que habitam o pensamento infanto-juvenil, como medo do escuro, de algum animal, ansiedade acerca do seu corpo, morte, velhice, desamparo, fome, solidão etc. (Será que isto vale só para crianças e adolescentes? Adultos não têm medos, não sonham?) Os contos de fadas encaram essas ansiedades e à medida que se desenrolam, oferecem caminhos, alternativas, a exemplo de soluções para os conflitos. Mostram, sobretudo, que todos temos problemas. Mostram que faz parte da vida o enfrentamento de lutas difíceis, porém, se as enfrentarmos e defrontarmo-nos de modo firme, sairemos vitoriosos.

Os contos de tradição oral oferecem novas dimensões à imaginação e sugerem imagens particulares – porque cada um extrai significados diferentes de um mesmo conto, e isso está imediatamente ligado às suas necessidades do momento –, que ajudam a estruturar os caminhos para as respostas. Afinal, é só partindo para o mundo que o herói pode encontrar sua alteridade e, fazendo-o, encontrará o outro com quem será capaz de "ser feliz para sempre!". Os contos de tradição oral nos remetem à necessidade de nos relacionarmos equilibradamente com o outro, pois, como aponta Martin Buber "o eu não existe sem o tu" (1974).

HISTÓRIAS E EMOÇÕES COMPARTILHADAS

Apesar da belíssima arquitetura do hospital, a nossa salinha era desprovida de atrativos. Isso significou que a cada sessão necessitávamos preparar o cenário para a nossa *roda do sonho*, como uma das crianças chamou. Construímos juntos um espaço, preparando o clima para acolher as emoções! Para cada sessão um ritual se fazia necessário, com panos, tules, aromas, cores, materiais artísticos. E os contos? Esses, então, eram escolhidos a dedo, com muita atenção e dedicação!

Era necessário preparar um canto ritualisticamente. Afinal de contas, estariam presentes fadas, duendes, gnomos, elfos, ondinas, gigantes, uxas (tema para dizer bruxa, ora boas ora más) jeito de dizer bruxas boas ou más, ou seja: ora fada ora bruxa; essas bruxas chamam-se "uxas", bruxas e nós!!! E assim era feito: com tules de várias cores cobríamos partes das paredes; com brocados pregados com fita crepe decorávamos as paredes da sala do hospital. Panos dourados, prateados, roxos e lilases, cor-de-rosa, muito azul, verde, amarelo e vermelho eram retirados da mala, que até hoje me acompanha para contar histórias. Um livro grosso e de capa muito velha também sempre presente toma seu lugar de honra, num canto próximo da sala. Um aroma, quase sempre de alfazema, é aspergido no ar, enquanto a chama de uma vela é simbolicamente acesa para iluminar o ambiente. Aí ouve-se o tilintar de um sino tibetano a enunciar o "Era uma vez..."

As crianças esperavam, ansiosamente, pelos encontros com as histórias. Era possível observar como cada criança/adolescente aguardava com certa impaciência por todo o grupo, e, quando a história era iniciada, desenrolava-se um profundo silêncio, quebrado apenas depois de alguns minutos do término do conto, quando perguntas importantes eram feitas sobre passagens da história. O silêncio logo após o conto era para mim precioso, pois era o sinal de que os contos ofereciam conteúdos "sólidos" para a estruturação do pensar, do sentir, do modo de ver e de estar no mundo. O que para mim significa a responsabilidade de cada um com a (re)construção de sua própria história, já que os contos de fadas acenam como alento para os desejos e para os sonhos. A partir de cada história as crianças e os adolescentes poderiam revisitar, recriar e reescrever a própria trajetória de vida.

As crianças falavam sobre as histórias e sobre a sua história pessoal, oferecendo informações aos médicos sobre como se sentiam com as atividades desenvolvidas. Estava criado, então, um novo clima de relacionamento paciente–médico. Os diálogos – carregados de emoções – aproximavam o médico do paciente. Percebi que os médicos aprenderam, com as próprias crianças, a ser mais responsivos. Nesse compartilhar de experiências e emoções, os médicos permitiam-se algo mais, além das importantes e imprescindíveis intervenções cirúrgicas; eles se permitiam aceitar que nem sempre a cirurgia era responsável pelo alento e esperança de um amanhã melhor. Alguém já disse: "O homem necessita tanto de pão quanto de histórias para alimentar sua alma". Os médicos passaram a acreditar na força das histórias também no contexto hospitalar.

Em aproximadamente três meses de convivência com os grupos de crianças e adolescentes, para o desenvolvimento do que fora proposto, a diretoria do hospital reconhecia a relevância do trabalho, como sendo de crucial importância para a "alegria" das crianças e, conseqüentemente, para a sua felicidade. Não se pode ser feliz doente, não é mesmo? Então concluíamos que ouvir histórias contribuía/fazia parte do processo de cura não só do corpo das crianças enfermas...

Concluímos, embora sem coeficientes científicos, que as crianças/adolescentes que ouviam histórias se recuperavam mais rápida e facilmente. Observamos também que elas se apropriaram de recursos, como diálogos (disponibilizando-se a conversar mais; antes eram caladas e queriam estar sozinhas), assim como dos recursos plásticos: desenho, pintura, recorte, colagem, dobraduras, argila, massinha, teatro, poesias e escrita de histórias para recontarem-nas a partir de seus sentimentos, emoções e referenciais. Esses momentos propiciavam a criação de expressões que fortaleciam os caminhos para a conquista de uma qualidade de vida diferente daquela que estavam vivendo, impulsionando as crianças/adolescentes para a conquista de seus desejos. Isto significa, entre outras coisas, oportunidades para trocas, diálogos, emoções compartilhadas, choros e risos em grupo, sempre com a certeza de que não estávamos sozinhos, e de que haviam outros e muitos caminhos e estradas a serem conquistados. Penso que para essas crianças e adolescentes as histórias traziam a *esperança* – esperança de conseguir um amanhã melhor. Vejam que companhia mais agradável! A *esperança*!

Então comecei a me perguntar por que era importante contar histórias. Porque os contos sempre apresentam obstáculos, porém, quando enfrentados, levam a um final feliz. Não há vitória sem luta, lembra?! Talvez..., talvez não. Era isso: uma possibilidade que apresentava modelos, disparava esperanças!

Constatei, referendada por informações dos médicos, que muitas das crianças/adolescentes apresentavam maior disponibilidade e facilidade para trocas interpessoais, facilitando, assim, a ampliação do olhar sobre suas vidas, superando por vezes a revolta por serem portadoras de determinadas deficiências, por serem obrigadas a submeter-se a várias cirurgias..., enfim, pelo confinamento em que se encontravam. Constatamos ainda, pela observação e por informações das crianças e adolescentes, que agora elas se "sentiam felizes e que antes era tudo muito triste". Utilizando informações médicas, constatamos que as crianças e os adolescentes apresentavam respostas muito positivas ao tratamento cirúrgico e medicamentoso, e demonstravam uma força de vontade enorme para a recuperação de sua saúde. Para mim, isso é o que se quer ao contar histórias!

Figura 1 Antes (direita) e depois (esquerda) de compartilhar histórias.

E, com esse clima, as crianças/adolescentes sentiam-se mais aceitas e respeitadas em suas dores, em suas histórias e, portanto, em sua existência. Certamente a atividade de contar e ouvir histórias contribuiu para facilitar e concretizar recuperações. Aqueles que participavam do contar histórias desenvolviam maior energia, conquistando passos e fortalecendo-se pela energia adquirida. Apresentavam maior disponibilidade para estar presentes nas diversas atividades promovidas, o que certamente ampliava vivências, experiências e trocas com o mundo. O conto é, então, mais do que mero entretenimento das horas de ócio: é estímulo para a ação e para os valores do homem, anima e instiga o ser humano para a vida e, como minha avó dizia, para as lutas...

As crianças e os adolescentes, para não dizer, também, alguns médicos, apresentavam sensíveis melhoras do corpo (semblante, fisionomia) e da alma, da força para conquistar seus desejos e seus sonhos. As histórias narradas – segundo muitos médicos – eram "uma fonte de alimento importante"; "bálsamos que alimentam a alma e fortalecem o sonho de ficar bom"; "um alimento para a alma que atingia o corpo". Os contos ajudavam nas transmutações necessárias. Mas havia também aqueles que ironicamente perguntavam: "Qual é o alimento básico para a alma?" (acredito que querendo saber quais eram as melhores histórias). Era, e é, difícil dizer, porque cada ser humano é único e, embora todos sejam da mesma natureza, têm necessidades diferentes, estão em diferentes fases e momentos, possuem diferentes referenciais culturais, crenças e valores. Porém a sabedoria dos contos, ricos em signos, símbolos, ícones e significados, é capaz de fornecer informações das quais cada um extrai, segundo suas necessidades, aquilo de que está precisando, ainda mais se o contador de histórias acreditar nisso!

As histórias de tradição oral acompanharam o desenvolvimento do homem ao longo de sua existência, acalentando, em todas as fases, os desejos e as necessidades humanas. E hoje convivem passivamente entre homens e máquinas, sempre disponíveis para quem as queira contar e ouvir. Além do mais, há outro fato a considerar: além de uma história, criteriosamente escolhida, o contador deve acreditar que a história que vai contar trará magia e luz a muitos níveis de consciência dos seus ouvintes. Deve saber, ainda, que a história funciona como um catalisador de mudanças; entretanto, cada um deve reagir e

Figura 2 Instalação criada pelas crianças.

catalisar à sua maneira, do seu jeito. Para além da força que a própria história tem, porque cada história se basta por si só.

Não há que explicar histórias! Cada um encontra a sua luz. O que importa, mesmo, é garantir em qualquer contexto a presença, porque contar histórias aquece o coração de quem conta e de quem ouve. O calor humano importa muito, porque aproxima as pessoas cada vez mais. O calor é mesmo um mistério, não é mesmo? De certo modo ele nos cura e nos gera. Ele é que liberta o que está preso demais, propicia o movimento livre para o impulso do ser. E a hora da história facilita esse ambiente de calor e aconchego.

Minha experiência me leva a compartilhar este trabalho, este fazer, e eu convido você, leitor, a tentar lembrar-se do seu conto predileto de infância; ele poderá mostrar o seu herói, o seu mito, o seu encantamento e as suas questões ainda presentes na sua vida adulta. Talvez esta seja a força dos contos: facilitar um espaço fértil e propiciador de descobrimentos.

As oficinas de arte que nasceram do contar histórias mostraram-se um rico campo de vivências, interações e trocas. Essa experiência me conduz, como arteterapeuta contadora de histórias, a novas direções, a novas propostas de trabalho e à maior compreensão das questões que norteiam meu existir na vida e no mundo.

A arteterapia apresenta-se, para mim, como uma floresta de sortilégios, onde muitos caminhos estão presentes, especialmente este que me leva ao reino das fadas – que, aliás, vale mencionar, *são ao mesmo tempo bruxas. Afinal, a dualidade humana é uma realidade: o contar histórias!*

Nessa prática, subo montanhas em busca de significados e conhecimentos, também teórico-metodológicos, na tentativa de amalgamar os domínios sobre esse saber. Para essa floresta de sortilégios, naturalmente, levo meu caldeirão, e não raras vezes extraio o saber de que não basta conhecer um quadro de referências teóricas; é necessário que saibamos qual o nosso lugar no mundo e qual a nossa tarefa; acredito que a arte pode ser esse portal de entrada. Sei que o caldeirão dos arteterapeutas precisa conter essências como referências teóricas, as quais devem emoldurar sua formação de terapeuta e artista; e acredito que isso é resultado das questões culturais, históricas, psicológicas, estéticas, políticas e econômicas que constituem nossos questionamentos.

Procurei apresentar, aqui, uma experiência que, para mim, é um rico instrumento de trabalho: contar histórias como contribuição ao trabalho na arteterapia. Posso afirmar que no ato de contar histórias desenvolve-se a escuta, e saber ouvir é uma das condições básicas da ação do arteterapeuta. Por que é importante escutar uma história? A escuta traz um tipo de concentração extremamente necessário para as sociedades modernas formadas na dispersão característica dessa modernidade, em que reside um saber vulgar, indicador de que aquele que mais fala é visto como é nisto com quem *mais* "sabe". Ora, francamente...

O momento de contar histórias está para a sessão terapêutica assim como a sessão terapêutica está para ouvir histórias. É como se fosse análogo ao momento da sessão arteterapêutica, pois é nesse espaço de tempo que se configura uma relação expressiva que atualiza conhecimentos e cria aprendizagens, para ambas as partes. A "*presença*" (termo concebido no conceito da Gestalt), no contar histórias de um contador de histórias, significa atualizar a sabedoria transmitida de geração em geração, mas pelo coração, pelo significativo. O contador de histórias imprime em sua "contação" a sua marca, oferece a sua "presença", à medida que se mostra por inteiro. Ele se conta ao contar a história.

Por fim, quero dizer sobre o "Era uma vez...": No "Era uma vez..." mora o reino das possibilidades, ele é o lugar onde não há tempo nem espaço, onde as pessoas dizem: "Saí daqui, durante o conto eu estava lá!". Mas lá onde? No "Era uma vez...", onde os personagens do conto o guiam para dentro de você mesmo rumo às possibilidades; onde se compartilham sentimentos de pertencimento com todos os humanos. É um lugar onde tudo é possível, é onde mora a experiência do tudo pode ser! É onde só entra quem tem a senha, como na música: "Agora eu *era* herói...".

Eu pergunto: que tempo é esse? Que verbo é esse? Era? Fui é passado; sou é presente; serei é futuro. E era? O que é? Fico pensando que era é o tempo do instante que jamais se repete. Esse instante não será jamais o próximo. É sempre único. Está fora da seqüência temporal e espacial, pois a voz que fala o "Era uma vez..." é sempre outra...

Para finalizar, há uma interessante história, contada por um antropólogo que estava fazendo uma pesquisa com uma tribo africana quando lá chegou o primeiro aparelho de televisão.

Ele observou que durante semanas as pessoas não fizeram mais nada, exceto olhar aquela tela luminosa, fascinadas por todos os programas. E, então, gradualmente, foram perdendo o interesse e voltaram a seu costume de ouvir o já idoso contador de histórias do vilarejo. O antropólogo quis saber: "Por que vocês pararam de assistir à televisão?". Um dos moradores do lugar respondeu que ouvir histórias era muito mais interessante, ao que o antropólogo retrucou: "Você não acha que a televisão conhece mais histórias do que o contador de histórias?" "A TV conhece mais histórias", disse o aldeão, "mas o contador de histórias ME conhece" (Yashinsky, 1985).

Essa história me parece bastante interessante, uma vez que mostra que o mais importante é a qualidade da relação estabelecida entre o contador de histórias/arteterapeuta e seus ouvintes/clientes.

Aqueles que usam a palavra como instrumento e constroem coisas com a palavra, como o terapeuta, o poeta, o mago, o contador de histórias, a mãe que conta histórias, certamente alteram a realidade, modificam a essência do ser, provocando mudanças, transformando os que a recebem. Platão dizia que as narrativas moldam as almas com mais carinho do que as mãos, e atribuía às narrativas a grande capacidade de plasmar almas. Walter Benjamin diz que "narrar é curar" (cura pela narrativa). Ele estabelece uma relação interessante entre voz e gestos, destacando a carga corporal que a palavra falada carrega. Há quem diga que na narrativa oral a palavra falada é corpo modulado pela voz humana; a palavra é, então inapalpavelmente corpo! Palavra oral é isso: ligação de signo e de corpo.

Um contador de histórias, assim como um arteterapeuta, oferece aos seus ouvintes uma linguagem, um discurso simbólico que possa atingi-los. Parece que o que nós temos a dar é sobretudo nós mesmos, nossa visão de mundo, nossa habilidade de responder às preocupações e às necessidades de nossos clientes.

Referências bibliográficas

ADOUM, Jorge. *A magia do verbo ou o poder das letras*. Trad. Romulo da Motta. São Paulo: Pensamento, 1985.

ANDREWS, Ted. *Sons sagrados*. Trad. Marisa Rizzolia. São Paulo: Mandarim, 1996.

ARNHEIM, R. *Arte e percepção visual*. São Paulo: Pioneira, 1988.

As mil e uma noites: as paixões viajantes (pesquisa de René R. Khawan). São Paulo: Brasiliense, 1987.

AZEVEDO, Regina. *Prazer em conhecer-se: o que só você pode fazer por você mesmo para ser mais feliz*. São Paulo: Outras Palavras, 1997.

BETTELHEIM, Bruno. *A psicanálise dos contos de fadas*. Trad. Arlene Caetano. Rio de Janeiro: Paz e Terra, 1979.

BONAVENTURE, Jette. *O que conta o conto?* 2. ed. São Paulo: Paulus, 1992.

BUBER, Martin. *Eu e tu*. Trad. Newton A. von Zuber. São Paulo: Moraes, 1974.

CAMPBELL, Joseph. *Para viver os mitos*. São Paulo: Cultrix, 1998.

CARVALHO, M. M. (coord.). *A arte cura? Recursos artísticos em psicoterapia*. São Paulo: Psy II, 1998.

CHEVALIER, Jean.; GHERBRANT, Alain. *Dicionário de símbolos*. Rio de Janeiro: José Olympio, 1982.

CIORNAI, S. Em que acreditamos? Mesa-redonda no II Encontro Nacional de Gestalt-terapia, Caxambu 1989.

_____. Arteterapia Gestáltica: um caminho para a expansão da consciência. São Paulo, *Revista de Gestalt-terapia*, n. 3, 1994.

COELHO, Vânia Cardoso. *Ritos encantatórios: os signos que serpenteiam as chamadas bruxas*. São Paulo: Annablume, 1998.

ELIADE, Mircea. *Imagens e símbolos*. Trad. Sonia Tamer. São Paulo: Martins Fontes, 1991.

ESTÉS, Clarissa P. *Mulheres que correm com os lobos: mitos e histórias do arquétipo da mulher selvagem*. Trad. Waldéa Barcellos. Rio de Janeiro: Rocco, 1994.

FARID-UD-DIN, Attar. *A linguagem dos pássaros*. Trad. Álvaro de Souza. São Paulo: Attar, 1991.

FERNANDES, Myrian Bove. Gestalt e crianças: crescimento. São Paulo, *Revista de Gestalt*, n. 4, 1995.

FRANZ, Marie-Louise von. *O feminino nos contos de fadas*. Trad. Regina Grisse de Agostino. Petrópolis: Vozes, 1995.

_____. *A sombra e o mal nos contos de fadas*. São Paulo: Paulinas, 1985.

GINGER, S.; GINGER, A. *Gestalt: uma terapia do contato*. São Paulo: Summus, 1995.

GOLEMAN, Daniel. *Inteligência emocional*. Trad. Marcos Santarrita. Rio de Janeiro: Objetiva, 1995.

GUIMARÃES ROSA, J. "Pirlimpsique". In: *Primeiras Estórias*. Rio de Janeiro: Nova Fronteira, 1985.

HISTÓRIAS da tradição sufi (seleção, tradução e revisão de Nicia de Queiroz Grillo *et al.*). Rio de Janeiro: Dervish, 1993.

JUNG, C. G. *Psicologia e alquimia*. Petrópolis: Vozes, 1994.

KRAMER, Sonia. *Por entre as pedras: arma e sonho na escola*. São Paulo: Ática, 1998.

LÉVY, Janine. *O despertar do bebê.* Trad. Estela dos S. Abreu. São Paulo: Martins Fontes, 1985.

MAY, Rollo. *A coragem de criar.* Trad. Aulyde S. Rodrigues. Rio de Janeiro: Nova Fronteira, 1982.

OAKLANDER, Violet. *Descobrindo crianças: abordagem gestáltica com crianças e adolescentes.* Trad. George Schlesinger. São Paulo: Summus, 1980.

O SUFISMO *no Ocidente: preparação do buscador.* Trad. Julieta Leite. Rio de Janeiro: Dervish, 1988.

OSTROWER, Fayga. *Criatividade e processos de criação.* Petrópolis: Vozes, 1989.

PAIN, S.; JARREAU, G. *Teoria e técnica da arteterapia.* Trad. Rosana S. Di Leone. Porto Alegre: Artes Médicas, 1996.

PAZ, Noemi. *Mitos e ritos de iniciação nos contos de fadas.* São Paulo: Cultrix, 1989.

PERLS, F. S. *Gestalt-terapia explicada.* São Paulo: Summus, 1976.

PONTY, M. *O visível e o invisível.* São Paulo: Perspectiva, 1992.

PROPP, V. *As raízes históricas do conto maravilhoso.* Trad. Rosemary Costhek Abilio. São Paulo: Martins Fontes, 1997.

SHEEHY, Gail. *Passagens: crises previsíveis da vida adulta.* Rio de Janeiro: Francisco Alves, 1991.

SILVEIRA, Nise da. *Jung: vida e obra.* Rio de Janeiro: José Alvaro, 1968.

SIMONSEN, Michele. *O conto popular.* São Paulo: Martins Fontes, 1984.

SLADE, Peter. *O jogo dramático infantil.* Trad. Tatiana Belinky. São Paulo: Summus, 1978.

SMULLYAN, Raymond. *O enigma de Sherazade e outros incríveis problemas das mil e uma noites à lógica moderna.* Trad. Sergio Flaksman. Rio de Janeiro: Jorge Zahar, 1998.

STERN, D. *Diário de um bebê.* Porto Alegre: Artes Médicas, 1991.

TELLEGEN, Therese. *Gestalt e grupos: uma perspectiva sistêmica.* São Paulo: Summus, 1984.

TRINCA, W. *Investigação clínica da personalidade: o desenho livre como estímulo de apercepção temática.* São Paulo: EPU, 1987.

WINNICOT, D. W. *Natureza humana*. Rio de Janeiro: Imago, 1990.

YONTEF, G. M. *Processo, diálogo e awareness: ensaios em Gestalt-terapia*. São Paulo: Summus, 1998.

Parte IV

Arteterapia e História da Arte

História da arte vivenciada e arteterapia: um olhar poético para a história pessoal

Silvana Lacreta Ravena e
Iraci Saviani

NOSSA HISTÓRIA

Como artistas e arteterapeutas, sentimos necessidade de pensar a história da arte e sua relação com a arteterapia por entendermos que há uma interação contundente entre o desenvolvimento do ser humano, da história universal e suas manifestações expressivas. Assim sendo, sistematizamos nossas reflexões em um projeto cultural-terapêutico que vem sendo realizado com alguns grupos de diferentes faixas etárias, a fim de abrir um espaço para essa investigação. Este artigo procura sintetizar a filosofia de trabalho que adotamos, com base nos seguintes tópicos:

- Criar, saber e fazer: o universo da arte como forma de intensificação da vida.
- Ciência, arte e cultura: a recuperação de uma visão humanista.
- História da arte e identidade pessoal: o paralelo entre a trajetória do desenvolvimento expressivo do homem no nível individual e coletivo.
- A história e a imagem: a reflexão sobre as imagens criadas pela cultura.

- História da arte vivenciada e arteterapia: a leitura arteterapêutica na prática artística e na vivência da teoria da arte.

Criar, saber e fazer

"O homem cria não só porque gosta, mas porque precisa", diz Fayga Ostrower (1987, p. 25). Concordamos com essa formulação que distingue o homem como alguém que precisa ordenar os fenômenos que o rodeiam e o permeiam, a fim de procurar sentido e *construir* o conhecimento como possibilidade de elaboração de seu estar no mundo. Ao longo de nossa experiência profissional em arteterapia, pudemos constatar que a busca da expressão visual, musical, corporal e literária, ou seja, o contato com uma linguagem sensível, se relaciona, de modo singular, com a busca existencial, a partir da possibilidade que a linguagem propicia de configurar significados e permitir, mediante sua análise, um exercício da consciência individual. Como modo de acesso à compreensão dos mistérios do ser, o contato com a arte pode trazer em seu bojo uma qualidade integradora capaz de, em síntese, recuperar qualidades que ficaram à margem do desenvolvimento racional, como a emoção, o sentimento, a peculiaridade. H. Osborne afirma: "Acima de tudo a expressão emocional pode ser transmitida visualmente com uma delicadeza e precisão que não são possíveis de nenhuma outra maneira" (1970, p. 171).

A par da inclusão da marca desta subjetividade, entendemos também que a arte estabelece um *lugar* onde processos individuais e culturais de produção de sentido se comunicam. O olhar é uma experiência de prazer culturalmente condicionada e socialmente legitimada, e as imagens visuais, como veremos adiante, transpiram a complexa negociação entre o social e o psíquico. A linguagem da arte, assim, implica uma relação simbólica, em que a expressão de conteúdos filtrados internamente concretiza-se em um produto que dá voz aos pensamentos e aos sentimentos do homem e da sociedade. O repertório vivencial individual se insere em um contexto de valores coletivos culturalmente definidos, requisitando, assim, uma abordagem sistêmica, transdiciplinar, dos elementos envolvidos nos processos de criação e representação.

Dessa maneira, o projeto de história da arte vivenciada apresenta um método de trabalho que se insere no novo paradigma filosófico da busca do humano na sua inteireza, transitando entre disciplinas que falam dessas conexões múltiplas e desenhando uma abordagem educacional que exercita a criação, o sentimento e a ação. Pensamos o universo da arte *também* como espaço acolhedor de fantasias e realidades múltiplas, dimensões vivenciais e históricas, experimentação e reflexão, favorecidas pela energia vitalizadora da experiência estética. O homem, como sujeito histórico, altera o sentido ordinário de sua consciência no contato com o objeto estético. Nessa conexão, capaz de produzir uma abertura perceptiva singular, buscamos provocar a capacidade de voltarmos a nos admirar com o mundo por meio de um diálogo entre a *consciência crítica* e o *olhar poético*. Assim, criar, saber e fazer interagem por meio da linguagem expressiva, na constituição ativa de uma melhor qualidade de vida.

Ciência, história da arte e cultura

A história da arte modifica-nos à medida que permite uma exploração de todo o subjetivo humano impregnado em nossa cultura. Todo progresso acentuado em um ramo fundamental da atividade humana, como a arte ou a ciência, repercute na atitude geral dos homens em relação ao mundo exterior e a si mesmos. A arte é uma captação permanente do movimento do *gosto* e das *idéias* de uma época. Ela nos informa sobre seus grandes movimentos. A civilização é um organismo em que cada modificação substancial da atitude humana repercute em todas as atividades contemporâneas, sobretudo nas que resultam em expressão simbólica do pensamento coletivo das gerações. A história da arte é o lugar do conhecimento humano que dialoga com a trajetória dessas modificações simbólicas do pensamento coletivo por meio de sua visibilidade. O estudo da história da arte, sob um enfoque profundo, vem não apenas confirmar nossa experiência, mas enriquecê-la. Nas palavras do sociólogo francês Pierre Francastel:

> Se soubermos ler as obras de arte, elas com certeza nos hão de ensinar coisas novas sobre a época que as produziram. Não há ne-

> nhum interesse em procurar simplesmente constatar o paralelismo entre as obras de uma época e a história dessa época, do modo como é possível escrevê-la a partir de outros materiais disponíveis. Mais exatamente esse paralelismo existe, porém a arte é um inventário tão preciso das atividades e das crenças de uma época, que podemos estabelecer como regra que um estudo bem conduzido a partir da obra deve necessariamente enriquecer e não apenas confirmar nossa experiência (1990, p. 28).

Mas o sistema das representações de valores e motivações do homem não fala apenas por si mesmo; seu sentido desdobra-se na relação com os comportamentos sociais e econômicos, com as verdades científicas e as articulações políticas da época em que são produzidas. Uma sociedade desenvolve as próprias capacidades e os próprios hábitos, os quais, por sua vez, têm uma *dimensão visual* marcante em nossa civilização ocidental. O desenvolvimento científico e tecnológico tem transformado a visão no principal órgão de apreensão do mundo.

Radicalizando o potencial propagandístico já presente na estética barroca, a imagem, hoje, é o veículo, por excelência, de difusão de ideologias atreladas ao sistema de poder. A arte, ao contrário do que afirmava a estética modernista do começo do século XX, nunca foi isenta das representações de poder. O estudo da história da arte revela as capacidades e os hábitos visuais integrantes de um meio de expressão em que o homem desdobra seu ser social em formas culturais. Um estilo refere-se ao modo de operar, imaginar, sentir, se comover e sonhar de um homem singular inserido em uma coletividade. Nele se configura o repertório técnico e filosófico de um determinado ser individual e de um determinado grupo, em um momento definido de sua trajetória. Um estilo visual permite, portanto, acesso às capacidades, aos hábitos visuais e à experiência típica de uma época.

Decodificar esses estilos torna-se uma possibilidade de recuperação da visão de mundo que inspirou atitudes e orientou comportamentos. A estrutura dos propósitos e das hipóteses que teriam sido concebíveis a um determinado sujeito, em um determinado momento da história, se reconfigura e permite que se dialogue com esse sujeito no que se refere a seus princípios e valores. Sobretudo, podemos assim compreender que a história não fala apenas do que aconteceu, mas do que *nos* aconteceu, como exercício permanente de alteridade e comunicação entre o social e o individual.

Tal exercício de recuperação obriga a olhares outros que nossa mentalidade moderna, baseada na racionalidade científica, tende a desprezar. Entender, por exemplo, a função da arte no contexto da sociedade egípcia é reconstituir a motivação psicológica do homem que habitou uma teocracia. Não nos basta denotar o sentido formal da angularidade de suas pinturas se não pudermos recuperar, também, o sentido religioso da devoção desse povo à magia contida nos ângulos. Mas isso nos obriga a um exercício complexo, pois perdemos muito da força da teologia e da atualização dos sistemas metafísicos ao privilegiarmos o desenvolvimento tecnológico de maneira unilateral. Daí o esforço tão grande em compreender o sentido religioso da arte egípcia. No entanto, a sensibilidade moderna também tem trazido novas demandas. A abordagem filosófica contemporânea vem propondo a mudança do paradigma cartesiano para o de um olhar abrangente da condição humana. A falência das verdades gerais, o descrédito das certezas científicas, têm dado voz à necessidade de recuperarmos nossa complexidade. Recuperar a história da arte desse ponto de vista plural é, portanto, buscar instalar um novo olhar para quem somos, de onde viemos e para onde vamos.

História da arte vivenciada e identidade pessoal

Com o enfoque da história da arte como história *viva*, procuramos, em nosso projeto, permitir que o aluno experimente um contato mais singular com as obras de arte, as épocas apresentadas e consigo mesmo. A vivência de dinâmicas bem orientadas, vinculadas ao pensamento de época, permite um diálogo com o qual abrimos espaço para as criações, as percepções e as descobertas individuais. A história da arte *vivenciada*, assim, incentiva a adoção de uma conduta ativa que se apropria, por meio de um fazer plástico, de uma reinterpretação do passado cultural. São antecedentes dos nossos comportamentos que têm raízes em um tipo de percepção trabalhada ao longo do processo de civilização e que mantêm-se como parte integrante do imaginário individual e cultural. Relacioná-los significa pesquisar os elementos de uma grande identidade coletiva a permear nossa individualidade. Imagens, valores, medos, crenças, ao mesmo tempo que constituem pedaços de nós mesmos, pertencem a momentos de sociedades tão distintas da nossa.

Os artistas do Renascimento, por exemplo, procuraram empregar a perspectiva em suas pinturas como uma qualidade preciosa, símbolo de maior controle do homem em relação a seu meio, de sua maestria técnica. Em fins do século XIX, porém, inventou-se a fotografia e a função ilusionista da pintura, favorecida pela perspectiva, se tornou desnecessária. No século seguinte, a arte moderna pôde então valorizar uma pintura que mostrava claramente sua planaridade, seu ser pintura como pintura, e não uma reprodução fiel da realidade, definindo, por um lado, um novo olhar para as relações espaciais e, por outro, as transformações do pensamento da época. Mais ainda: se no Renascimento o espaço era concebido a partir de uma janela aberta, de onde se contemplava o mundo construído, na contemporaneidade, em contrapartida, consoante uma mudança de paradigmas, as instalações passaram a aludir a uma compreensão do espaço feita a partir de uma multivisão. O espectador teve de começar a se mover para uma apreensão mais abrangente do objeto, de acordo com a condição de pluralidade de pontos de vista que caracterizam a época atual. O espaço plástico modificou-se, assim, em virtude de óticas filosóficas distintas. Segundo Francastel, "O espaço não é uma realidade em si, da qual somente a representação é variável segundo as épocas. O espaço é a própria experiência do homem" (1990, p. 24).

O conceito de temporalidade também mostra óticas relativas. A Antigüidade buscou a durabilidade na pesquisa técnica e na finalidade de sua arte. Já o homem contemporâneo experiencia uma temporalidade caótica, apontando a necessidade de revisão da permanência como um valor. O homem da Antigüidade, do Renascimento e o contemporâneo trazem em si um olhar profundamente diverso, fruto das diferenças culturais e dos valores de cada época. Mas a arte hoje pode questionar uma temporalidade caótica, denunciar o descartável e o efêmero em função da compreensão histórica de tantas mudanças. O universo da arte permite, portanto, um exercício de interpretação da relação do homem consigo mesmo e com seu mundo, concretizado em um produto expressivo.

Essa riqueza de interpretações e referências várias vezes verificada no universo da história da arte tende a ressoar na interioridade humana, de maneira a facilitar a compreensão do ato criativo, aumentar o senso individual de pertinência e *religar* a consciência da esfera individual ao coletivo. O fato de notarmos que temos manifestações artísticas distintas em épocas diferentes capacita o homem como transformador da realidade. O estudo da história da arte vivenciada, ao propor a experiência e a consciência dessa pluralidade, permite que o homem examine seu processo de aquisição de identidade do ponto de vista de uma conduta ativa.

História da arte vivenciada e imagem

A civilização contemporânea ocidental baseia a maior parte de seus processos de troca de informações na produção e na veiculação de imagens visuais. O emprego da visualidade no sistema capitalista atual tem se tornado um instrumento eficiente de persuasão e legitimação ideológica. Por meio de uma propaganda altamente sofisticada, e de um verdadeiro bombardeio da mídia, a sociedade pós-moderna vem gradualmente substituindo a realidade concreta por seu simulacro. Tendemos a nos relacionar mais com a *imagem de* do que com a coisa em si. Essa espécie de desmaterialização do mundo, no entanto, não encontra interlocutores acostumados a decodificar os fenômenos socioculturais implícitos na nova ordem de relações virtuais. Saber decodificar a linguagem das imagens visuais é, portanto, vital para penetrarmos as cadeias de valores e ideologias de poder subjacentes à representação, mas passam despercebidas aos sujeitos que absorvem essa linguagem visual sem análise.

Conceitos com os quais operamos no dia-a-dia e que fazem parte do nosso sistema de valores configuram-se a partir de uma complexa negociação entre o nível da ideologia social e das dinâmicas psíquicas, baseada na experiência nada isenta do *prazer de olhar*. A arte vem a ser um lugar de confirmação desses processos psicossociais de atribuição de valor, e um estudo bem conduzido em história da arte pode problematizar essas cadeias associativas, do ponto de vista do imaginário cultural, de maneira muito próxima àquela que a análise psicológica faz do ponto de vista do inconsciente individual.

A arte é um sistema semi-simbólico que opera significações. Essas formas de configurações de sentido integram diferentes níveis da comunicação implícitos na imagem visual: sua força formal, sua perspectiva histórica, seu matiz antropológico e seu impacto psíquico permitem um diálogo intenso entre regiões diferentes do saber e do sentir. Essa intersemiose comunica linguagens diferentes a motivações psicológicas diferentes, desconstruindo o impacto do significado de uma determinada atitude ou de um determinado valor, analisado à luz de referências plurais. Tal propriedade da imagem, em nosso projeto, é compreendida como estímulo para expressar a criação, por meio do desenvolvimento da capacidade de leitura da imagem visual como um texto. Lançando mão de uma abordagem sensível *e* cognitiva, nosso projeto procura favorecer a elaboração do momento pessoal e sua articulação ao contexto do momento histórico, buscando alcançar o sentido de um conhecimento mais complexo, na dialética entre a experiência individual e a coletiva.

Em síntese, decodificar a linguagem visual é poder desconstruir as cadeias de signos que constituem um conceito e tornar o sujeito que o faz um receptor "ativo", consciente de si e do tipo de relação sujeito–objeto que experiencia. Dondis A. Dondis confirma: "Maior inteligência visual significa compreensão mais fácil de todos os significados assumidos pelas formas visuais. A inteligência visual aumenta o efeito da inteligência humana, amplia o espírito criativo. Não se trata apenas de uma necessidade, mas, felizmente, de uma promessa de enriquecimento humano para o futuro" (1997, p. 231).

Consideremos como exemplo de análise visual os tipos de mensagem que recebemos dos *outdoors* de propaganda espalhados pelas grandes cidades. Muitos deles, de publicidade de grifes da moda, associam à posse de cada peça um conceito bem definido de comportamento. Estabelecem cânones de beleza que se tornam verdadeiras hiper-realidades, e coisificam dinâmicas sociopsíquicas complexas. O sofrimento psíquico que a ditadura visual da beleza impõe às mulheres é exemplo paradigmático de um fetichismo culturalmente condicionado e socialmente legitimado. O simulacro do real substitui a relação direta com o mundo e reduz a diversidade das experiências concretas. Mulheres e *coisas* se misturam no voyeurismo explorado pelo hipercapitalismo atual, e essa crença socialmente aceita se transforma em conceito internalizado individualmente.

A imediaticidade da experiência visual contribui sobremodo para tal persuasão. A imagem visual adquire aura de verdade, e, sobretudo na pós-modernidade, propicia e fomenta a constituição de mitos sociais. Portanto, entender como funcionam as imagens visuais e do que se compõe essa comunicação faz a diferença entre olhar e ver. Vivemos, atualmente, entre uma grande quantidade de imagens percebidas de maneira muito rápida, que nos influenciam maciçamente, que nós consumimos, reproduzimos e internalizamos, mas, por não sermos alfabetizados visualmente, não nos é possível conhecer as implicações da complexa natureza de nossa visualidade. Recuperar o olhar crítico para sua compreensão, analisar sua estrutura e seu conteúdo, permitem rastrear o tipo de verdade em que acreditamos. Conhecer imagens diversas, de épocas diversas, nos ajuda a expandir nossas fronteiras pessoais, relativizando os valores que lastreiam nossos conceitos. Sobretudo, o contato com a história da arte vivenciada auxilia-nos a criar possibilidades de aceitação de limites outros, nos estimula a valorizar uma conduta aberta em relação às individualidades que rotulamos exóticas e desnudar as raízes de nossos padrões.

Ao validar as diferentes culturas, a história da arte vivenciada democratiza a comunicação de outras imagens e valores como exercício de alteridade no confronto dos modos de ser entre indivíduos diversos, povos diversos, buscando formar um homem mais consciente de sua pluralidade.

História da arte vivenciada

> As pesquisas dos psicólogos contemporâneos tornaram clara a idéia – que os artistas, por seu lado, vinham vivenciando há muito, sem formulá-la verbalmente de modo explícito – de que o desenho exprime menos o modelo do que a atividade daquele que desenhou (Francastel, 1990, p. 25).

E como é esse nosso olhar para uma história da arte vivenciada? A diretriz geral do trabalho tem por princípio a percepção de que o estímulo do processo criativo em uma visão mais holística e histórica implica a flexibilização de estruturas internas de tal forma que, gradualmente, vão configurando vivências de liberdade. Independentemente de nos vermos como indivíduos semelhantes em culturas diferentes, dialeticamente, nos percebemos diferentes em culturas semelhantes ao longo dos tempos.

Não falamos apenas do conhecimento dos fatos e dos acontecimentos de cada período, suas datas e marcos importantes, mas, sim, de tentar fazer presentes, mediante cada vivência, as características socioculturais de cada época como qualidades humanas, reveladas pelo contato com a produção artística. Olhar o homem em suas múltiplas relações e refletir sobre essa expressão pode colaborar para transformar seu diálogo interno, à medida que compreender melhor sua individualidade e seu contexto cultural atual se implicam mutuamente. O indivíduo resgata a possibilidade de se reapropriar de seu passado, de sair de seu isolamento e recuperar sua capacidade de ação, e, sobretudo, de experimentar transitar sem medo entre polaridades. As trocas dessa natureza constroem, aos poucos, uma rede de informações diferenciada que cria novos suportes para uma atitude mais corajosa diante das questões individuais. Acreditamos que isso potencialize uma atuação mais consciente do indivíduo, pois esse estímulo à coragem de criar, comunicar e transformar se baseia no movimento dialético entre o singular e o plural, o indivíduo e a cultura, o passado e o presente.

O fazer artístico vem confirmar a produção que nasce *desse* diálogo, sintetizado por uma linguagem sensível nas práticas dos ateliês terapêuticos. Tais ateliês ampliam-se na comunicação intensa com a historiografia da arte, propiciando um exercício de linguagem e de aprendizado do léxico da arte, aliado à exploração crítica de seus conteúdos. As vivências particularizadas, as práticas em grupo, o olhar para si e para os contextos seguem um programa baseado no desenvolvimento linear da história da arte. O contato com a linguagem plástica é feito por variados materiais e técnicas, exercitando a leitura e a investigação dos elementos que compõem a linguagem artística. Essa investigação se alia à compreensão *vivenciada* dos elementos estruturais da arte, sua articulação, os materiais empregados e seus usos em cada época. Dinâmicas que aludem a exercícios teatrais, ao psicodrama, à Gestal-terapia são modificadas e adaptadas a cada prática, de modo a favorecer a interação com os conteúdos propostos. São levados em consideração os aspectos psicofilosóficos de cada época, a situação histórica, o estilo, a finalidade da arte no seu contexto, materiais, artistas e obras. Importa-nos o homem no seu traçado histórico aliado à leitura da obra em si, de seu processo de produção e recepção. Assim, sublinhamos, a história da arte pode nos colocar em contato com o repertório inesgotável da criação humana.

Vivenciando a história da arte

> Toda obra de arte necessita de observadores competentes para consumar a sua realização e para emergir das sombras da potencialidade. Onde não há tais observadores a obra permanece desperdiçada ou malcompreendida: em um sentido muito verdadeiro ela não se torna real (Osborne, 1970, p. 124).

Apresentamos a seguir, de maneira sucinta, um exemplo do nosso modo de trabalhar as reflexões contidas neste artigo, relatando uma experiência de *workshop* realizada em 1999, no Congresso Nacional de Arteterapia do Instituto Sedes Sapientiae de São Paulo. Em parte do módulo *Arte contemporânea* do curso *História da Arte Vivenciada* trabalhamos alguns aspectos do pós-moderno com base em uma sensibilização histórico-filosófica. Centramos nosso olhar sobre a fragmentação do indivíduo e procuramos estabelecer um trabalho em que os caminhos da pintura abordassem a construção da imagem como processo de consciência plural e dialético.

O auditório em que iríamos trabalhar foi arrumado de maneira a construirmos um espaço diversificado, com variedade de estímulos sonoros e visuais, escolhidos segundo nossas sínteses teóricas. Fora da sala, pedimos aos participantes para nos emprestarem, por alguns momentos, um de seus objetos pessoais, como um passaporte de entrada no *workshop*. Eles esperaram do lado de fora enquanto espalhamos seus objetos pelo espaço. Convidamos a todos, então, a entrarem e, na intenção de reencontrarem seus objetos, pedimos que prestassem atenção a suas emoções e percepções durante o percurso.

Durante vinte minutos eles andaram entre objetos e imagens da produção artística contemporânea, que eram constantemente alterados de acordo com o ritmo de algumas falas e músicas editadas por nós. A seguir, fizemos uma pausa de introspecção na qual interrompemos os estímulos. Passamos a um relaxamento e, gradualmente, os convidamos para um trabalho plástico no qual pedimos que nos contassem como recuperaram o objeto procurado e como havia sido essa busca. Adicionamos ao material que já se encontrava na sala papéis diversos, tinta acrílica, massa corrida, carvão, concreto aerado, plástico, tecido e resina, característicos da produção de arte contemporânea.

Foram quarenta minutos de absoluto silêncio, nos quais surgiram trabalhos de uma riqueza e complexidade surpreendentes. A seguir, sempre pelo olhar e com um mínimo de palavras, lhes pedimos que observassem calma e demoradamente os trabalhos uns dos outros e se aproximassem daqueles que sentiam que dialogavam com os seus. Aos poucos, as pessoas foram se agrupando, os trabalhos foram se integrando espacialmente, de maneira muito semelhante a uma grande instalação.

A fala retornou espontaneamente por meio de pequenas conversas, marcando o início da última etapa, agora de elaboração da experiência e relação das percepções emergentes com os conteúdos da cultura. Trabalhamos uma grande reflexão grupal com base nas experiências individuais. Elas refletiam claramente as qualidades dos conteúdos teóricos da arte pós-moderna, favorecendo a compreensão didática da estética pós-moderna e, mais ainda, o diálogo entre o imaginário individual e o coletivo. Em seguida, baseadas nas falas individuais, pudemos trabalhar individualmente temas como a relação entre o provisório e o efêmero e seu sentido na cultura; as inclusões do extra-estético na arte e sua relação com a sombra psíquica; e a possibilidade de confirmação das pequenas verdades subjetivas. Os participantes se sentiram altamente mobilizados pela vivência do sentido de incerteza, de transitoriedade para, finalmente, pensarem a relação entre pluralidade e alteridade. Tendo a prática da arte como mediadora, encontraram na história da arte uma possibilidade de ampliação de sua consciência sobre a compreensão de seus conflitos, como alguém que encontra na cultura um interlocutor precioso com quem dialogar. A dessacralização da arte e da história da arte, desnudando a fragilidade humana, se tornou, assim, matéria-prima para a democratização do sistema de valores de cada um dos participantes.

Desse trabalho resultaram, acreditamos, as respostas tão positivas que recebemos de quem partilhou essa experiência e a riqueza dos trabalhos com um público diverso, debatendo temas difíceis, atuais. Desde a sensibilização proposta, o caótico, o descontínuo, o contraditório do pós-moderno foram vivenciados de maneira criativa e transformadora. Sobretudo, pudemos mais uma vez verificar que a inserção da vivência das experiências particulares dos participantes do *workshop* em um contexto cultural, artístico e histórico teve, segundo seus relatos, a força de um desnudamento, como se a partir dali tivessem podido inaugurar um novo olhar para si e para o mundo.

Muito poderíamos ainda considerar com base nessa vivência, mas gostaríamos, por hora, de salientar que a subjetividade, entendida como a via disponível pela qual as pessoas experimentam o que lhes parece ser sua individualidade, dialoga, como vimos, de maneira significativa com a esfera da cultura. Aprendemos quem somos mediante nossos processos culturais de aquisição de linguagem.

História da arte vivenciada e arteterapia

Nosso projeto, assim, afirma a imagem como o centro da percepção do homem em seu processo de construção de vida, integrado ao princípio transformador e criativo da arte vivenciada. Privilegiando a linguagem plástica e a reflexão estética, provocamos a ampliação da consciência pessoal por meio de uma conduta arteterapêutica, um de nossos referenciais como profissionais. A associação do processo criativo com a estética e a história da arte criam uma abordagem ampliada de relação terapêutica.

A razão de tal aprofundamento é reconhecer que o inesgotável repertório humano fica, por um movimento constantemente dialético em direção à ampliação da bagagem cultural do terapeuta *e* do cliente, longe das reduções a rótulos teóricos preconcebidos, modelos gerais de verdades sobre o psiquismo que, paradoxalmente, acabam por minimizar a singularidade. Uma compreensão maior do alcance da linguagem humana, baseada em uma consciência cultural ampla, é a alternativa que propomos para revitalizar uma sensibilidade condicionada que desconhece muitos dos mecanismos que a legitimam. Acreditamos que questionar a visualidade socialmente dirigida é iniciar esse longo caminho em busca de conhecermos melhor a relação entre o homem, ele mesmo e sua história, e, assim, contribuirmos para posicionar o indivíduo diante de suas raízes coletivas profundas, em uma verdadeira viagem pela diversidade humana.

Queremos deixar a quem nos lê as palavras de Francastel: "Nós não vemos apenas com o olhar nem a natureza, nem as obras de arte, nós as detalhamos; a unidade não está nem na tela plástica fixa, nem na tela móvel do cinema, está em nosso espírito"(1990, p. 38).

Referências bibliográficas

ARNHEIM, R. *Arte e percepção visual: uma psicologia da visão criadora.* São Paulo: Pioneira, 1992.

CASSIRER, E. *Linguagem e mito.* São Paulo: Perspectiva, 1972.

COELHO, José Teixeira. *Moderno pós-moderno.* 3. ed. São Paulo: Iluminuras, 2000.

DONDIS, A. Dondis. *Sintaxe da linguagem visual.* São Paulo: Martins Fontes, 1997.

FOSTER, H. *Recodificação, arte, espetáculo e política cultural.* São Paulo: Casa Editorial Paulista, 1996.

FRANCASTEL, P. *Pintura e sociedade.* São Paulo: Martins Fontes, 1990.

FRASCINA, F. (coord.). *Modernismo em disputa.* São Paulo: Cosac y Naify, 1998.

_____. *Modernidade e modernismo.* São Paulo: Cosac y Naify, 1998.

HARRISON, C.; FRASCINA, F.; PERRY, G. *Primitivismo, cubismo e abstração.* São Paulo: Cosac y Naify, 1998.

MERLEAU-PONTY, M. *Fenomenologia da percepção.* São Paulo: Freitas Bastos, 1971.

NUNES, B. *Introdução à filosofia da arte.* São Paulo: Ática, 1989.

OSBORNE, H. *A apreciação da arte.* São Paulo: Cultrix, 1970.

OSTROWER, F. *Criatividade e processos de criação.* Petrópolis: Vozes, 1987.

SUBIRATS, E. *Da vanguarda ao pós-moderno.* São Paulo: Nobel, 1991.

Os autores

Ana Alice Francisquetti

Arteterapeuta formada na primeira turma do Sedes Sapientiae, é fundadora, coordenadora e supervisora do setor de arte-reabilitação da Associação de Assistência à Criança Deficiente (AACD), onde trabalha com crianças e adultos há quase vinte anos, tendo se especializado no atendimento a pacientes portadores de traumatismo cranioencefálico, acidente vascular cerebral, paralisia cerebral e em grupos para pacientes com dor. Pioneira na área da arte-reabilitação no Brasil, tem vários artigos publicados sobre o tema. Artista plástica com diversas exposições de gravura no País e no exterior, é professora e supervisora do curso de Arteterapia do Instituto Sedes Sapientiae.

Ana Beatriz Toledo de Almeida

Psicóloga clínica formada pela FMU (Faculdades Metropolitanas Unidas) em 1995. É arteterapeuta, com especialização pelo Instituto Sedes Sapientiae, desde 1998. Cursando especialização em Gestalt-terapia no Instituto de Gestalt São Paulo, como psicoterapeuta trabalha com psicodiagnóstico, psicoterapia e arteterapia com crianças, adolescentes e adultos.

Cristina Dias Allessandrini

Mestre e doutora em Psicologia da Educação pela USP, é psicopedagoga e arteterapeuta clínica e institucional formada na primeira turma do Instituto Sedes Sapientiae. Pesquisadora do LaPp – Laboratório de Psicopedagogia do Instituto de Psicologia da USP –, é coordenadora do curso de pós-graduação *lato sensu* em Arteterapia do Alquimy Art em Belém (PA), Goiânia (GO), São Paulo (SP), Natal (RN) e Uberlândia (MG). Tem extensa prática com pessoas com necessidades especiais e é supervisora em psicopedagogia do Projeto Semear, ONG que atende crianças em situação de risco social.

Deolinda Fabietti

É formada em Língua e Literatura Portuguesa e Francesa pela PUC-SP. Mestre em Gerontologia Social pela PUC-SP, tem especialização em Gerontologia Social e Arteterapia pelo Instituto Sedes Sapientiae. É coordenadora, docente e supervisora do curso de pós-graduação *lato sensu* em Arteterapia no Alquimy Art. Facilitadora de ateliê terapêutico para jovens e adultos, desenvolve ateliês terapêuticos com mulheres e idosos.

Eloisa Quadros Fagali

Doutora e mestre em Psicologia da Educação com especialização em Arteterapia pelo Instituto Sedes Sapientiae, é co-fundadora, professora e supervisora do Departamento de Psicopedagogia, e professora e supervisora dos cursos de Arteterapia desse instituto. É também docente do curso de Psicopedagogia da PUC-SP. Psicopedagoga clínica e institucional, tem especialização em Psicodrama (Getep), em grupos operativos, em psicologia social, em dinâmica de grupo de Pichon Riviére (Instituto Pichon) e em Dinâmica Energética do Psiquismo (DEP). Coordenadora do "Integração", é organizadora de *Múltiplas faces do aprender: novos paradigmas da pós-modernidade* (Unidas, 2001).

Fabiola Matarazzo

Psicóloga, especialista em Cinesiologia Psicológica e em Arteterapia pelo Instituto Sedes Sapientiae e em Psicologia do Esporte pelo CRP-SP. Pós-graduada em Psicologia Analítica pela Universidade São Francisco e em Psicologia do Esporte pelo Instituto Superior de Medicina Desportiva em Cuba. Professora do curso de Especialização em Psicologia do Esporte do Instituto Sedes Sapientiae, tem quinze anos de experiência na preparação psicológica de atletas em formação e competitivos. Como psicoterapeuta atende crianças, adolescentes e adultos.

Ines Novoa Jezler

Bacharel em Português, Inglês e Alemão pela Universidade de São Paulo e artista plástica/aquarelista, é integrante do Núcleo da Faculdade Santa Marcelina. Especialista em Arteterapia e em Psiconcologia pelo Instituto Sedes Sapientiae, é mestre em Educação, Artes e História da Cultura pela Universidade Presbiteriana Mackenzie, tendo desenvolvido a pesquisa "Arte-como-terapia: um programa de ateliê terapêutico para o paciente oncológico adulto". Arteterapeuta responsável pela implantação e pelo desenvolvimento do ateliê terapêutico do Instituto Avanços em Medicina – clínica de pesquisa em oncologia e imunologia em São Paulo.

Iraci Saviani

Arte-educadora, artista plástica e arteterapeuta formada na primeira turma do Instituto Sedes Sapientiae, é professora e supervisora do curso de Arteterapia dessa instituição, onde leciona as disciplinas Criatividade e Ateliê Terapêutico. É coordenadora pedagógica da Brinquedoteca da Secretaria da Cultura, Lazer e Criança da Prefeitura de Barueri (SP). Em parceria com a Secretaria da Saúde desse município, desenvolve também trabalho de arteterapia para dependentes químicos. Orientadora do "Ateliê de Arte e Criatividade Encontrarte", é consultora de criatividade para empresas pelo "Acrescente".

Márcia Murinelly Gomes

Psicóloga clínica com especialização em Arteterapia pelo Instituto Sedes Sapientiae, é mestre em Psicologia Escolar e do Desenvolvimento Humano (USP) e diretora de escola de educação infantil (0-3 anos) na Prefeitura do Município de São Bernardo do Campo. Psicoterapeuta, atende crianças, adolescentes e adultos em trabalhos individuais e em grupo.

Maria Alice do Val Barcellos

Artista plástica e arte-educadora formada pela Escola de Belas Artes do Paraná, é licenciada pela PUC-SP em Desenho, Pintura, Educação Artística e História da Arte. Arteterapeuta pelo Instituto Sedes Sapientiae, é docente e atual coordenadora do curso de Arteterapia dessa instituição. Coordenou, durante quatro anos, um projeto de ateliê terapêutico na Clínica do Sedes, desenvolvendo atualmente trabalhos na mesma linha em seu ateliê.

Mônica Guttmann

Psicóloga (PUC-SP) com especialização em Arteterapia pelo Instituto Sedes Sapientiae, integra a equipe docente desse curso. Atende crianças, adolescentes e adultos em psicoterapia e ateliê terapêutico. Ministra cursos e oficinas em grupos, instituições e escolas e cria ilustrações, material pedagógico e literário para editoras, escolas e empresas. É autora de vários livros para o publico infantil: *Armando*, *Os sonhos de Armando*, *Quero te contar uma história* (Paulus); *Sementes de carinho para o seu ninho* (Solução); *Gê, o jardineiro do planeta Gemini* (Totalidade); *Shimshon* (Sefer); *Deixando nascer um sonho* (Federação Israelita de São Paulo).

N. Alessandra M. R. Giordano

Pedagoga, psicodramatista e arteterapeuta formada pelo Instituto Sedes Sapientiae, integra a equipe docente do curso de Arteterapia e leciona o curso "A Arte de Contar e Ouvir Histórias na Contemporaneidade". Mestranda em Ciências das Religiões (PUC-SP), é supervisora de projetos para crianças e adolescentes em situação de risco social e assessora de projetos socioeducativos em meio aberto pela Secretaria de Assistência Social do município de São Paulo. Contadora de histórias com vários cursos em nível de pós-graduação sobre literatura infantil (ECA/USP), é professora convidada do projeto Contos de Fadas e Qualidade de Vida, da Faculdade de Saúde Pública (USP).

Regina Aparecida dos Santos

Psicóloga e psicoterapeuta com especialização em Arteterapia pelo Instituto Sedes Sapientiae e ex-professora do curso de Psicologia Hospitalar, é professora do curso de Arteterapia do mesmo instituto, co-editora da revista *Arte-Terapia: Reflexões* e co-coordenadora do Curso Básico de Arteterapia do Departamento de Arteterapia do Instituto Sedes Sapientiae. Coordenou *workshops* e cursos intensivos de arteterapia para psicoterapeutas, com Selma Ciornai, no Espaço Arte e Vida e no Instituto de Gestalt de São Paulo. Atende, desde 1981, em consultório particular, crianças, adolescentes e adultos, em grupo ou individualmente.

Regina Fiorezzi Chiesa

Mestre em Distúrbios do Desenvolvimento pela Universidade Presbiteriana Mackenzie, é especialista em Arteterapia e em Psiconcologia pelo Instituto Sedes Sapientiae e em Dinâmica Energética do

Psiquismo pelo Instituto Cultural Dinâmica Energética do Psiquismo. Coordenadora do ateliê terapêutico do Centro Oncológico de Recuperação e Apoio (Cora), atua como terapeuta e professora de cursos de especialização em Arteterapia.

Silvana Lacreta Ravena

É especialista em História da Arte pela Faculdade Armando Álvares Penteado (Faap), especialista em Arteterapia pelo Instituto Sedes Sapientiae de São Paulo e graduada em Psicologia pela Faculdade de Psicologia da Pontifícia Universidade Católica de São Paulo. Professora de Arte e História da Arte, centra sua abordagem clínica em arteterapia na pesquisa da interação indivíduo/cultura. É professora convidada do Departamento de Arteterapia do Instituto Sedes Sapientiae e artista plástica, com trabalhos em meios diversos (pintura, cinema, vídeo etc.).

Walter Müller

Médico atuante na rede pública em Pediatria e Medicina Geral há oito anos. Pós-graduado em Homeopatia pela Asociación Médica Homeopática Argentina e arteterapeuta pelo Instituto Sedes Sapientiae, atuou no Núcleo de Projetos em programas de psicoterapia de interseção social e é atualmente professor convidado no curso de especialização em Arteterapia desse instituto. É mestrando em Psicologia Clínica pelo Núcleo de Subjetividade da PUC, onde desenvolve estudos sobre subjetividade indígena em suas diversas manifestações culturais.

NOVAS BUSCAS EM PSICOTERAPIA
VOLUMES PUBLICADOS

1. *Tornar-se presente — Experimentos de crescimento em Gestalt-terapia* — John O. Stevens.
2. *Gestalt-terapia explicada* — Frederick S. Perls.
3. *Isto é Gestalt* — John O. Stevens (org.).
4. *O corpo em terapia — a abordagem bioenergética* — Alexander Lowen.
5. *Consciência pelo movimento* — Moshe Feldenkrais.
6. *Não apresse o rio (Ele corre sozinho)* — Barry Stevens.
7. *Escarafunchando Fritz — dentro e fora da lata de lixo* — Frederick S. Perls.
8. *Caso Nora — consciência corporal como fator terapêutico* — Moshe Feldenkrais.
9. *Na noite passada eu sonhei...* — Medard Boss.
10. *Expansão e recolhimento — a essência do t'ai chi* — Al Chung-liang Huang.
11. *O corpo traído* — Alexander Lowen.
12. *Descobrindo crianças — a abordagem gestáltica com crianças e adolescentes* — Violet Oaklander.
13. *O labirinto humano — causas do bloqueio da energia sexual* — Elsworth F. Baker.
14. *O psicodrama — aplicações da técnica psicodramática* — Dalmiro M. Bustos e colaboradores.
15. *Bioenergética* — Alexander Lowen.
16. *Os sonhos e o desenvolvimento da personalidade* — Ernest Lawrence Rossi.
17. *Sapos em príncipes — programação neurolingüística* — Richard Bandler e John Grinder.
18. *As psicoterapias hoje — algumas abordagens* — Ieda Porchat (org.)
19. *O corpo em depressão — as bases biológicas da fé e da realidade* — Alexander Lowen.
20. *Fundamentos do psicodrama* — J. L. Moreno.
21. *Atravessando — passagens em psicoterapia* — Richard Bandler e John Grinder.
22. *Gestalt e grupos — uma perspectiva sistêmica* — Therese A. Tellegen.
23. *A formação profissional do psicoterapeuta* — Elenir Rosa Golin Cardoso.
24. *Gestalt-terapia: refazendo um caminho* — Jorge Ponciano Ribeiro.
25. *Jung* — Elie J. Humbert.
26. *Ser terapeuta — depoimentos* — Ieda Porchat e Paulo Barros (orgs.)
27. *Resignificando — programação neurolingüística e a transformação do significado* — Richard Bandler e John Grinder.

28. *Ida Rolf fala sobre Rolfing e realidade física* — Rosemary Feitis (org.)
29. *Terapia familiar breve* — Steve de Shazer.
30. *Corpo virtual — reflexões sobre a clínica psicoterápica* — Carlos R. Briganti.
31. *Terapia familiar e de casal* — Vera L. Lamanno Calil.
32. *Usando sua mente — as coisas que você não sabe que não sabe* — Richard Bandler.
33. *Wilhelm Reich e a orgonomia* — Ola Raknes.
34. *Tocar — o significado humano da pele* — Ashley Montagu.
35. *Vida e movimento* — Moshe Feldenkrais.
36. *O corpo revela — um guia para a leitura corporal* — Ron Kurtz e Hector Prestera.
37. *Corpo sofrido e mal-amado — as experiências da mulher com o próprio corpo* — Lucy Penna.
38. *Sol da Terra — o uso do barro em psicoterapia* — Álvaro de Pinheiro Gouvêa.
39. *O corpo onírico — o papel do corpo no revelar do si-mesmo* — Arnold Mindell.
40. *A terapia mais breve possível — avanços em práticas psicanalíticas* — Sophia Rozzanna Caracushansky.
41. *Trabalhando com o corpo onírico* — Arnold Mindell.
42. *Terapia de vida passada — uma abordagem profunda do inconsciente* — Livio Tulio Pincherle (org.).
43. *O caminho do rio — a ciência dos processos do corpo onírico* — Arnold Mindell.
44. *Terapia não-convencional — as técnicas psiquiátricas de Milton H. Erickson* — Jay Haley.
45. *O fio das palavras — um estudo de psicoterapia existencial* — Luiz A.G. Cancello.
46. *O corpo onírico nos relacionamentos* — Arnold Mindell.
47. *Padrões de distresse — agressões emocionais e forma humana* — Stanley Keleman.
48. *Imagens do self — o processo terapêutico na caixa-de-areia* — Estelle L. Weinrib.
49. *Um e um são três — o casal se auto-revela* — Philippe Caillé
50. *Narciso, a bruxa, o terapeuta elefante e outras histórias psi* — Paulo Barros
51. O *dilema da psicologia — o olhar de um psicólogo sobre sua complicada profissão* — Lawrence LeShan
52. *Trabalho corporal intuitivo — uma abordagem reichiana* — Loil Neidhoefer.
53. *Cem anos de psicoterapia... — e o mundo está cada vez pior* — James Hillman e Michael Ventura.
54. *Saúde e plenitude: um caminho para o ser* — Roberto Crema.
55. *Arteterapia para famílias — abordagens integrativas* — Shirley Riley e Cathy A. Malchiodi.
56. *Luto — estudos sobre a perda na vida adulta* — Colin Murray Parkes.
57. *O despertar do tigre — curando o trauma* — Peter A. Levine com Ann Frederick.
58. *Dor — um estudo multidisciplinar* — Maria Margarida M. J. de Carvalho (org.).
59. *Terapia familiar em transformação* — Mony Elkaïm (org.).
60. *Luto materno e psicoterapia breve* — Neli Klix Freitas.
61. *A busca da elegância em psicoterapia — uma abordagem gestáltica com casais, famílias e sistemas íntimos* — Joseph C. Zinker.
62. *Percursos em arteterapia — arteterapia gestáltica, arte em psicoterapia, supervisão em arteterapia* — Selma Ciornai (org.).
63. *Percursos em arteterapia — ateliê terapêutico, arteterapia no trabalho comunitário, trabalho plástico e linguagem expressiva, arteterapia e história da arte* — Selma Ciornai (org.).
64. *Percursos em arteterapia — arteterapia e educação, arteterapia e saúde* — Selma Ciornai (org.).